龚曙光，笔名毛子，湖南澧县人。

作家，文学评论家，出版家，媒体人。

2001年创办《潇湘晨报》，创造"南潇湘、北京华"报业传奇。

曾获"中国出版政府奖""全国文化体制改革先进个人""2011年CCTV中国经济年度人物"等荣誉。

在商务印书馆、三联书店等出版社出版管理学、文学论著多种，在人民文学出版社、台湾印刻出版公司出版散文集《日子疯长》。在《人民文学》《当代》《十月》等期刊发表文学作品逾100万字。

满世界

龚曙光 著

人民文学出版社

图书在版编目（CIP）数据

满世界/龚曙光著. —北京：人民文学出版社，2019（2019.12 重印）
ISBN 978-7-02-015284-1

I.①满… II.①龚… III.①东西文化—比较文化—研究 IV.①G04

中国版本图书馆 CIP 数据核字（2019）第 091523 号

责任编辑　孔令燕　杨新岚
责任印制　徐　冉

出版发行　人民文学出版社
社　　址　北京市朝内大街 166 号
邮政编码　100705
网　　址　http://www.rw-cn.com

印　　刷　北京新华印刷有限公司
经　　销　全国新华书店等

字　　数　253 千字
开　　本　640 毫米×960 毫米　1/16
印　　张　20.5
印　　数　30001—42000
版　　次　2019 年 7 月北京第 1 版
印　　次　2019 年 12 月第 3 次印刷

书　　号　978-7-02-015284-1
定　　价　66.00 元

如有印装质量问题，请与本社图书销售中心调换。电话:010-65233595

目 录

Content

感 题　锺叔河　001

序 言　韩少功　002

自 序　005

欲望花园　001

历史的调色板　023

古堡寒鸦　047

山 口　071

机车与玫瑰　090

守不住灵魂的国度　111

生命的清水烧　131

灰 度　154

诸神的竖琴　188

复活的暗黑大地　203

歌哭的河谷　236

海角天涯　259

半岛上的孤岛　277

悲怆的山谷与玫瑰　297

致歉与致谢　313

感 题　锺叔河

曙色烧熔满世界　光尘洗净好文章

与龚君来往少，十多年只两回，说话不上十句，但文章亦不必熟悉的才会觉得好。看他写米兰，从君士坦丁一世谈到时装时尚又谈到做畅销书，既大异于不通晓欧洲历史且不关心中国实际的看客，也比康圣人游十一国时的眼界要高，是现代人在观察现代世界、思考现代中国了。

"曙色烧熔满世界"是作品给我的读后感。欧洲也曾持续百年的 Dark Ages 已被现代化的"曙色烧熔"，看来"满世界"亦概莫能外，这当然好。"光尘洗净好文章"则是作者给我的总印象。他任高管，入官场，和光同尘自亦难免，好在能存本色，祛俗气，坚持写作，文字也洗练干净，的确很好。这两个好，便是我题下此十四字的缘故罢。

戊戌腊月二十九日于念楼

序 言　韩少功

身为一个地球人，没把这颗小球看明白，有点说不过去。自有了交通、通信的现代技术，国人争相探头向外看，特别是要看从欧美到东亚的北半球，即人类文明中高理性、较发达的这一块。钟叔河先生上世纪80年代在岳麓书社主编"走向世界丛书"，第一辑三十六种，就记录了国人对"西洋"和"东洋"最初的观感。

这一看就是百多年。从早期的不以为然，把人家看成奇技淫巧、不知圣道的红毛猴子，到后来看得魂不附体，奉人家为全面优越、放屁也香的救世上帝，很多中国人的"世界观"大起大落，却一直支离破碎、雾里看花。这也难怪，一个人看自己都不容易，何况他人，何况隔山隔海的亿万他人！

钱穆先生早就深知其难，说中西比较眼下还不到时候，从总体上说，要想心平气和深思熟虑地展开比较，须等到双方经济水准接近了再说。他说得不无道理。因西方率先实现工业化，中西比较，一开始就无奈叠加了古今比较。前者是指地缘文化，如宜牧相对宜农、棒球相对猴拳的多元格局，即横向维度；后者则是指迭代文化，如铁器取代石器、汽车取代牛车的趋同路线，即纵向维度。把两个维度拧在一起，拿高度和长度编辫子，当然只能七嘴八舌拎不清，还动不动就来情绪、冒火气、脸红脖子粗。

在这里，钱先生可能还得注意的是，对众多观察者来说，"眼见"其实不一定"为实"。这世界上眼见为偏、眼见为浅、眼见为伪的反例多了去了。因此国人们向外看，不光要考虑看的时机（如上述那个双方经济水准接近之时），还须考虑由谁来看，如何来看——这就好比同看一片风景，平镜、棱镜、凸镜、有色镜、哈哈镜的效果会很不一样。

正是在这个意义上，龚曙光先生这本散文集值得推荐。

作者以积学为依托，以追问为引领，解读巴黎左岸的优雅与激进，体悟京都剑侠的刚直与柔软，慕中存疑，忧中有敬，从小细节发掘大历史，是深者见其深；作者礼赞俄国流放地和阅兵场上的英雄主义气节，揭示美国以乱为常、乱中求活的"灰色"治理传统，既有理想的持守，又无教条的呆气，挑战俗见潮流，清理不同国情纵深那里不同的生存逻辑，是活者见其活；作者对意大利时装、日本漫画、美国好莱坞电影等富有职业敏感，比对本土相关的产业实践，进一步破译文化心理，诊断制度得失，谋划竞争战略，更是"内行看门道"，好汉交手，高手过招，是实者见其实。总之，作为一个参访者，作者一路看到什么，在很大程度上其实取决于行前的准备，取决于自己手里是否已有高精度、高敏度、大口径、大焦段的"世界观"透镜。有了好的世界观，才能好好地观世界。换句话说，他之所以能见其深，见其活，见其实，是因为自己已有学识资源和经验资源的多年积累，有读得多、干得多、琢磨得多以后的一份心智通透。

这样的写作，当然就与各种小资男女口水化、观光化、抄旅游手册的域外游记，拉开了足够的距离。

从写作日期来看，作者在数月之内，利用业余时间一口气写出了这本书，其才情喷薄非比寻常。"革命一旦发动，变革便失去了机遇和价值。"这一类格言，很多学者可能说不出来。把余晖里的伦敦描述为一颗"琥珀"，把希腊的阳光书写为一片"响晴"，把夏威夷的月亮想象成从"海底升上来""湿漉漉地挂满水珠"……这样的妙语随处可见，鲜活而独拔，很多作家可能也写不出来。他自称为一个浑身铜臭的商人，成天只会算钱。读此书，读者们其实可感其胸臆间一片冰心万潮奔涌，对他今后的写作，想必也会充满好奇，屏息期待。

2019年3月

自 序

那年在青岛,携友拜谒康有为先生旧居,挑了初夏的一个午后。

先生居半山,是幢依山望海的别墅。凭窗远眺,碧海、金沙和红屋顶的老房子,在纯净温煦的阳光下,恍若地中海边的一座老城。先生手植的那棵银杏,郁郁苍苍,遮掩了大半栋房子,仿佛想守住那一楼清雅的旧时光。

入驻此楼前,先生曾在海外颠沛流亡十六年。举着一面保皇党的旗帜,满世界求声援、募义款,风尘仆仆奔走了三十一个国家。我想象,那该是多么广大的一个世界,心中顿生向往。

返回长沙,遍查先生著作,想看看先生对这些旅程的文字记述。果然,找到了《欧洲十一国游记》两种。先生以其对国运民瘼的忧患,以及体物辨史的精微、鞭辟入里的笔力,为我洞开了一个陌生的世界。人类对满世界的向往,是哥伦布用航海日志诱生的;我对满世界的向往,则是先生用旅行文字诱生的。由先生的游记,我关注到清末民初因公务或求学出洋先辈的记游文字，在他们的引领下，得以跳出自己的时代和生活，想象到一个老旧而新鲜的大世界。这些文字，大多被我所敬重的编辑家钟叔河先生编入了"走向世界丛书"。这套书整整编了三十八年，其间一度经费拮据，我得知后，嘱岳麓书社专款支持，遂使丛书一百种完整付梓。

近二十年，因公务或商务，我也满世界奔跑，所到国家与地区，已超先生所历国家的数目。其中一些，就是先生当年游历并记述过的。循着先生的足迹行走，时常会有与先生隔世对话的冲动。慢慢我发现，先生所历的世界，其实只是他的自我世界，与我抵达和体悟的世界，远远不止隔了百余年的时光流转、几代人的风物变迁。两个独立不羁灵魂的自由行走，所历所睹所悟，皆因襟怀、性情、史识、旨趣和心绪的差异，呈现为似是而非的两重天地。由此我明白：只有你身体抵达过的地方，才是你的世界；只有你灵魂纠缠过的人事，才是你的历史。

当今，资讯与交通便捷，地球真正变成了一个村落。出国旅行，方便得如同到村头散步。身边好些人，有事没事，说走就走，全然没有先生当年那么沉重的背负、那么宏大的意愿。对于这个时代的大多数游客，旅行便是旅行的目的。去时不纠结理由，归来不究诘收获。或有抱怨旅途劳顿、发誓不再出去的，过不了三两月，朋友一吆喝，照旧背起行囊上路。旅行随心所欲，应当视为生命自由的一种隐秘觉醒。

于我而言，旅行是一桩关乎灵魂的事。除却公务或商务，大体只有一个目的，就是让自己从惯常的生活格式中逃逸出来，置换几日身心的自由。早年读张爱玲的文字，曾经看到"心狱"一词，其意大体接近鲁迅先生所说的"心造的幻影"。自觉或被动，我们时常用各种意志和假说，筑垒了一座漆黑的囚牢，将灵魂自我拘禁。我的每一次旅行，都是一次有预谋的灵魂越狱、有期待的生命破茧。灵魂逃逸得愈遥远，生命飞翔得愈自由。

终归，灵魂是没有理由自我囚困的。

从晚清到当下，从康有为先生到我们，一辈一辈的中国人，带着灵魂满世界奔走，开眼向洋也好，师夷制夷也罢，究其根本，是为了让自己生命与灵魂的世界更广大、更自在。

在这一意义上，本书所记述的，不只是一段段旅程，更是一道道灵魂自由行走的轨迹。我企图将这些文字写成一部灵魂的环球历险记、一本灵性的文明辨析录、一册灵动的艺术流变史、一卷灵异的风物写生集。或许有些驳杂：花草、山水、器物、建筑、文学、艺术、哲学、宗教、历史、经济，纵然林林总总，但都会被熔炼为一个纯粹的主题：对每个民族精神自我升华的向往，对每个时代文化创造的尊重，对每个生命自由审美的激赏。或许有些陌生：山水易色，文化畸变，历史唐突，时空倒错，纵然形形色色，但都会被构建为一个整序的世界，一个灵性的世界，一个可以自由对话而不彼此囚困的世界……

龚曙光

己亥年正月十六日于抱朴庐

欲望花园

In Italy

一次去凤凰，拜望回乡的黄永玉先生。在他那座独得一城风光的夺翠楼里，先生聊及行踪，说他不在大陆与香港，便是待在意大利，在那里，有他三分之一的人生。欧洲之大，先生何以独宠意大利？那时，人年轻，脸皮薄，碍着面子没敢开口问先生。这一疑问，却一直存在心里。

首赴意大利（Italy），是在1998年。从法国（France）南部入境，第一站落在米兰（Milan），然后去了威尼斯（Venice）、佛罗伦萨（Firenze）和罗马（Rome）。航机飞离罗马时，回望烟雨中的古老帝都，忽然意识到，从当代的时尚之都、近代的文艺之都，到古代的政治之都，我几乎是逆着时序走了一趟意大利。前几年再去，先落罗马，接着是佛罗伦萨、威尼斯和米兰，又顺着时序将半岛再走了一遍。去年，打算从西西里岛（Sicily）入境，由东南至西北纵贯意大利，可惜被别的商务行程冲掉了。这个想法，至今仍未打消。

差不多用了20年，几乎将欧洲走遍，才慢慢悟出黄永玉先生独宠意大利的理由。从古至今，但凡人类的欲望：美好的罪恶的，精神的物质的，群体的个人的，不朽的速亡的，都在这块土地上鲜花般绽放，绽放得自由自在，绽放得五光十色，绽放得如火如荼……在我眼里，意大利，就是一座盛开不败的欲望花园。

I

第一次站在米兰大教堂（Milan Cathedral）前，是一个夏日的傍晚。丛林般的尖塔，仿佛被灼热的晚霞燃熔，随时都会熔岩一般流淌下来。教堂投在广场上的巨大阴影，如同一地焚烧过的纸烬，倘若有风吹来，便会扬得满城满天。

我想象，君士坦丁皇帝（Constantine I）在这里颁布《米兰赦令》（Edict of Milan）时，那万众欢腾的热烈场面，也该是这般炽可铄金。那是公元313年，一个石破天惊的年份！一位生长于多神教土地的统治者，颁令承认一神教的合法性，此种胸襟与胆魄，即使在21世纪的今天，也难有几个君王和元首可以望其项背。自此，基督教被认合法，随之被封罗马国教。这种开放主义的宗教精神，使米兰成为世界上最大的教区，使这座世界上最大的哥特式教堂，成为信仰自由的神圣象征。

当然，君士坦丁皇帝颁令的日子，这座被誉为大理石山的庞大教堂尚未建造。文艺复兴时代，是维斯康蒂家族（Visconti Family）请来达·芬奇（Da Vinci）、布拉曼特（Donato Bramante）等著名建筑

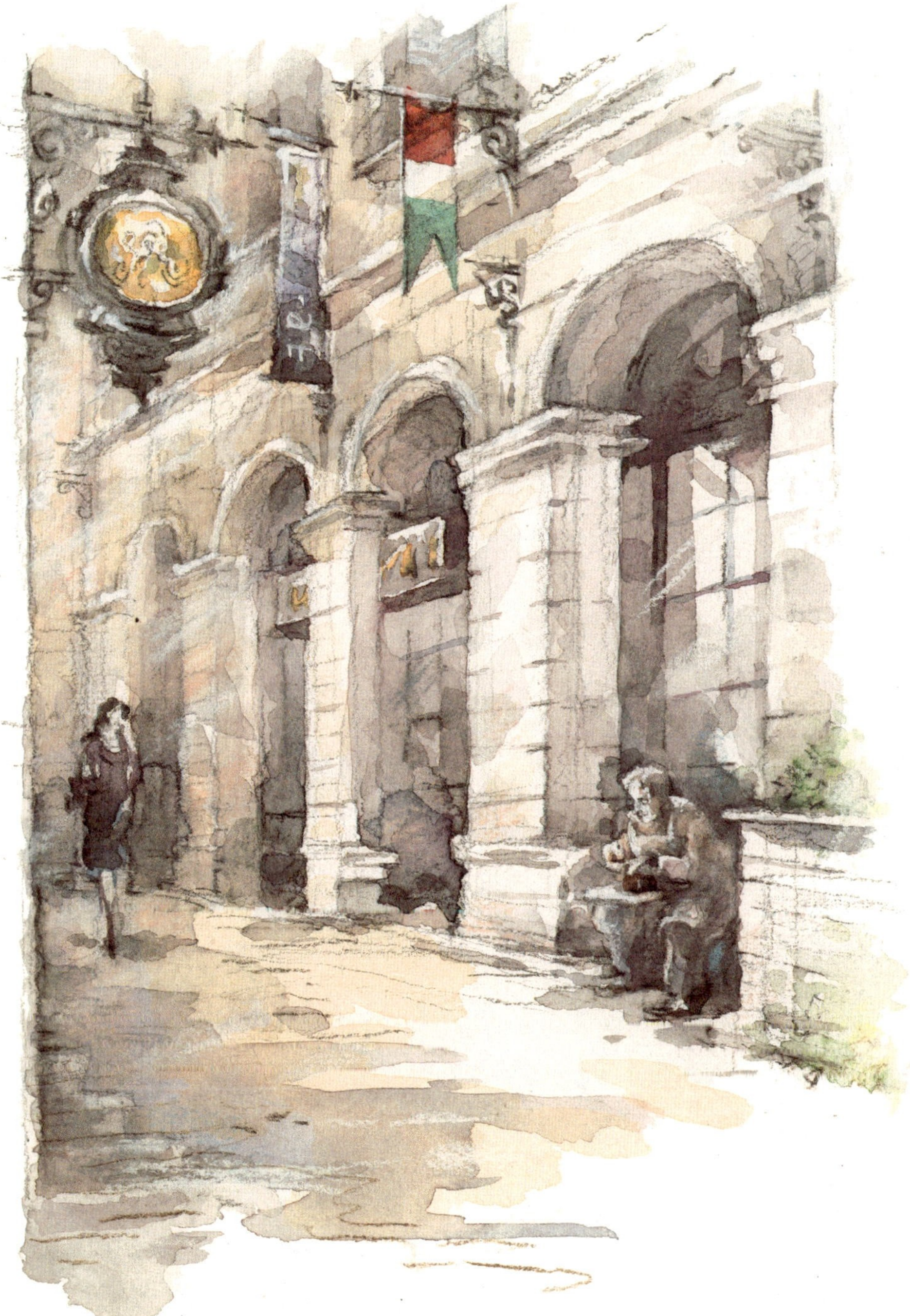

从古至今，但凡人类的欲望：美好的罪恶的，精神的物质的，群体的个人的，不朽的速亡的，都在这块土地上鲜花般绽放，绽放得自由自在，绽放得五光十色，绽放得如火如荼……

文艺复兴的真正武器，是威尼斯、佛罗伦萨商人手中的金币。艺术，不过是那场战争留下的战利品。

这种若有若无的幻灭感，使威尼斯美得让人怜惜，美得叫人揪心。如同一个病弱的美女子，不仅让人倾慕其美丽，而且让人担忧其不测。

没钱的人关注钱怎么花，有钱的人关注钱怎么来。

在人类的历史上，欲望每每是一种具有革命性的力量。其结果，道德赢了当时，欲望赢了未来。

师，筑造了这座规模仅次于梵蒂冈圣彼得教堂的大教堂。达·芬奇为教堂绘制过无数设计手稿，在他的心中，这些呕心沥血的建筑图纸，应该比日后世人皆知的《蒙娜丽莎》重要许多。这种"有心栽花"和"无心插柳"的倒错，很难说不是一种历史的误读。被后世认为画出了"人的微笑"的达·芬奇，还真是一位虔诚侍奉上帝的教徒。一定要封他为用艺术反叛宗教的斗士，至少在主观上有些牵强。文艺复兴的真正武器，是威尼斯、佛罗伦萨商人手中的金币。艺术，不过是那场战争留下的战利品。

在米兰大教堂，真正炙手可热的盛事，应该是拿破仑（Napoleon）皇帝的加冕。虽然米兰最早的居民，是公元前600年迁来的高卢人，虽然17世纪之后，米兰也曾被法国占领，然而，选择在这里加冕，还是显示了矮个子皇帝征服世界的勃勃野心。在一座并非传统领地的教堂加冕登基，接受四方朝贺，拿破仑皇帝那时的心情与欲望，应该也炽热到可以铄金熔岩。

II

踟蹰米兰街头，古老房舍与街巷里，浸淫着一股浓浓的工匠气息。临街的门庭边，时常可见一两位头发蓬乱、围着皮裙的老头，坐在阳光里，执一根钢锥，一锥一线地上鞋底，或者持一把小锤，一锤一锤地给皮包钉铆钉。游客在一旁看久了，老头儿间或抬起头来，咧嘴笑一笑，算是打了招呼，然后埋头做手上的活计，不再与你搭讪。老人背后的门内，开有一个小小的皮具店，货品不多，一件算一件，皮质与五金配饰，上手一摸，便能觉出上佳的成色。款式不花哨，大体是传统欧洲和波希米亚风格两类。手工精致妥帖，一针一线匀称而细密。我买了一条老工匠刚刚做好还未摆上柜台的皮带，价格相当于人民币一百块钱。那时用的不是欧元，是里拉，也没有懂中国话的店员。老头比画半天，后来等了翻译过来，才算最终搞掂。

那条皮带，差不多扎了十年，出席过不少场合。如今有合适的衣裤，我仍会翻出来扎上。翻译说，意大利人率性散漫，唯独在手艺上一丝不苟。好些老头的背后，就是普通的住家，并没有铺面货架。你问他手上的东西卖不卖，老头摇摇头，继续埋头做活。翻译解释，这是给大品牌做的手工款，卖出去都是天价。

达·芬奇们没能把米兰打造成宗教之都，却种下了艺术和工艺的种子。这两样东西，在几百年的岁月里生长融合，让米兰成为时尚之都。在与巴黎的争奇斗艳中，米兰一直不输不让。总部设在米兰的奢侈品，有普拉达（Prada）、范思哲（Versace）、阿玛尼（Armani）、华伦天奴（Valentino）、杰尼亚（Zegna）、艾特罗（Etro）等，加上总部设在附近的大品牌，阵容比巴黎强大许多。米兰每年春夏两季的时装周，是全球服饰、时尚界的盛会。说是时装周，前后会热闹一两个月。300多场各大品牌的时装秀，纵然跑断腿看花眼，还是会落下种种遗憾。下一个季节的面料、色彩、款式、工艺、情调和韵味，就在这里定格拍板，谁想另辟蹊径剑走偏锋，大体业内没人理会，市场也会无人响应。人们趋之若鹜的时尚型款，都是这里的设计师说了算。那些顶级的设计师，也只在米兰、巴黎两地流转，让他跑去别的城市，除非在这里找不到饭碗。

相比巴黎的路易威登（Louis Vuitton）、香奈儿（Chanel）、爱马仕（Hermes）和迪奥（Dior），米兰的普拉达、范思哲、阿玛尼等，更加富有当代艺术气质，时尚标记更分明，品牌活力更充盈，对非欧洲主流文化因素的吸纳也更大胆。一句话，米兰对文化风尚的变化更敏锐，对艺术风格的表达更舒放，对时尚引领的能力更自信。意大利人用物料和工艺，表达和满足人类时尚欲望的能力，几乎是一种天赋。米兰，则是他们展示这种天赋的近水楼台。

第二次去米兰，差不多逛了两天名品店。同行以为我血拼，不愿陪着进店门。两天下来，见我依然两手空空，便一个个大眼瞪小眼困惑不解。其实，我逛名品店，只是为了去感受文化风尚和审美流变。绘画、音乐、影视、文学，没有哪个行当，比时装对审美心理和文化风尚的变化感受更准，响应更快。时装走哪一种风尚，其他行业要晚两三年才跟得上。对于出版，从内文到装帧，时装都是一个可靠的风向标。所谓畅销书，其实就是书业的时装爆款。如何做常销书，跟着巴黎学；如何做畅销书，则要跟着米兰学。

一个时尚品牌历久不衰，无非三个要素：垄断核心资源，守护独门工艺，把握审美流变。说到核心资源，比方说面料，杰尼亚就是做面料起家的，虽然也供别人，最新最好的面料，却从来秘不示人。又比如，诺悠翩雅（Loro Piana）垄断了秘鲁的骆马毛，杰尼亚只能干瞪眼。骆马只有南美才有，其毛纤细柔软，保暖性能远超顶级羊绒，被誉为纤绒黄金。诺悠翩雅一件男装骆马毛短大衣，要卖人民币20万元，杰尼亚望着垂涎欲滴。后来，发现哥伦比亚也有骆马，但被一家女装公司阿妮欧那（Agnona）买断了。阿妮欧那做的是顶级女装，因为贵得离谱，生意并不红火。杰尼亚思来想去，最后一咬牙，花大价钱买了阿妮欧那，总算到手了骆马毛。杰尼亚立马推出了男装短大衣，售价比诺悠翩雅还贵六七万。以此比出版，便是版权和作家资源。谁家如果独自拥有了J. K. 罗琳，印书不也就像印钞票？中信这些年抢引进版权，其凶狠程度，如同杰尼亚抢骆马毛，也是咬牙顿足舍了血本。

2010年始，每年的全国书博会，我都有一场媒体见面会，比照米兰的时装发布，一来推出新书，二来发布文化风尚和审美心态的预测。媒体倒也关注，同业却无人响应，终究难成气候。一个行业，不能制造共同话题，不能引领消费风尚，其商业操作的能量，也就打了大大的折扣。

Ⅲ

一到意大利，人们最急于抵达的城市，不是罗马、佛罗伦萨和米兰，而是威尼斯。那则"威尼斯每日都在下沉"的提示，让人觉得哪怕迟去一天，威尼斯都可能被海水吞没。到底是一座具有深厚商业传统的城市，这则旅游广告的奇妙与成功，大抵只稍逊于戴比尔斯的钻石营销。隔了十多年，再去威尼斯，我看到的海平面水线，仍在原来的刻度。

形似如意的意大利半岛，一条长柄远远地浮在海上，加上两座离岛，处处都是海湾、港口和濒海城市。威尼斯是一群困在大海中的小岛，密密麻麻地挤满房子，拜占庭、哥特式和文艺复兴，各种风格相混相杂，远观玲珑奇妙如童话中的王国，近看则恍若隔世，难辨醒里梦里。由于海水浸漫，大多的建筑像是升自海底。清波荡漾，建筑与倒影融为一体，摇摇晃晃的，好像随时都可能倾倒在海中。海水仿佛在缓缓上升，感觉用不了多久，便会没上屋顶，变为一个名副其实的海底王国。只要身处威尼斯，心中便扔不掉这份担心。这种若有若无的幻灭感，使威尼斯美得让人怜惜，美得叫人揪心。如同一个病弱的美女子，不仅让人倾慕其美丽，而且让人担忧其不测。

文艺复兴时代的威尼斯，可不是这副病弱女子的模样。那时节，威尼斯商人满欧洲奔跑，远的跑到了非洲和亚洲。车载船运把赚得的金币银圆拉回来，将这群小岛堆垒成了欧洲重要的金融中心。西方学者形容威尼斯兴起的过程："从一个泥泞的礁湖崛起为西方世界最富庶的城市，宛如令人叹为观止的海市蜃楼，从水中呼啸而起。"当然，有钱的日子难免挥金如土，岛上现存的那些华丽建筑，不是在那时兴建的，便是在那时扩建的。华贵的大理石和华丽的彩色玻璃，将各种用途的建筑，都装饰得宫殿教堂一般。用炫富挑战教会，用财富争取人权，这便是威尼斯人的文艺复兴。富有让威尼斯人过了好日子，却背了坏名声。莎士比亚的《威尼斯商人》，为富有的威尼斯商人画了一幅比历史更让人信服的漫画，将人类对财富的欲望，做了一次史诗般的定格。

没钱的人关注钱怎么花，有钱的人关注钱怎么来。这事看上去很荒唐，细想道理却很明白：在任何一个时代，财富关注点的差异，都会衍变为道德立场的对抗。在人类的历史上，欲望每每是一种具有革命性的力量。其结果，道德赢了当时，欲望赢了未来。

Ⅳ

无论以地形还是历史作喻，佛罗伦萨，都是意大利光彩夺目的一枚胸花。

在好些艺术家眼中，意大利就是文艺复兴，文艺复兴就是佛罗伦萨，佛罗伦萨就是美第奇家族（Medici Family）。这个简单的等式，未必吻合历史学家的判断，然而，只要你漫步在佛罗伦萨的街区，无论拜谒华丽庄敬的教堂、群星璀璨的美术馆，还是闲逛古旧斑驳、花草掩映的街巷，你都会沉浸于一种深不见底的艺术氛围，都会迷失于无所不在的美第奇家族故事……

其中的一则故事，充满传奇也极具象征意味。1492年4月5日，圣母玛利亚教堂正在晨祷，一位妇女突然跳起来，发疯似的奔跑，大叫大嚷，说她看见了一头角上喷火的公牛，正疯狂地撞击大教堂。紧接着，人们听到一声惊雷，大教堂的穹顶被雷电击落，屋顶上作为美第奇家族象征的镀金球哐当坠地。三天后，洛伦佐·德·美第奇溘然辞世。洛伦佐一死，被其供养的大批艺术门客作鸟兽散去，文艺复兴的黄金时代，即告结束。

站在教堂的大厅，仰望那颗后来被安装复原的镀金球，回味那个具有天谴意味的故事，不知该如何评价这个创造了佛罗伦萨历史辉煌的美第奇家族，如何评价推动文艺复兴达至顶峰的洛伦佐这位无冕之王。

美第奇家族的祖先，大抵是一位药匠或医生，因做药或行医发迹，之后扩张至羊毛加工和金融业。开办的美第奇银行，是当时欧洲最具规模、最富声望的银行之一。家族由银行家而至政治家、教士，并获得贵族身份。美第奇一门先后产生了三位教皇、多名佛罗伦萨统治者、一位托斯卡纳大公和两位法兰西皇后。由一介寒门，终至佛罗伦萨、意大利乃至欧洲上流社会中心。这一传奇的背后，隐匿着商人阶层在与教会、皇室的博弈中日渐走强的历史趋势。世俗社会的崛起，依托的是人性的觉醒和人欲的膨胀。继教皇的权杖、皇室的冠冕之后，金钱成为第三种权力象征，并逐渐与前两者形成鼎足之势。隔海相望的西班牙皇室，其时还在为最终驱逐摩尔人浴血奋战，为追缴税收将犹太人赶得鸡飞狗跳。而美第奇家族，则靠着银行和贸易，将佛罗伦萨治理得市井繁荣、艺术鼎盛。一大群卓越的文学家、艺术家、建筑家，在美第奇家族的荫庇下潜心创作，推出了一批彪炳古今的作品。达·芬奇师徒，便是其中的代表性艺术家。

V

假如没有美第奇家族，意大利会有文艺复兴吗？或许会在米兰、威尼斯、罗马、西西里兴起？历史自然是没有假设的，我们只能从历史事件本身，去找寻必然如此的证据。面对乌菲齐博物馆里的那些藏品，我想到了洛伦佐。想象他在专为供养的艺术家修建的花园里，怎样年复一年地同艺术家讨论这些作品。是什么驱使他供养那么多的艺术门客，而不是像春秋时代的士子豢养谋士，像江户时代的幕府豢养武士？是他作为一位杰出诗人的艺术情怀？是他作为一位卓越鉴赏家的艺术品位？还是他作为一位统治者的艺术占有欲？或许兼而有之吧。当然，也可能都不是。作为一个政治家，在世俗的意义上，洛伦佐其实还有更紧迫更重要的事情要做。比如，他更需要为自己谋取一个名正言顺的政治或者宗教身份。在共和体制的佛罗伦萨，作为统治者美氏家族的代表，洛伦佐只有一个身份，那就是公民。洛伦佐自己也承认："我不是佛罗伦萨的君王，我只是一名享有一定权势的公民。"其时周边的许多地方，早已经是君主体制。以美氏家族的财富与权势，谋求改旗易帜的可能性，应该是存在的，可是洛伦佐连尝试都不曾做过。或许，他比谁都更深刻地体会到，佛罗伦萨共和传统的坚如磐石；或许，他根本就不想冒天下之大不韪，去当一个逆潮流而动的历史的罪人。

当然，洛伦佐并不是一位仁慈的统治者，在处置政敌时，也使用过血腥的手段。但在权力安全与心灵安妥的终极选择上，洛伦佐选择了后者。"浸染着贪婪，而又充满着惊人期望的一颗心呵，如何才能找到安宁？"这是洛伦佐自己的一句诗，应该可以视为他灵魂的自我追问。洛伦佐把精力和金钱投向了宗教和艺术，让人性自由烂漫地开放出一个灿烂的时代，并由此博得了一个历史的好名声。

艺术家应该供养，还是放养？这话题我们争吵了几十年，外国人也跟着起哄了几十年。其实"困厄出文豪、愤怒出诗人"，与"穷养工匠富养艺术"，从来都不曾放之四海而皆准，每每在同一个国度，同一个时代，既有在困厄中崛起的艺术家，也有富养中诞生的艺术家。美第奇家族的供养，更本质的意义，是给了艺术家自由创作的社会环境，经济资助的意义远小于精神庇护的意义。美氏家族供养的艺术家，即使思想出轨、艺术出格，也不会招致社会的迫害，这才是文艺得以在佛罗伦萨复兴的内在因由。米开朗琪罗的学生，美氏供养的艺术家、建筑家瓦萨

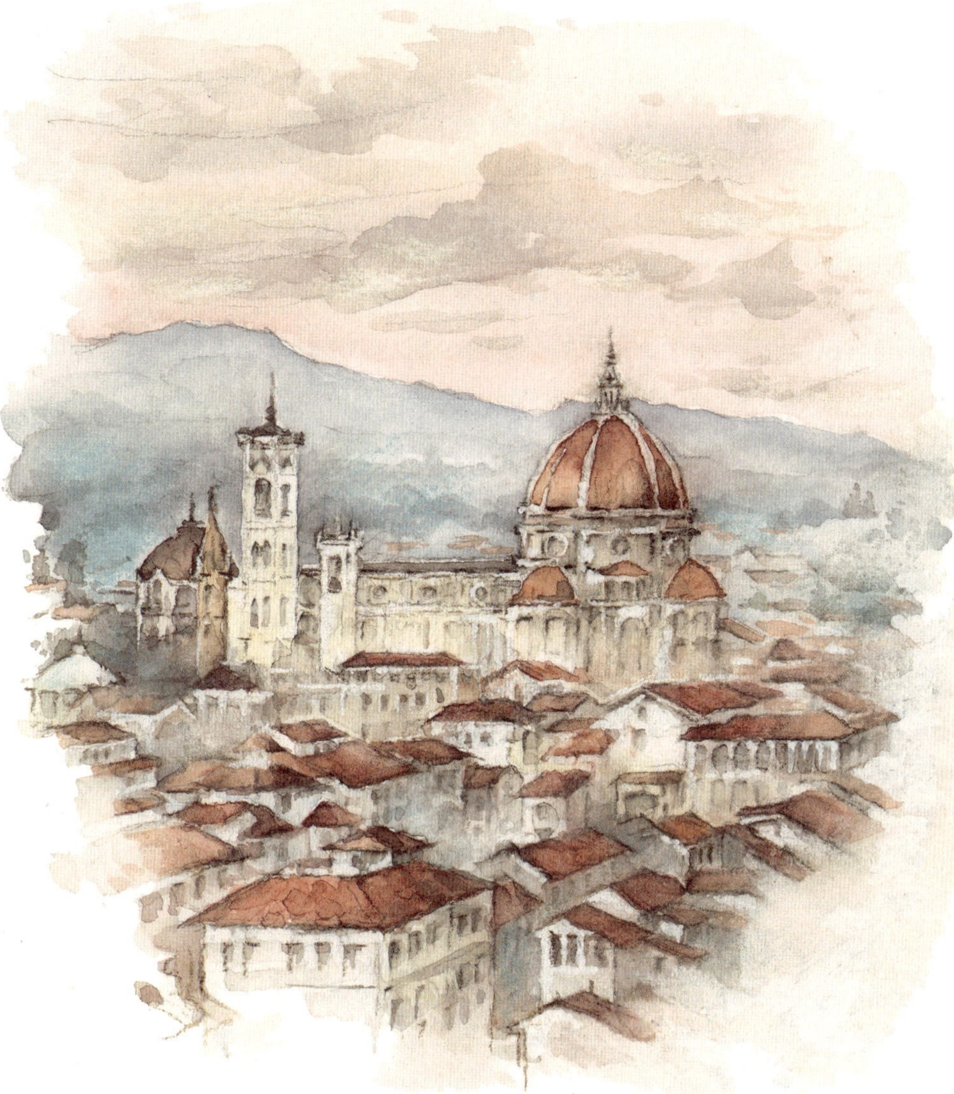

无论以地形还是历史作喻，佛罗伦萨，都是意大利光彩夺目的一枚胸花。

那是一次多么迷人的迁移、多么伟大的改变！唇舌终于替代了刀枪，妥协终于替代了任性，共识终于替代了独裁！

米兰丢掉的多神教，佛罗伦萨捡回来；罗马帝国扔掉的共和制，民主共和国捡回来。历史是螺旋前行的，甚至是前后折返颠来倒去着前行的。

用创造力将欲望升华为艺术，用大匠手将艺术还原为生活，用艺术与生活将人生的欲望怒放成鲜花朵朵⋯⋯

里，在其艺术史著作《艺苑名人传》中，首提"文艺复兴"概念，他所指的"复兴"，不外乎是在题材上由一神教向多神教回归，在主题上由神性向人性回归。人性的自由与人欲的舒张，在艺术上获得了美氏家族默许的合法性。历史的轮回，就是这般大大咧咧到令人无语：从《米兰敕令》在宗教上解禁一神教，到佛罗伦萨人在文艺上回归多神教，这两次方向背反、目的却一致的人性解放，前后耗去了一千年。

VI

虎倒雄风在。罗马，就是这样一座余威犹存的帝都。

两千多年岁月的冲刷，罗马作为欧洲政治中心的威严与气势，依旧真切可感。一个城市，见没见过场合，经没经过大事，你往那儿一站，自然会有一种气场。市民淡定的眼神、从容的语速，还有举手投足间似有似无的仪式感，都会告诉你，这座城市见识过怎样的阵仗，演绎过怎样的壮举。至于那些无所不在的历史遗存，虽然颓圮败落，虽然荒草残阳，却都是无字之碑文、无声之史诗，随时都会往你心里钻，让你绕不开躲不掉。在罗马，只要一闭上眼睛，你就能听到元老院里华丽而冗长的论辩，就能看到罗马军团的无数战舰，箭一般射向天水苍茫的地中海……

到大斗兽场（Colosseum），是在早晨六七点钟。游客通道尚未打开，周边也没有什么行人。起这一个大早，是想独自一人安静地面对一个我完全陌生的时代，期望在孤独静寂中，听听那殊死搏杀、绝命嘶吼的历史回响。清晨的阳光，洁净得炽白透亮，照耀在黝黑的拱门和石墙上，冷冷地泛着青光。石头上的水滴，说不清是暗夜的渗水、清晨的露珠，还是历史遗落的斑斑泪点，以手轻触，一股沁凉直透心底。是因为在历史的血泪里浸泡太久吗？炎炎夏日，仍如此寒彻筋骨。拱门远处的墙基下，枝枝杈杈地长着一团野花，碧绿的圆叶，复瓣深红的花朵，形若玫瑰，颜色却更为秾丽。厚实高大的石墙，竟没能遮挡住花朵的阳光。没心没肺的野花，兴高采烈地开在阳光里，兀自得意地斗彩秀妍。或许因历史已凝为石墙，这艳若夭桃的花朵，反倒透露出一派生机，引人生出生命不绝、历史不辍一类的联想。

大斗兽场的原名，是佛莱文圆形剧场，建造于公元前100年的样子。究其初衷，大抵是效仿古希腊人用来演戏。只是规模更大，比在雅典卫城外看到的大剧场，宏伟气派了许多。剧场上演悲剧，在古希腊，那是举国的盛事，每每万人空巷。罗马人垒造的这个剧场，容得下四五万人，倒也显示了罗马不让雅典的雄心。依此也可推测，当年罗马的城市，已快速膨胀，市民已是一个庞大的群体。这里应该是上演过戏剧的，只是罗马人的戏剧，不若希腊人的扣人心弦。至少留下来的剧本，不可与希腊媲美。或许，这也是后来将剧场改作斗兽场的一个原因。斗兽场最早是斗狮，那是一种执行死刑的方式。市民被召来观看斗狮，如同国人被唤看斩或枪决人犯，应该是杀一儆百的意思。因为人犯倘若杀死了狮子，便可获得自由，这便有了悬念，有了情节，有了看头。于是象征性的悲剧，演绎成了血淋淋的活报剧。决斗者的命运，就悬在那刀来剑去的一瞬之间。后来有了职业的角斗士，大多是买来的奴隶或俘虏的兵士，为了自由的身份，他们要用性命去表演。这样壮烈的悲剧，用淋漓的鲜血，将人性毁灭给人看，看着自然更加激动人心。可惜和可恨的是，它所唤醒的，不是人类的同情心，而是嗜血嗜杀的动物本能。这是意大利绽放的一朵艳丽而恶毒的欲望之花，譬如罂粟，恐怖而充满诱惑。

前些年，HBO电视网拍了部大尺度的电视剧《血与沙》，写的就是古罗马角斗士。导演企图逼真还原古罗马的荒淫和凶残、性与厮杀，完全没有躲闪遮蔽。那是真正的酒池肉林！真正的荒淫暴戾！当我走进斗兽场，那些人物：元老与执政官，贵族与美妇，市民与角斗士，一一在场中归位。一声厮杀怒吼，便一片振臂欢呼。那吼声一声比一声惨烈，那欢呼一阵比一阵狂热，逼着我双手掩耳，匆匆逃离了斗兽场。

VII

元老会堂（Rome Senate Hall），是我两次都惦记着要去的地方。

大约公元前500年，罗马人在这里建立了最早的共和国。比起希腊的城邦共和，罗马早了一百年。是罗马人，为后来人类的政治体制，创造了一种具有示范性的模型。

罗马广场的东面，便是元老们当年议事的会堂。那时应该是一栋庞大的建筑，包括了好几个会堂。毕竟历时太久，只剩了断壁残垣。有一个会堂修复了屋顶，据此想象，大体可以复原当年的形貌。夕照之下，那些倾卧在荒草中的石柱与石块，又各自运动起来，快速地回归到原初的位置，还原为当年庞大巍峨的建筑。身着长袍的元老们，气宇轩昂地进进出出，在宽敞华丽的大厅里侃侃而谈，将土地、物产、税赋、奴隶的种种纷争，由战场迁到了会堂。各个利益集团由真刀真枪的厮杀，变为了唇枪舌剑的论辩。那是一次多么迷人的迁移、多么伟大的改变！唇舌终于替代了刀枪，妥协终于替代了任性，共识终于替代了独裁！

整整五百年。那是人类还没有进入公元纪年时代的五百年！很可惜，元老们用五百年的时间，也没有将这个更进步的制度筑牢固稳，最终让这个制度如同这座会堂，坍塌在荒草斜阳里。

屋大维（Gaius Octavius Augustus）创立了罗马帝国，重新披上铠甲，拿起刀枪，坐上了专权独裁的皇帝宝座。他用刀剑杀出了一个强大的帝国，也杀死了一个民主政体。等到意大利人回头复兴这套体制，差不多已是两千年后（极个别的城邦除外）。也有人说，议会制度的最早萌芽，是在冰岛的一个山洞边。即使如此，那也只是转瞬即逝的灵光一闪，完全没有政治实践的历史价值。

历史往前往后的颠倒反复，真的很难在一个短暂的周期中评判。没有人会想象，一种运行了五百年的政体，会一步倒退两千年。两千年，几乎是公元纪年走过的全程！罗马不相信眼泪，历史也不相信眼泪！好在历史并不健忘，米兰丢掉的多神教，佛罗伦萨捡回来；罗马帝国扔掉的共和制，民主共和国捡回来。历史是螺旋前行的，甚至是前后折返颠来倒去着前行的。

Ⅷ

第二次去罗马,多了一位向导,领着我在老城的大街小巷转悠。两人漫无目标地走走停停,渴了买一只大大的冰淇淋,举在手上像一只燃烧的火炬;饿了就近钻进一家路边小店,叫上一份比萨或意粉,挑一张临窗的桌子坐下,望着窗外的街景和行人,有一口没一口地吃上一两个小时。

街边的花草,一株一丛地自然生长,花开花谢,叶绿叶黄,看得出无人刻意打理。大约过两年再来,应该还是这一副自在散漫的样子。窗外偶尔走过的行人,男男女女,老老少少,衣着随意洒脱,神情也恬淡从容。个子说不上高挑,比例却绝对的黄金分割,模样或清丽或俊朗,周身散发着一股淡淡的艺术气韵。

向导是我的朋友。父亲是意大利人,母亲是法国人,据说是一个贵族的后裔。我在山东读研时,他在中国卖法国红酒。一个初夏的午后,我在青岛海边闲逛,他过来找我借火点烟,相识而成朋友。他比我小两岁,大学毕业便开始到中国卖酒,汉语已说得很熟。一大帮美女朋友,外国的中国的,来了去了,彼此开开心心。虽是情场老手,笑起来却一脸羞赧,泛起的红晕,半天都褪不去。卷曲的头发自然往上蓬松,不时举起双手向上捋,那样子格外洒脱有型。他说女孩子喜欢他,是因为他能把她们变美。任何女孩的衣柜,他拉开随手一搭配,立马变了一个人。他说穿衣不是为了穿得好看,而是为了穿出气质穿出美。女人好看没用,要美得动人,动人就要靠气质,靠品位,靠从里到外透出的独一无二的生命气息。

朋友只要一杯啤酒在手,便会滔滔不绝。从足球到歌剧,从时装到美食,从绘画到雕塑,从汽车到摩托,从爬山到冲浪,几乎无所不会,无所不精。起初,他姑妄说,我姑妄听,并不十分上心。后来,自己有了经历和体会,回想他的话,还真是句句在行。时装和足球,他算得上我的启蒙老师。这次听说我要来意大利,他便提前从中国飞回来,早早候在罗马机场。等我走出来,一把抱着说:"好好品味我的家乡!"

记起黄永玉先生说过,世界上最好的住家在意大利,意大利最好的住家在翡冷翠(佛罗伦萨)。朋友的家,正好就在翡冷翠。我读过先生写翡冷翠的文章,说了好些那里的好处。回头我问朋友,朋友耸耸肩,说了四个字:"随心所欲。"

朋友所说的随心所欲,大抵就是遵从欲望吧。意大利人,但凡人生的欲望,都不会舍弃;但凡人生的潜能,都不会埋没;但凡人生的享受,都不会马虎。因为欲望多,所以不偏执纠结;因为技能多,所以不炫耀张狂;因为享受多,所以不少见多怪。用创造力将欲望升华为艺术,用大匠手将艺术还原为生活,用艺术与生活将人生的欲望怒放成鲜花朵朵……

朋友听了我的见解,举起双手,下意识地往上捋了捋头发,自言自语地说:欲望花园?欲望花园!

三分之一的人生

1986年，黄永玉先生在罗马举行个人画展，自此爱上意大利，置家于佛罗伦萨菲埃索里山中，那是一个兼得天地灵秀与人文厚重的著名街区，故先生放言：世上最好的住家在意大利，意大利最好的住家在翡冷翠（佛罗伦萨），翡冷翠最好的住家在菲埃索里山。先生在意大利的生活，多有文字记述，随性、诙谐、隽永。近年，先生常感叹：我老了，意大利没老，还是那样。

米兰敕令

公元313年，罗马帝国皇帝君士坦丁一世在米兰颁诏，赋予基督教与其他宗教相同的合法地位。诏令同时以君士坦丁、伽勒里乌斯和李锡尼乌斯的名义颁布。君士坦丁一世为谋求这次重大政治合作，将妹妹许给了李锡尼乌斯。其时，君士坦丁并未抛弃多神教，只是赋予了基督教合法地位。公元380年，罗马皇帝狄奥多西一世（Theodusius Ⅰ）宣布基督教为国教，并取缔一切异教迷信活动，基督教自此定为一尊。

洛伦佐

洛伦佐·德·美第奇（1449年1月1日—1492年4月9日），美第奇家族的代表人物。作为一个商人家族的继任者，洛伦佐并未利用手中政治权力使家族财富增值，晚年甚至造成了家族财务危机。洛伦佐的理想在于治理佛罗伦萨，兴趣在诗歌与艺术。两者叠加起来，推动意大利文艺复兴达至顶峰。教皇西克斯图斯四世联手帕齐家族，暗杀洛伦佐兄弟，企图篡夺佛罗伦萨统治权，最终在市民支持下，洛伦佐反败为胜。与教廷政治上的敌对，应该也影响了洛伦佐对当时宗教制度的情感。洛伦佐不搞独裁，始终以市民自称，这让古今很多统治者汗颜。洛伦佐对艺术的鼓励和支持,不仅培养了一批重要的艺术家,而且开启了一个文艺复兴的伟大时代。洛伦佐去世后,文艺复兴的中心便由佛罗伦萨转移到了罗马。

元老院

传说中的罗马创始人罗穆路斯(Romulus)创立的一种政治制度,时间大约在公元前八至前六世纪。从各贵族家族的长老中,选出100位,以会议制度的形式行使王权的顾问职能。这大约是老人政治的源头。之后的罗马共和时期,元老院构成日渐政治化,成为新老政治力量的制衡机构,人数也逐渐扩容,凯撒(Julius Caesar)时代达到300人。元老院所行使的权力,扩大至监督权、立法权、司法权、军事任免权、财务分管权等。议会制度与国家实际统治者之间权力之争逐渐白热化,最后导致元老院不满于凯撒的独裁专制,遂密谋刺杀凯撒。屋大维继位,让元老院形同虚设,在功能上实际废除了延续五百年的共和政治。

历史的调色板

In France

人这一辈子，唯一不可不去的都会是巴黎（Paris）。说这话的，自然是巴黎人；信这话的，则远远不只巴黎人、法国人。

这是19世纪的一句旧话。如今说起，认同的人已然大打折扣。不过，一个欧洲以外的人，只要动念去欧洲，巴黎应该还会是首选城市。

I

首次去巴黎，在1998年，八月，大雨。葱茏的梧桐列在街边，湿漉漉的，像两笔浸润开来的深绿水彩，刷在灰蒙蒙的建筑上。街衢宽阔，河面似的开满旋生旋灭的大水花。道上车辆不多，开得却风驰电掣，嗖嗖地拉出一道道五颜六色的流线，彩虹般浮动在雨雾中。

影视中见过的埃菲尔铁塔，孤零零裹着风雨，迷蒙，凄清，好像一幅刚刚收笔的水墨，浸满空疏与调和的韵致。其实，我一直不喜欢这座庞大的钢铁建筑，想象中它只是施耐德铁器公司（现施耐德电气公司，Schneider Electric SA）耸在巴黎上空的一则巨型广告。相对于古旧温情的巴黎老城，铁塔是一头冷血狰狞的怪兽。然而，眼前暗灰的天空稀释了铁塔的生硬，浓稠的雨雾调和了铁塔与周边城区的隔膜，当你置身于烟雨中的凯旋门（Triumphal Arch），反倒觉得，铁塔为奥斯曼（Baron George Eugene Haussmann）拆旧建新的城区点了睛。

从电梯拥挤的人群里钻出来，站在塔顶瞭望巴黎的街市，雨水已歇，洗刷一新的老城新城，铺展在金色的阳光下容光焕发。每一种色彩都鲜亮、饱和，充盈得在满是水汽的空气中微微颤动。远处红顶绿树的老城区，宛如一片花繁叶茂的草原，绚烂蓬勃。没见过任何一座城市的鸟瞰图，如巴黎老城这般美得张扬和炫耀，如一个生命力喷射的美女，怎么也掩饰不住自己招摇的风情。

想象不出，奥斯曼男爵当年该有怎样的铁石心肠，才忍心将老城的中心挖掉一大片，拆建出如今这个庞大规整的现代街区。奥斯曼建出了法兰西的强大，却拆去了巴黎的悠久；建出了法兰西的气派，却拆去了巴黎的风情；建出了法兰西的任性，却拆去了巴黎的灵动。如今站在塔顶，望着凯旋门周边的放射形大街，你只能将其还原到雨果、巴尔扎克和司汤达的笔下，想象当年这片老城的样子：那些古老斑驳的建筑，流光溢彩的马车，优雅傲慢的贵妇，亢奋迷离的沙龙……

与我同行的是一伙广告人。那时节，奥美、博报堂、电通等国外广告商或刚刚进入，或准备进入中国，本土的广告商也赚得盆满钵满。广告协会一吆喝，便天南地北地聚在一起组了这个旅行团。腰里揣的法郎

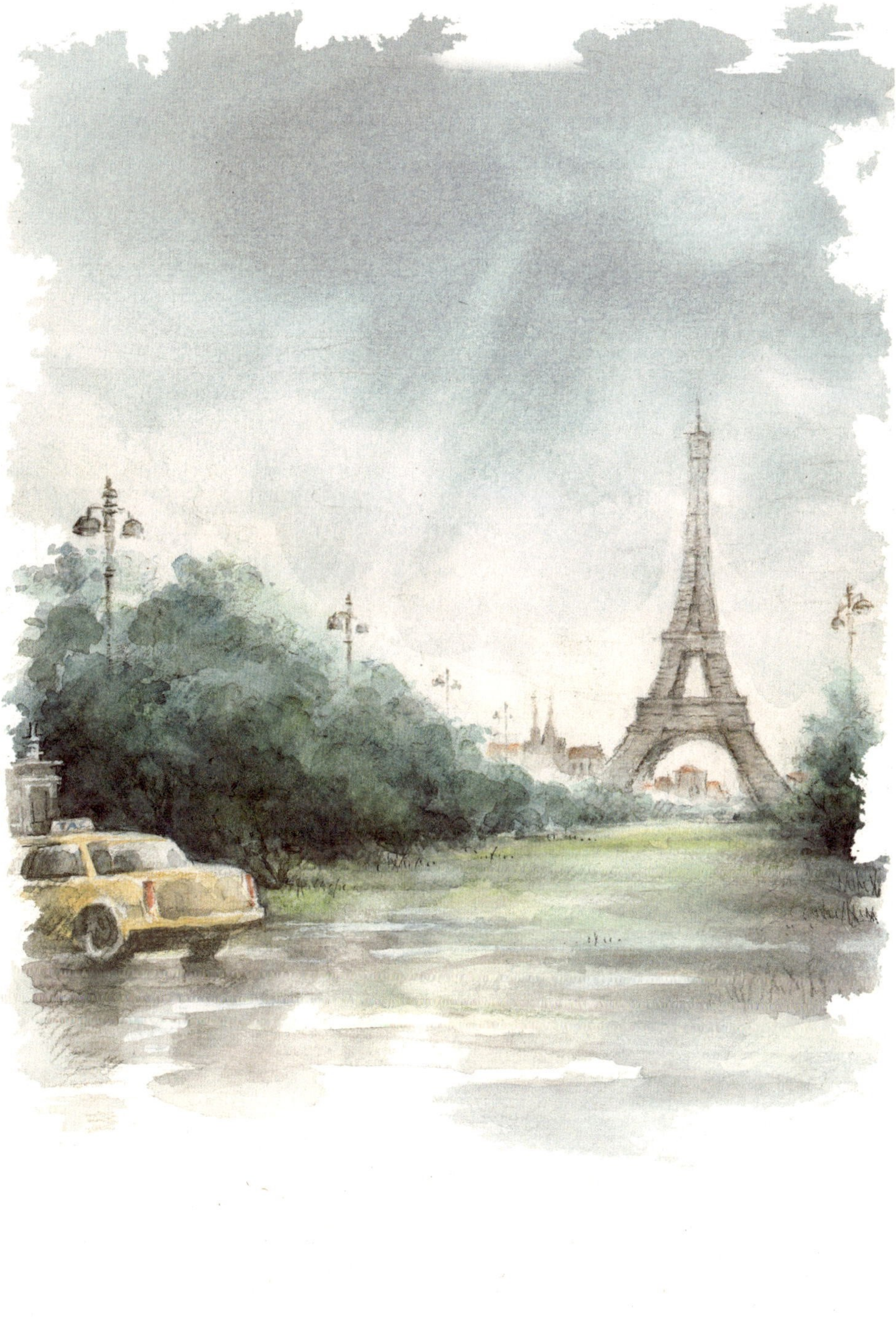

没见过任何一座城市的鸟瞰图,如巴黎老城这般美得张扬和炫耀,如一个生命力喷射的美女,怎么也掩饰不住自己招摇的风情。

巴黎的左岸,一直是一个美好的词汇,那是因为右岸政治统治的臭名昭著。不论在哪个时代,自由与创造,总归是人们揣在心底的一份向往。

在左岸,否定是暴力,也是优雅;否定是传统,也是时尚;否定是禁锢,也是自由。

不少，脑子里读的法国书却不多。一个个望着眼前的景致啧啧咂嘴，感叹巴黎真是浪漫。殊不知巴黎真正浪漫的时代，早已在19世纪末逝去，现今还能找到的，只是一星半点有关浪漫的记忆。作为浪漫传奇的巴黎，留下的只是一幕背景、一个舞台、一种腔调，静静地等着旅行者自己去表演……

同行人去了游船码头，排队等待塞纳河（Seine River）迷人的夜航。我独自挑了河边一家户外咖啡馆，悠闲地望着夕阳中的西岱岛（Cite Island）。塔楼耸峙的巴黎圣母院正在维修，包裹在脚手架里的巨大楼体，将愈来愈长的阴影投在波光粼粼的塞纳河中。夕照慢慢暗下去，投影慢慢淡下来。两岸灯火一星一点亮起，不知不觉间已灿若星河。圣母院裹一身夜色，在青灰的天幕上，叠出一个神秘的剪影。

当年的维克多·雨果（Victor Hugo），应当无数次坐在河边的咖啡馆里，凝视着圣母院隐入夜色，变作一座孤独黑暗的城堡。这座12世纪建造的教堂，几百年来神秘地立在河边，没有人知道其中发生过什么。一代又一代将自己献祭于上帝的神父、仆役和信众，是否真在那个阴郁的空间里获得了救赎？雨果烛照着一丝人性微光，战战兢兢走进那片暗黑幽邃的神性领地，惊异地发现了人与神、美与丑变态的纠缠和扭曲的生长。当精灵般的艾斯米拉达火一样闪耀在钟楼上，幽冥的圣母院，才被惊世骇俗的美彻底照亮。莫里斯大主教建来供奉神祇的修道院，最终让雨果供奉了人性与美。每天前来瞻仰的游人，对莫里斯所怀的敬意，应该远逊于雨果。文艺复兴以降，人性对神性的挑战，只有在巴黎圣母院，算是获得了一次完胜……

II

巴黎若是个金苹果，西岱岛便是裹在其中的金核。当年不知是谁在小岛上埋下第一块石基，慢慢将小岛繁衍为一个村落，进而爬上隔河而望的岸上平原，繁衍出一个圈圈层层的小巴黎、大巴黎。岛上最早的民居，自然已在一次又一次拆建中踪影全无，但后来建造的司法街区、教堂等，依然有了年份。只要留心，还能找到一些古罗马时代的遗存。奥斯曼当年敢于在巴黎大拆大建，或许就因为西岱岛还保留着这个古老的街区，巴黎不会因为他的重建而彻底失去历史感。对历史最好的纪念方式，便是创造属于自己的历史。这个思想，在拿破仑三世和奥斯曼男爵那里被践行得彻头彻尾。西岱岛由九座不同时期建造的桥梁连接两岸，看上去像一只色彩斑斓的水爬虫，伸展着细细的长腿，小心翼翼地趴在塞纳河上。

一直坐在河边的咖啡馆里。天光由明而暗，夜色由浅而深。大雨洗过的西岱岛，灯光晶莹透亮，水淋淋宛如童稚的眼，对着世界好奇地眨闪。这座被历史的鲜血一次次濯洗的岛屿，竟有这么一副天真无辜的纯洁表情，让我久久回不过神来。暑热退尽，塞纳河的晚风拂着两岸灯火吹来，凉爽迷离得令人沉醉。游船的灯光在河面上静谧地滑来滑去，河边游人形形色色的背影，随意地贴满灯火阑珊的夜幕。远处有弦歌飘来，断断续续，似乎想把人引回到那个久已逝去的浪漫时代。

我所在的咖啡馆在左岸，据说，是伏尔泰、卢梭当年常来的地方。这片挤满了咖啡馆、书店、画廊、小剧场、沙龙和大学的拉丁区，一直是法国思想与艺术的苗床。引领欧洲几百年的各种各样莫名其妙的主义、惊世骇俗的艺术、光怪陆离的社团，都在这暧昧的灯影和馥郁的咖啡香味里萌生和传播。反叛与革命，永远是这里压倒一切的主题。所有的创新都寄生于颓废和糜烂！所有的革命都诞生于迷茫和绝望！手里端着勃艮第（Burgundy）的美酒，怀里搂着风情万种的美妇，嘴里却粪土着社会的不公和艺术的腐朽。

画家早上举着画笔宣称天才诞生，傍晚又操起画刀叫嚷绝望自杀；思想家站在左岸挥斥方遒，却又对着右岸眉来眼去。衣冠楚楚的院士与不修边幅的艺术家，在同一个俱乐部里争得面红耳赤；裘衣羽冠的贵妇与描红涂绿的妓女，在同一条街巷里等待满身酒气的天才夜归；功成名就的文学泰斗与无名鼠辈的习作者，在同一间咖啡馆里为下一部作品绞尽脑汁……所有人都有标新立异的一堆作品，都有振聋发聩的一打主义。今天拿自己的旧作否定别人，明天用自己的新作否定自己。否定来否定去，否定本身成了一场最亮眼的行为艺术。

在左岸，否定是暴力，也是优雅；否定是传统，也是时尚；否定是禁锢，也是自由。

左岸孕育了无数的沙龙，沙龙孕育了无数的杂志。杂志是沙龙的喉舌，也是沙龙的象征。一个社团的面子和里子，全都印在杂志上。杂志是左岸思想、文化、艺术自由与繁荣的标签。前几年，我和法国的阿歇特集团谈合作，他们的产品中，最令我着迷的是上百种期刊。其定位的精准、内容的精彩和设计的精美，几乎让人爱不释手。少数已经引入中国的，多为时尚类，其实真正有价值的，是思想和艺术类，那才是左岸的传统和精髓。

直到咖啡馆打烊，我已续了七杯咖啡。平常并不常饮咖啡的我，有了几分微醉。河上的游船已经断游，倒映着灯火的塞纳河水、依旧闪闪的灿烂星空。这让人想到左岸灿若星辰的哲学家、思想家、文学家、美术家……

沿着塞纳河左岸，晃晃悠悠地走回旅馆。那是一幢可以望见河水的老公寓。门庭里值夜的，是一位白发稀疏的老人，正靠在高高的柜台上打盹。房间的钥匙，老人已放在柜台上。拿起钥匙，我缓缓地爬上木制楼梯，听见背后咕咕嘟嘟的法语，大约是老人向我道早安。导游说过，老人就是房子的主人，他应该早就习惯了拉丁区里把早晨当作夜晚归来的客人。也许在当年，他也是哪个俱乐部里长夜不归的文青。

III

常说卢浮宫（Louvre Museum）有三宝，其实如今是四宝。除了断臂的维纳斯（Venus）、少头的胜利女神和神秘的蒙娜丽莎（Mona Lisa），还应该加上玻璃金字塔。这座一度让法国人吵翻了天的建筑作品，总是首先映入参观者的眼帘，在第一时间定格卢浮宫的艺术气质。之后看到的任何一件展品，其实早已被贝聿铭（I.M.Pei）摆在了由历史走向未来的时光通道上。为了这座金字塔，贝聿铭整整工作了13年。为让群情激愤的巴黎人接受自己的创意，他干脆做了个巨大的玻璃金字塔摆在卢浮宫里，让六万人参观品评。最后大多数人改变了态度，接受了这个异想天开的设计。

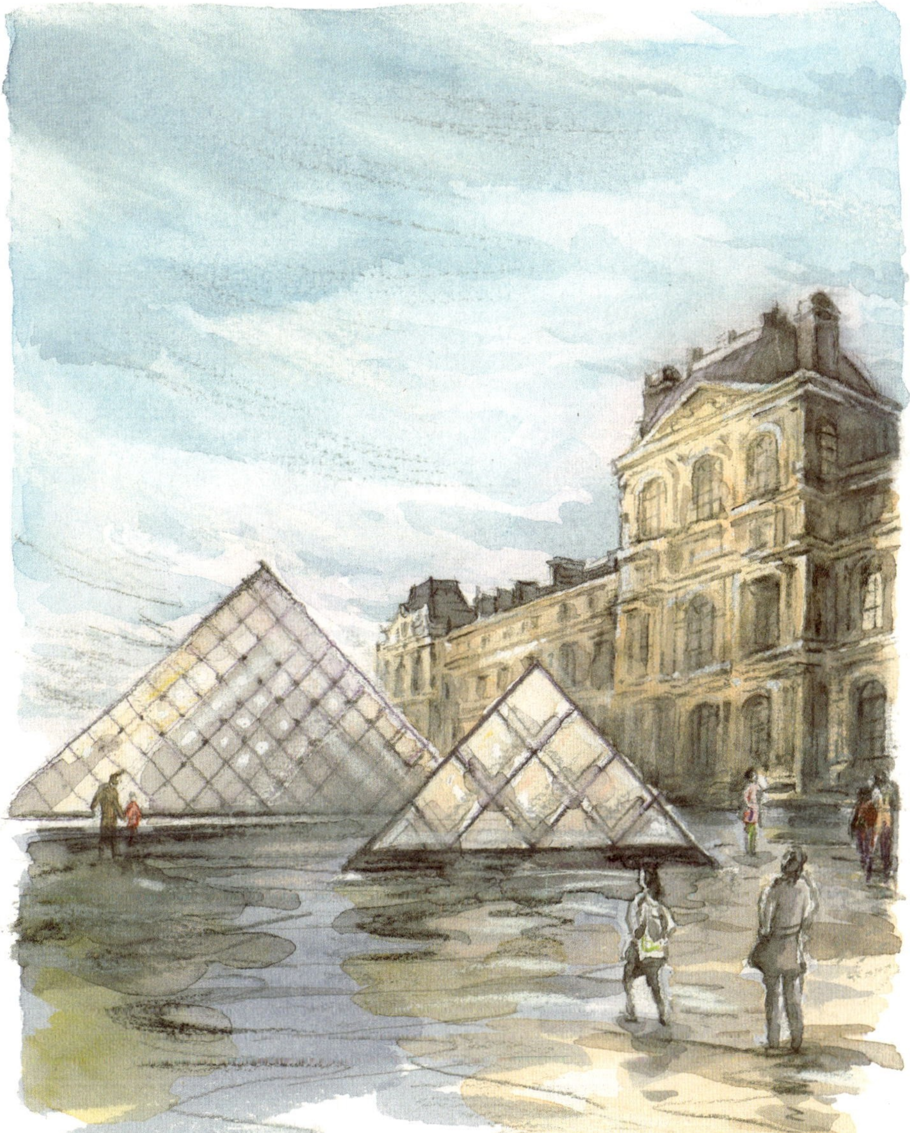

法国电影以羞答答的艺术，对抗好莱坞电影赤裸裸的票房，仗虽打得吃力，却也打得决绝。

无论历史最终沾染多少血污，青春献祭于革命，终归是一份生命的高贵和美好。

一个游人，如果没有准备一副货真价实的铁石心肠，还有足够多的泪水，最好别去触碰法国的历史。

在法国，无论革命的起因多么微末，革命的理由多么虚缈，只要有人走上街头振臂高呼，就会有人从酒吧、咖啡馆和沙龙中冲出来，汇合成浩浩荡荡的革命洪流。革命每每成了人们最激情的人生表演。革命的目的，在于表演革命的过程，没有人知道结果，也没有人需要结果。

历史不需要眼泪，而历史铸成的错失，却总要后人用眼泪去擦洗。

因为贝聿铭的华裔身份，大体走到这里的华人，都会心怀自豪。虽然宫中藏有的中国珍宝，大多来路不正，隐约包含了民族的屈辱感。有了贝聿铭设计的金字塔，便对这些历史的辛酸有了几分释然。

卢浮宫坐落在塞纳河右岸。13世纪初始建为城堡，16世纪中叶弗朗索瓦一世改建为王宫，18世纪末改为艺术馆。这里居住过50位法王和王后，是法国持续近六百年的权力中心。巴黎左岸与右岸的对峙，不仅在政治与艺术，而且在平民与皇族、自由与专制。大抵没有哪个城市的政治力量，有如此清晰的地理分界。巴黎的左岸，一直是一个美好的词汇，那是因为右岸政治统治的臭名昭著。不论在哪个时代，自由与创造，总归是人们捂在心底的一份向往。

文艺复兴时代堪称伟大的建筑很多，作为宫殿，卢浮宫独占鳌头。这座宫殿无论在规模的庞大，还是在施工的精致上，都让同时代的王宫望尘莫及。古希腊式的庄重质朴和法兰西式的华丽精致，神奇地融汇为一种相对纯粹的审美风格。枫丹白露宫和凡尔赛宫，在建筑语言和审美风格上，则显得混乱和驳杂了很多。

每一件艺术品都是有生命的，将她们从荒岛野地或原初的居所搬进博物馆，其实已让她们失去了自己的生命底色。再加上每天被推来拥去的陌生人围观，让她们早已没了生气。假如胜利女神还立在罗德岛（Rhodes）的阳光下，维纳斯还浴在米洛斯岛（Melos）的海风中，一定是另一副光彩夺目的样子。艺术一旦成为某种文化的风干标本，文化本身也便凋敝枯萎了。在罗德岛，在南欧阳光下湛蓝的大海边，我曾守望一艘艘远捕归来的渔船。我见到的一个个劳作中的少女，远比在卢浮宫见到的雕像更美。

面对博物馆中那些艺术瑰宝，我时常生出一种质疑：艺术，真是一部演进的历史吗？今天人类的艺术创造，真的是先辈创造的延续和超越？人类只是在不同的生存条件下表达自己，其生命体验和审美认知，应该没有前后进化的历史逻辑。就像读老子、庄子和亚里士多德（Aristotle），我始终找不到哪位后世的思想家超越了他们。每个艺术家和思想家，只有属于了自己的时代，才会属于历史。历史只是一个摆满建筑模型的沙盘。每种思想与艺术的代表性建筑，伫立在历史中，其实并没有那么多撕扯不断的前牵后绊。

本该像列祖列宗一样待在卢浮宫的太阳王路易十四（Louis XIV），不知为什么住去了凡赛纳宫（Van Sena Palace）和枫丹白露宫（Fontainebleau），一次偶然的造访，又促使他建造了宏伟奢华的凡尔赛宫。财务大臣富盖邀请太阳王做客自己新建的府邸，府邸的庞大与华丽惊呆了太阳王。恼怒的太阳王随即以贪污罪撤了富盖，并判无期罪投入大牢。太阳王召来为富盖建造房子的原班人马，为自己打造了新的皇宫。志在励精图治征服世界的太阳王，就因为这点小小的嫉妒心，将本该用于战争的巨大财力，花在了凡尔赛宫的重建上。法国皇室素来穷奢极欲，到太阳王这里达至顶峰。凡尔赛宫，便是他奢华生活的历史铁证。

这座宫殿建了47年，动用了大约三万名劳工和工程技术人员，其间有十年，法国境内的其他建筑，均不得开采石料。宫内收罗了欧洲的顶级艺术品，还有世界各地的奇珍异宝。宫殿不仅追求奢华，而且追求高雅的审美品位，奢华而不落于庸俗，精致而不囿于匠气。建筑及其其间的生活，滥觞了一种法兰西式的时尚潮流。凡尔赛宫成为欧洲各国君王竞相模仿的对象，俄罗斯（Russia）、匈牙利（Hungary）等国皇帝依葫芦画瓢，终究未能画出它的高贵品位和时尚气质。

不过，这座奢华宫殿并未给法兰西皇室带来什么好运。太阳王的晚年，征战四处受挫。路易十六时，又被第三等级围困，最终被大革命送上断头台；拿破仑被俾斯麦（Bismarck）打败，德国人气宇轩昂地站在这里，宣布自己新的帝国诞生；巴黎起义中，整座宫殿被一次又一次洗劫，几乎变为一片荒草萋萋的废墟。虽然19世纪这里被重新修饰，建成了如今的博物馆，络绎不绝的参观人群，在宫外排着长队等候，但我行走在那个巨大无比的花园，心中涌起的，却是《红楼梦》中不绝如缕的《好了歌》……

IV

我是法国电影的忠实拥趸。爱屋及乌，见到戛纳（Cannes），像是见到了预约的朋友。加上生病的际遇，再添了一份好感。

住在蒙特卡洛（Monte Carlo）那晚，牙齿疼得要命。早晨照镜子，左腮红肿了一片。从摩纳哥（Monaco）到戛纳，头胀得昏昏沉沉。同行没人带牙药，一路上我只能紧咬牙关扛着。车到戛纳，来不及进旅馆，我便在海岸上找了一丛荆棘，掐下一根长长的针刺，对着牙龈一顿猛刺，然后死命地吸吮，吐了十多口殷红的血。待我住进旅馆，牙痛竟神奇地止住了。跑到洗手间照镜子，红肿消了大半。后来每回牙疼，便会想起戛纳，后悔当时没弄清那是一丛什么植物，若记住了，又多了一种治疗牙疼的良方。

19世纪初，戛纳还是趴在地中海边的一个小渔村。英国勋爵布鲁厄姆（Brougham）前往意大利度假，因霍乱流行边境封闭，中途停歇在渔村里。勋爵发现这里终年气候宜人、四季花事繁盛，大海宽阔、蔚蓝，沙滩平缓、金黄，一派明媚的南欧风情。比起毗邻的蒙特卡洛和尼斯（Nice），这里更加宁静和自然。勋爵决定在渔村修造别墅，把这里作为自己的度假之地。勋爵的决定，引起了上流社会的关注，连维多利亚女王（Queen Victoria）也好奇地跑了过来。雨果、毕加索（Picasso）等文化名人的钟爱，又为新兴的度假小城平添了浓郁的文化风情。20世纪30年代，法国政府将新办的电影节放在这里，正是基于小城对欧洲文化艺术界独特的吸引力。

戛纳电影节，初衷是抵抗德国的法西斯主义电影，结果是抵抗美国的商业主义电影。电影节筹备停当，准备1939年9月1日开幕。就在那一天，德国出兵占领了波兰（Poland），英法立即卷入了战事。直到1946年9月2日，电影节才在戛纳真正拉开大幕。之后电影节还中断过三次，有两次是因为经费的原因停办，1968年则因为"五月风暴"的冲击而不欢而散。这是法国最近的一场革命，由青年学生发动，工人推向高潮，巴黎又一次被革命闹腾得全城瘫痪。部分评委和艺术家受革命鼓动，冲进放映厅终止了放映，裹挟着参展影人加入了革命大潮。这便是法国！艺术与革命，总是冤魂不散地纠缠在一起。

电影节并不囿于法国电影，但所标举的电影美学原则、推动的电影艺术风尚，却是地道的法国版本。法国的"新浪潮"电影，能从巴黎影响世界，并成为20世纪主要的电影派系，戛纳电影节功不可没。

"新浪潮"电影，初始由《电影手册》杂志的影评人发起，向传统的欧洲电影猛烈开火。这场来势凶猛的电影革命，带有典型的左岸特征：乌合之众的团队，标新立异的旗号，南辕北辙的进击……拿好莱坞否定法国传统电影，最终却抵制了好莱坞；用电影逻辑解构现实逻辑，最终却再现了现实逻辑。这种根植于萨特存在主义的电影思潮，以一种极度主观的现实主义手法，记录了"二战"后人类普遍的无端焦虑、无措反叛和无望求索。

作为一场电影艺术革命，新浪潮在20世纪60年代中期即告结束，但这场运动中脱颖而出的一代导演，一直有新的创作奉献；这场运动中滥觞的电影美学主张和艺术手法，深刻地影响了后起的各种电影流派，从而形成了根深蒂固的法国电影传统。好莱坞电影重击人生痛点，法国电影轻挠人性痒点；好莱坞电影用技术制造梦幻，法国电影用艺术解构现实；好莱坞强调团队的协同性，法国电影强调作者的个人性；好莱坞注重故事结构的严谨，法国电影注重叙事结构的随意；好莱坞追求观影效果的快意震撼，法国电影追求艺术感受的余味绵延……法国电影以羞答答的艺术，对抗好莱坞电影赤裸裸的票房，仗虽打得吃力，却也打得决绝。除了法国政府"文化例外"的政策的保护，戛纳电影节，也发挥了重要的要塞作用。

中国影人在戛纳电影节很热闹，尤其香港导演和明星，大大小小奖杯捧回了一堆。香港影人眼红好莱坞的票房，又羡慕法国电影的文艺范儿。这种矛盾的心态，使香港电影一会儿很商业，一会儿很文艺。毕竟香港缺少一个叫作左岸的地方，不管导演如何推崇法国电影，拍出来的文艺片，总是像一株有形无神的脱水玫瑰。

真正在戛纳捧得了大奖的，是大陆电影《霸王别姬》和《活着》。前者拿了金棕榈奖，后者拿了评审团大奖。这两部片子的题材与叙事风格，的确很法国味。导演希望纯艺术地讲故事，人物却总是神差鬼使地走入时代的夹缝。这种动机与结果的错位，是一种典型的法国式艺术尴尬，由此造成的错愕感和无奈感，给人一种挥之不去的生命隐痛、超越凡俗的艺术感动。中国原本有艺术片土壤，可惜日渐被好莱坞票房所毒化。这两部片子，都是20世纪90年代的作品，之后再无片子问鼎大奖。中国电影一边倒地好莱坞化，让一大帮法国电影的粉丝闹心甚至绝望。

戛纳八月的海滩，阳光把每一颗沙粒镀成沙金。躺在柔软的沙滩上，任由海风拂过地中海轻柔的海浪，沁凉地吹在身上。蓝天，碧海，金沙，还有白色的房子和重重叠叠的鲜花，将每一个白昼变成梦境，将每一个夜晚幻作童话。

似梦非梦的假寐中，我忽然领悟到，告别了"铁血革命"的法国人，又激情澎湃地占据了艺术与时尚的舞台。不仅是电影，文学、美术、音乐、戏剧和奢侈品，几乎始终引领着时代的风尚。他们将与生俱来的敏感与亢奋气质、反叛与创新意愿，肆意挥洒在天马行空的创意中，用天才和任性，梦幻般演绎个人的"革命史"……

V

前年再到法国，是为了去蒙达尔纪（Montargis）。这个巴黎边上的小城，曾经是蔡和森、邓小平、李维汉等勤工俭学的地方，是一座早期的中国革命之城。2014年，时任湖南省省长的杜家毫访问该城，找到了先辈留法的旧址，决定买下来做个纪念馆。我们承担了那里的装饰和布展，前后忙碌了大约一年。这次去，是参加纪念馆的开馆仪式。

车过巴黎闹市，街道被挖得坑坑洼洼。按常理，这该是市政在拓宽马路，导游却说是为了把道路变窄。问理由，导游介绍市政府为了城市环保，想要通过变窄道路造成更严重的塞车，逼迫市民丢弃私车坐公交。世界上的大城市，都在为减排殚精竭虑，最终想出用改路塞车解决问题的，大抵只有巴黎。19世纪中叶，奥斯曼男爵为了把街道拓宽大拆大建，挨了一百多年唾骂，如今的市长却要大开大挖将道路变窄，这事听上去让人喷饭。这么大一件事，市长自然一个人说了不算，市民如果不赞同，市长一寸街道也挖不了。我感兴趣的是市民为什么会举手赞同？或许就因为这里是法国，是巴黎，只要是个新主意，不管怪诞不怪诞，都会先举手支持。当年大革命砍了成堆的头，流了成河的血，就是为了推翻皇权。血迹还未冲洗干净，拿破仑振臂一呼要当皇帝，多数人，包括雨果都投了赞成票。新的皇室跌跌撞撞没搞多少年，有人举旗要起义，人们又冲上街头把皇宫砸了个稀烂。或许在法国人眼中，历史就是一条挖来填去的大道，觉得宽了挖窄，觉得窄了再填宽；觉得直了改弯，觉得弯了再拉直。只要还在挖来填去的改变中，再荒唐的理由都合乎逻辑。每个人都在历史的道路上挖过一锹土，这比什么都重要。

告别毛泽东等新民学会会员，蔡和森、向警予等赴法抵达的蒙达尔纪，是一座老旧秀丽的水城。清晨漫步在窄窄的街巷，古老的宁静和着新鲜的阳光，让人仿佛行走在时光的隧道里。足音从街石上升起，夹在斑驳的墙壁间空空回响，瞬间又跌落在街边的河港里，消失在朦胧的水雾中。横跨街巷的石桥和河边堆垒的石缝里，随意地开着猩红、金黄的花朵，花瓣上晶莹的露珠，映照在朝阳下星星点点地闪耀。花香丝丝缕缕，和着城边森林里青草的气息流淌在街巷，将人带回五月的江南。我想象蔡和森一行当年来到这里，每天清晨穿过的街巷，应该就是这副样子。就是在这座宁静宜居的小城里，蔡和森孕育着心底的革命风暴，喊出了"改造中国与世界"的铮铮誓言。无论历史最终沾染多少血污，青春献祭于革命，终归是一份生命的高贵和美好。

纪念馆里摆放着一辆老式的自行车，是布展时从旧货市场淘来的，据说是当年邓小平所用脚踏车的同款。每天蹬着一辆自行车往来于学校与工厂之间，街头上的小城居民，没人相信这个长着一张娃娃脸的矮个子，竟会是未来改变中国命运的历史巨人。小镇在法国翻来覆去的大革命里沉睡，而这群看上去并不起眼的中国青年，却在这里孕育青春中国的茁壮幼芽。美国大革命影响了法国，法国大革命影响了俄国，俄国大革命影响了中国，这副历史的多米诺骨牌，不管其中隐藏了多少偶然的因素，向前推倒的趋势却没有人能改变。孙中山在美国，黄兴在日本，蔡和森、周恩来、邓小平在法国，朱德在德国，刘伯承在俄国，毛泽东在中国，他们中总有人要扛起这扇沉重的历史闸门，让古老的中国冲进一个全新的时代。

革命总是孕育在历史的期待之中，却常常爆发于时代的预料之外。

VI

返回巴黎，我又一次去了蒙马特高地（Montmartre）。

这座在革命与战争中被争来夺去的炮台，已被路易十五建造的圣心大教堂替代。宁静的教堂置换怒吼的大炮，似乎隐含了忏悔终结屠杀、宗教终结革命的象征意义。实际的状况，却是什么都未能终结。教堂落成了，准备被供奉的圣女吉纳维夫的骸骨，却被革命者抬出去扔在了塞纳河中；革命者将教堂改作先贤祠，用以供奉革命的先驱和英雄，早先入祠的英雄小米波拉（Millet Pola），还有"革命三巨头"之一的马拉（Jean-Paul Marat），没几天又被掀了出去。留下作为革命思想先驱的伏尔泰（Voltaire）和卢梭（Rousseau），一直待在那座通体洁白的大教堂里。两位先哲相向安葬，中间只隔了一条窄窄的走道，那情形，似乎依旧坐在左岸的咖啡馆里，隔着桌子大声地论辩。

作为启蒙主义运动的精神领袖，伏尔泰兼有文学家、哲学家、思想家多重身份。他所倡导的理性精神和人道主义，被标上了各种革命的大旗，最终却又被革命的实践所践踏。如果伏尔泰活得更长一些，当他亲眼看到自己鼓动的大革命暴风骤雨般来临，看到理性的旗帜如何被杀红了眼的革命者粗暴地撕碎、人道的宣言书如何被反扑的统治者无情地丢弃在血污中时，会对自己的思想做怎样的评价？

一个游人，如果没有准备一副货真价实的铁石心肠，还有足够多的泪水，最好别去触碰法国的历史。人们知道攻占巴士底狱的大革命，却不知道革命之后还爆发过很多次革命，而且大多是革命者将革命者送上断头台；人们知道"巴黎公社"，却不知道巴黎起义之前，早已有过很多个"巴黎公社"，而且多个公社的命运，都和后面的起义一样悲惨。法国的革命，是一种杂色的革命，总有人以革命的名义革革命的命；巴黎的起义，是一种悲怆的起义，总有人躲在暗处对胜利的起义者背后送上一刀。当年在杜勒里宫领导革命的"国民工会"，多数被雅各宾党人送上了断头台，而后来的热月政变者，又将雅各宾党人送上了断头台。

在法国，无论革命的起因多么微末，革命的理由多么虚缈，只要有人走上街头振臂高呼，就会有人从酒吧、咖啡馆和沙龙中冲出来，汇合成浩浩荡荡的革命洪流。革命每每成了人们最激情的人生表演。革命的目的，在于表演革命的过程，没有人知道结果，也没有人需要结果。

这种合理动机与荒悖结果编织而成的法国史，令人为革命生出纠缠如魇的心痛。历史不需要眼泪，而历史铸成的错失，却总要后人用眼泪去擦洗。

高地周边开着好些画廊和咖啡馆。画廊里挂着各种画风的作品，每个画家都在这些逼仄的空间里标新立异；咖啡馆始终挤满客人，临时进店的游客，根本找不到座位。好些桌上的客人，将头凑在一起讨论着什么，声音压得虽低，但涨红的脸色和刚劲的手势，让你感觉到他们交锋的话题并不轻松……

站在当代看法国历史，如同站在蒙马特高地看巴黎市区，你能看到的，始终是一块色彩斑斓的调色板，而不是一幅结构严谨、图景清晰的油画。法国经历了文艺复兴，社会却长期徘徊在中世纪，因为宗教专制死去的人，一点不比文艺复兴之前少；翻来覆去的大革命，抛头颅洒热血推翻了帝制，没几天，颁布了《民法典》的拿破仑，又被皇冠权杖地加冕为皇帝；革命原本为了反抗旧制度草菅人命的残暴统治，结果发表了《人权宣言》的革命者，为了提高杀人的效率，竟使用杀人如切马草的断头台，斩下了堆积如山的人头；巴黎的无产者冲上街头，推翻了拿破仑的复辟王朝，结果被躲在一旁的梯也尔镇压，无产阶级的革命瓜秧，最终结了一个资产阶级政权的果实……

每个人都是历史色彩的调和者，每个人都是历史色彩的一部分。单独地看，每一块色彩都饱和，都亮丽；聚拢在一起，则显得纷乱和驳杂。就像你在蒙马特高地看到的大巴黎，永远只是一派日出或日落时分的含混色彩……

奥斯曼男爵

乔治·欧仁·奥斯曼男爵（1809年3月27日—1891年1月11日），曾任吉伦特等诸省省长、巴黎警察局长、塞纳区行政长官，被封男爵。不过，奥斯曼自己很少使用男爵称号，人们惯常称其为奥斯曼先生。

奥斯曼作为法国第二帝国时期的重要行政官员，主要政绩在主持巴黎的旧城改造。奥斯曼以曾任巴黎警察局长的凌厉作风，果断地拆除了巴黎中心城区狭窄的街道和老旧的建筑，一度遭到底层市民和文化人士的唾骂。奥斯曼以古典式对称中轴线街道和广场为中心，重建了巴黎核心城区，以超前的技术标准解决了交通、给排水、消防等基础设施瓶颈，使巴黎在功能上成为一座真正的现代都市。

奥斯曼气魄宏大的设计，被认为体现了拿破仑三世的政治胸怀和审美理想，因而得到了当时皇帝的赞赏和支持。毕竟工程太过庞大，给城市带来了巨额债务。皇帝顶不过各方强大的舆论压力，于1870年将其解职。

法国最近的一场革命

1968年3月22日，法国爆发了"五月风暴"。起因是抗议政府逮捕反对"越战"的学生，本质是学生不满政治和文化守旧。运动由学生肇始，工人和市民参与推至高潮。像所有巴黎发生的革命一样，结果是造成全城瘫痪，把巴黎变为一座臭城死城，并导致全国混乱。

2018年11月7日，法国爆发"黄背心运动"，造成了巴黎半个世纪以来最大的骚乱，从而使"五月风暴"不再是法国最近的一场革命。人们通过互联网上的社交媒体表达对上调燃油税的不满，由此形成了一场无领袖运动。近三十万人冲上巴黎街头，与警察形成武力对抗。马克龙虽然承诺放弃上调燃油税动议，运动依然没有平息。法国人与生俱来的革命传统，再加上社交媒体的先进工具，革命的破坏力和持续性或许会严峻挑战法国，甚至欧盟的政治秩序。

法国革命三巨头之一的马拉

法国革命三巨头，通常是指罗伯斯庇尔（1758年5月6日—1794年7月28日）、丹东（1759年10月26日—1794年4月5日）和马拉（1743年5月24日—1793年7月13日）。让·保尔·马拉出身于瑞士，早年行医，后弃医从政。大革命爆发，因创办《人民之友》报成为革命喉舌，并迅速成为大革命重要领导人。马拉主张确立革命专政，用暴力保卫自由。马拉作为雅各宾俱乐部的领袖，鼓动并实施了血腥的统治，与罗伯斯庇尔、丹东共同创造了雅各宾时代。

马拉的坚定的革命主张和铁血的政治手段，引起了封建贵族和吉伦特人的强烈仇恨，一位对大革命彻底失望并同情吉伦特人的妇女夏洛蒂·科黛，只身前往马拉的公寓刺杀了马拉。科黛被捕后，义正辞严地宣称：我是为了拯救十万人而杀了一个人；为了拯救无辜而杀了恶人。国民公会为马拉举行了隆重的葬礼，并将其安葬于先贤祠，与伏尔泰、卢梭等一起被供奉。雅各宾党人倒台后，马拉的灵柩又被搬离先贤祠。

马拉的革命战友，法国新古典主义的代表画家雅克·路易·大卫第一时间赶到遇刺现场写生，并据此创作了油画《马拉之死》。一生饱受争议的革命家马拉，却因这幅油画而流芳千古，这个结果出乎所有人意料。

杀人如切马草的断头台

大革命之前，法国人执行死刑多用车裂，其状惨不忍睹。制宪议会的一位议员吉约坦医生提议，改用新的行刑方式，绞刑就此登台。吉约坦医生觉得绞刑时间过长，犯人仍很痛苦，于是提出斩刑。一段时间绞刑与斩刑并用。平民死刑犯施以绞刑，贵族死刑犯则施以斩刑。后来吉约坦又提出来制造断头机械的设想，并从德国请来工匠多皮亚斯·施密特研制，于是很快造出了样品，取名断头台。

路易十六对此事十分上心，甚至亲自对试用中的断头台提出了改进意见。大革命中需要斩杀的人骤然增多，断头台大大提高了施刑的效率。具有讽刺意味的是，路易十六被雅各宾党人判处死刑，行刑的正是由他自己改进的断头台。而力主判处路易十六死刑的罗伯斯庇尔和丹东，最后亦被推上了断头台。

法国最后一次用断头台行刑，在1977年。稍后法国废除死刑，断头台自然就退出历史舞台。如今有些奢侈品牌，将断头台做成首饰。将这东西挂在脖子上，内心会是一种怎样的感受？恐怖的亢奋？悲悯的战栗？还是恶搞的时尚？

古 堡 寒 鸦

In Czech

就只那一眼，便被魔法般摄走了魂魄。之后这些年，但凡有人问，想去哪里旅行，我会脱口而出：中欧，波希米亚（Bohemia），克罗姆洛夫（Krumlov）！

I

那是在阿姆斯特丹（Amsterdam）飞布拉格（Prague）的航机上。因为联程转机，人困，靠着座椅小憩了一刻。待我醒来，揉揉眼，拉开舷窗，竟然满眼明黄的油菜花和嫩绿的牧草地。初夏的阳光亮得耀眼，阳光下的花畦与草地也亮得耀眼。看上去，那不是一片望不到边际的大地，而是一派悬浮在空中黄绿相间的色彩，如同一幅巨大的儿童画，稚拙得梦幻，明艳得透心……

航机大约飞行了半个小时，黄绿相间的图案不时变幻，魔毯般与航机伴飞。直到飞临布拉格，飞机被魔毯兜卷着，缓缓停落在黄花绿草的画卷上。

II

遗世独立的布拉格,看上去,一直活在古旧的时光里。在油画般的波希米亚原野上,宛如一枚中世纪遗落的魔戒,神秘而惊艳!如同多数的历史名城,新城当然是有的,只是因为老城岁月锈蚀的斑斓色彩、文化积淀的强大气场,将其隐隐地逼出了人们的视界。一枚古老惊艳的魔戒摆在那里,谁会留意边上一只刚刚配上、还没有来得及磨光上漆的首饰盒?

我下榻的克罗姆洛夫旅馆,位于老城的十字街口。朝哪个方向漫步,都会没入那些街石黝黑、苔藓青苍的幽深小巷。

夜里独行,昏暗的灯光照不亮脚下的街巷,借了屋檐上些微的星光,依稀可以看清街坊的模样。一例岁月熏染的古旧色彩,只有房屋的款型、石料的凿痕,依然透露出历史变迁的印迹。间或往来的行人,踽踽地步履从容,分辨不出是夜出还是夜归。擦身而过,留一街淡淡的酒气。行人没入街巷的暗影,足音却跫跫地持续很久,让你猜不出幽幽街巷的深远。足音透着空寂,那种从屋檐下、石缝里一丝一缕渗出来的空寂。不是一夕,不是一世,而是世世代代积攒下来的,如同夜露,如同晚风,无所不在的那种空寂。那空寂让我想到卡夫卡(Franz Kafka),想到《城堡》中那些落落寡欢、独来独往的魔幻人物……

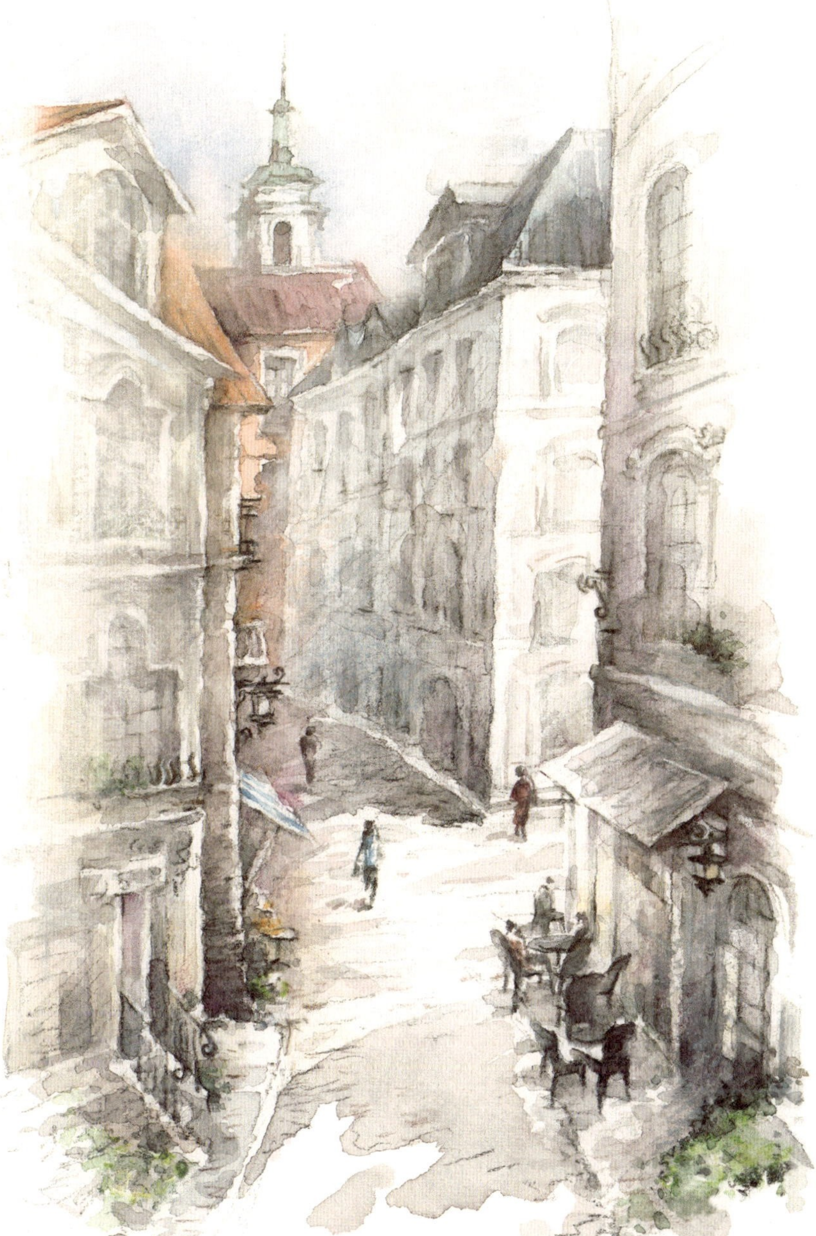

那种浮金耀辉的暗红色，红得古朴，红得寂寞，红得梦幻，让人觉得岁月原本就是有颜色、人格和灵性的。那是一种寂寞而飞扬的布拉格红。

波希米亚人的文化寂寞，变作了卡夫卡的生命孤独；波希米亚人的情感舒放，变作了卡夫卡的灵魂纠缠；波希米亚人的历史屈辱，变作了卡夫卡的现实压迫。这是一种文化赓续的递进，还是一种文化对抗的悖反？

III

早餐在旅馆临街的餐厅。落地玻璃窗将满街的阳光泄进来，也把周遭的街景泄进来。坐在临街的桌边，听得见天际鸽群的飞翔，也听得见街面早行人的脚步。

五月，布拉格冷暖惬意。阳光照在身上，有一种温和的凉爽，一如潇湘的晚秋。街面上的树木，窗台上的花草，葱茏，艳丽，却并未蓬勃到热烈和喧闹。隔窗望去，有一份晨梦未醒的迷蒙。

餐厅里的客人不多，散散落落地挑了各自的位子。盘里的餐食也不多，少许沙拉，一两根香肠。客人在意的似乎只是阳光、咖啡和手中的当地报纸。报纸也是随意翻翻，拿在手里，好像是为了回避与人的招呼和交谈。餐厅里唯有侍应生在轻声说话，托着盘子推荐一种香肠，说是布拉格才有的做法，糅合了德意志和波希米亚的风味。我一尝，果然是肉质的松紧、弹性的张弛，还有香味的浓淡，般般恰在好处。尤其是那股飘逸的香味，有一种黄花绿草的原野气息。波希米亚人擅烹饪，能把寻常的食物做出梦幻感。我的德国朋友托马斯告诉我，过去体面一点的德意志家庭，都会有一位波希米亚厨子。

从餐厅隔街而望，对面是一幅巨大的《了不起的盖茨比》的首映广告。那黑白光影里透出的复古浮华气质，与布拉格那种用岁月叠染出来的绚烂街景，几成绝配。坐在餐厅里，便有一种恍若隔世的浮华与浪漫。

那是一顿难忘的早餐。宽舒、宁谧、惬意、可口，加上一份混在阳光和咖啡里的淡淡寂寞。后来想起，似真似幻，仿佛电影中的一段镜头。

IV

一卜定千秋。

历史记载，波希米亚王朝唯一的女大公莉布新（Libusin），不仅美丽绝伦，而且擅长巫卜。少女时，莉布新卜得自己未来的宫殿，将建筑在伏尔塔瓦河畔（Vltava River）的山顶，卜得自己未来的丈夫，将是一位农夫，其时正在为一栋房子安装门槛。在波希米亚语中，布拉格的意思就是门槛。女大公的预测，后来一一应验，成为波希米亚王朝最迷人的一段历史。布格拉，也便成了这座城市的命名。

神秘的预测与准确的应验，美丽的女王与勤劳的农夫……这一糅杂传说与历史、联姻贵族与平民的故事，凸显了波希米亚人与生俱来的浪漫。巫卜，是波希米亚无所不在、无所不能的精神信仰和生命状态。虽然因宗教而起的战争，在这块土地上断断续续打了千百年，巫卜的文化，却斩不断烧不尽。据此，波希米亚人坚定地独立于欧洲文化主流。

高耸在拜特申山山顶的王宫，俯瞰着山下蜿蜒流淌的伏尔塔瓦河、沿河建筑在左右两岸的老城，和一望无际的辽阔平原。女大公依照预测的方位，在这里建造了自己的宫殿，那是公元九世纪。此后南来北往的异族统治者，走马灯似的占据这块土地，凭借刀剑你方唱罢我登场，演绎了一幕又一幕波希米亚王的传奇。他们的权力舞台，都在这座山头，都在这个城堡。每一位新的王者，从本土带来了军队、主教，也带来了建筑师和工匠，他们依照老家的建筑形制、筑造技术和审美习惯，不断扩建、重建这座城堡，使罗马、哥特等各种风格的建筑，文艺复兴、巴洛克等各种风格的装饰，特异而和谐地聚集在一起，天然地成就了一座欧洲建筑博物馆。维雪堡几乎集齐了欧洲每个时代、每个文化圈的代表性建筑，而且每栋建筑，都是活的风格样本。对于全世界的建筑师而言，这里就是他们的麦加。即使在20世纪中叶那段特殊的岁月，每年，仍有大量的建筑师辗转来这里朝圣。

几乎不可想象，长达一千多年的岁月里，每位波希米亚王都在这里居住。"天鹅绒革命"（Velvet revolution）后，维雪堡再度成为国家权力的核心。地势险要、堡垒坚固，或许是原因之一；建筑庞大、功能齐备，或许是原因之二；更内在更重要的原因，大抵还是这座高高在上的老城堡，象征着波希米亚的统治权，是波希米亚王权与文化的皇冠。不论土著还是异族，只要入主了维雪堡，便得到了上天的应许。这种应许的源头，便是莉布新大公的巫卜。

欧洲是古堡之洲，捷克是古堡之国。这块不足八万平方公里的土地上，现存近七千座古堡。每座古堡，都是一段传奇的历史；每座古堡，都有一串神秘的故事。在这数千座古堡中，维雪堡是皇冠，是明珠。因其古老，因其庞大，因其传奇，因其斑斓，甚至因其发音的动听。汉译的名字，还因与莉布新的意义关联，又为古堡浸染了一份美好。

V

站在山顶，俯瞰伏尔塔瓦河两岸，老城那片绵延参差的红屋顶，如同一堆燃烧着的石煤，暗红里透着光焰，斑驳中闪着晶亮。那是一座自燃的煤矿，日夜不熄地燃烧了千百年。那种浮金耀辉的暗红色，红得古朴，红得寂寞，红得梦幻，让人觉得岁月原本就是有颜色、人格和灵性的。那是一种寂寞而飞扬的布拉格红。

伏尔塔瓦河左岸，当年是德意志人聚居的小城区。这些石墙红瓦房子最早的主人，大多是跟随查理皇帝（Charles IV）的兵士。虽是父亲通过联姻得到的王位，查理皇帝对这块土地倾注了毕生心血。在捷克的历史上，他和莉布新、瓦茨拉夫二世，都是令人敬仰的王者。以其名字命名的查理桥、查理大学，表达着一代一代捷克人对他的敬意。

不同年代、不同风格的房子，特异而妥帖地聚成一条条老街，那种和谐与安妥，仿佛当然就该如此。只有岁月与文化，才有如此恒心和耐力，细细地磨去了每栋建筑的异族棱角，使之共同演绎着波希米亚神秘而浪漫的故事。没有人会想象，这些房子里蹦出一个罗马、日耳曼式的掌故，只会期待着一场波希米亚式的派对，或者庄严而神奇的巫卜。现今人们所说的波希米亚浪漫，已经不是特指波希米亚土著和土风，而是包含了这块土地上，被土风熏染了的建筑和文化，是一种混杂中的坚守、绚烂中的寂寞、平淡中的神奇、庄严中的灵性……

VI

从维雪堡到老城区，有一条狭窄而陡峭的街巷。街巷两边的房子，低矮狭小，当年是为守堡的射手修建的房舍。站在窗口向下放箭，能准确地射中企图攀爬攻堡的敌人。后来，房舍住了一些炼金的工匠，小巷因此得名黄金巷（Golden Lane）。沿街巷往下，左手边一扇门头上挂满鲜花的小门，据说是卡夫卡年轻时住过的小屋。推进拥出的游人，在此凭吊和拍照，感觉上这间平淡无奇的小杂房，似乎比那些富丽堂皇的王宫和教堂，更让人好奇和景仰。

卡夫卡的父亲，在右岸的老城里，置有一幢阔绰气派的公寓。那是老卡夫卡一生的奋斗和荣耀，却是小卡夫卡一辈子心里阴影的源头。成功父亲的倨傲和冷漠，使生性敏感的儿子对父亲既尊敬又仇恨，尊敬愈重，仇恨愈深。那是一场无休止的纠结与怨怼。卡夫卡曾经给父亲写过一封长信，表达自己对父亲的复杂心情，期望博得父亲的重视和理解。然而只要读过这封用词犀利、叙说夹杂的长信的人，都能预测到，这只能加重父子间的隔膜和仇恨。这种阴郁怪诞的父子关系，大抵就是卡夫卡阴郁怪诞文学风格的源头。卡夫卡搬离阔大敞亮的公寓，独自住在这间狭小阴暗的房子里，正好契合了他脆弱多疑、阴挚自戕的心态。我想象，每日黄昏，卡夫卡公务归来，望着山下夕阳中艳丽斑斓的老城，是否也敷上了一层阴霾的底色？在他的眼中，那也许就是一张破败老城的黑白照片；我想象，每个夜晚，卡夫卡踱出小屋，仰望星空下暗黑庞大的古堡，是否满心都是恐怖怪诞的幽灵故事？在他的心灵里，那也许就是一座令人窒息、让人发疯的魔殿。

VII

卡夫卡就读的查理大学，就在小屋的脚下。那是中欧最古老、最著名的大学。除了卡夫卡，还有一批著名作家就读于此，比如米兰·昆德拉（Milan Kundera）。我的好友韩少功，很早将他的《生命中不能承受之轻》介绍给国内读者，由此引发米兰·昆德拉热。卡夫卡和昆德拉，都是深刻影响世界文坛的作家，不仅仅是拥有一代又一代广泛的读者，更重要的是，以他们为源头，开创了一个重要的文学时代。尤其是卡夫卡，几乎是现代主义文学思潮的当然鼻祖，他与作为哲学家的尼采、作为心理学家的弗洛伊德，三足鼎立地支撑了人类现代主义的精神大厦。从小屋到查理大学，一路上我都在想，这座古堡和这片老城，对于卡夫卡及其昆德拉等捷克文学家、艺术家，究竟有着怎样的精神影响？在游客眼中，如此绚丽浪漫的古城，在他们的笔下，为何变成了郁闷压抑得令人变态的城池？生生不息的波希米亚文化，对他们这群东欧犹太人，究竟形成了怎样的文化对撞？在世人心中如此灵性独特的波希米亚审美，为何在他们的作品中，被挤压变形得面目全非？

来捷克，我一直小心规避着卡夫卡这个话题。先读卡夫卡，再上布拉格，无论如何都是一件冒险的事。卡夫卡作品黑洞似的吸力，会时刻将你从触目所见的绚丽浪漫，不由分说地拉进他那个昏暗窒息的古堡，让你不辨孰真孰假、孰实孰虚，让你不辨今年何年、今夕何夕！将你在波希米亚土地上随处可得的梦幻感，变作一场梦魇，充满了阴郁与恐怖。让你弄不清哪一场梦，才是真正的波希米亚梦。

我读卡夫卡，大约在30年前。记得是在济南千佛山上的一片树林里。那是一个周末的午后,阳光透过枝叶,照进幽暗的林子,一束一斑的格外耀眼。就着射入林间的光束,我打开新购到手的《城堡》,仿佛一脚意外踩进了沼泽,一瞬间,便不由自主地陷了进去。

不敢一口气读完。每回读到自己几乎失魂落魄,便决绝地合上书,远远地扔到一边,将自己即将陷没的灵魂拉拽出来。阅读《城堡》的两三周,每一次扔开书,都是一场与魔法师的决斗,灵魂困在梦魇中,折腾得筋疲力尽。没有哪一种阅读,如此令人心神恐慌,又如此让人魂牵梦萦……

波希米亚人的文化寂寞,变作了卡夫卡的生命孤独;波希米亚人的情感舒放,变作了卡夫卡的灵魂纠缠;波希米亚人的历史屈辱,变作了卡夫卡的现实压迫。这是一种文化赓续的递进,还是一种文化对抗的悖反?或许,对卡夫卡来说,波希米亚的历史与文化,如同自己的父亲,一辈子都在既敬重又怨恨、既靠近又逃避的纠缠中。

如此,父亲之于卡夫卡,就不只是一个巨大的生存难题,更是一个深邃的精神隐喻!

Ⅷ

溯伏尔塔瓦河北上,到南波希米亚,可见一座山环水抱、古老灵性的小镇,那便是克罗姆洛夫。我在布拉格所住的旅馆,就是小镇的名字。伏尔塔瓦河在山前从容舒缓地绕了两个S形河湾,尔后蜿蜒南去。

河水信步般不急不促，汩汩的水声低缓而悠长。河水近看清亮透底，即使是水潭深处，看上去也是清浅的一泓。岸上红黄蓬勃的野花，倒映河上，如同一丛一片生长在水底，水草般随波摇曳。若是站在山上俯瞰，河水则碧得酽稠，闪闪的如一湾裸露的碧玉。

小镇沿河而建，依河湾形成天然的三个街区。暗红的屋顶，仿佛一片片深红的玫瑰，灿烂而寂寞。这些大多始建于13世纪的房子，至今仍有居民正常生息，全然没有刻意展示的意味。我投宿的客栈，是一栋巴洛克风格的房子，最早的主人，据说是一位公主。客栈只有十余间客房，正好住得下我们这个团队。我住了最宽敞的一间，好像就是公主当年的卧房。没有特别繁华的装饰，或许几经整修，已经去繁就简，但门窗等处的木作，还有厚实古旧的地板，看得出是当年的旧物。

老屋相夹的汀石街道，并不平坦宽阔，缓坡起伏的街面，只错得过相向而行的马车。夜里走上街头，空空荡荡，难得遇上行人。似乎那几晚的小镇，只住了我们这一行游人。街上的店铺并未打烊，灯光却显得昏暗，似乎每家每户的主人，都害怕太亮的灯光刺伤了小镇的幽静。除了常见的超市，其余的店子，分作出售蜜蜡、琥珀和石头首饰的两类，并不像别处的旅游商店，琳琅满目挂满世界各地的纪念品。

石头首饰的原料，是一种当地出产的宝石。虽说也叫宝石，却并无夺目的光泽。赭红深绿的两种颜色，即使放在灯光下，也就是寻常石头的质地。只是切割镶嵌的工艺，是地道的波希米亚风格。佩戴上身，有一种天然的粗粝与灵动。

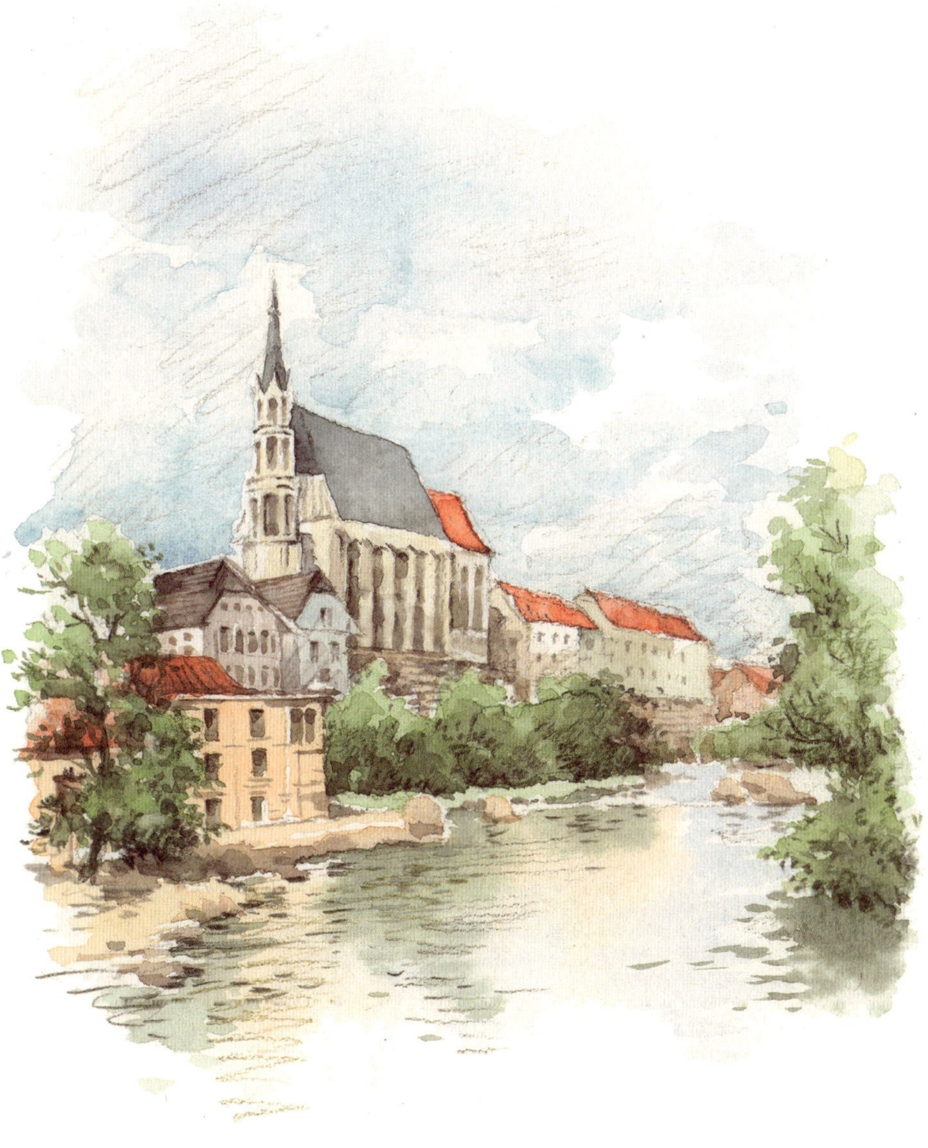

加恨于物，荡平烧尽而后快，这似乎是中国历代英雄一以贯之的坏脾气。不惜遗产，不重积累，这也是中国历朝政治家久治不愈的老毛病。

寂寞是一种抚慰，一种自在，一种放任。

有人没人，坐在星空下唱山歌，那种简单朴素的旋律，从缺了牙关不住风的老人嘴里唱出来，如山风般的厚实绵长，纵然听不懂歌词，那声音本身便是岁月，便是掌故……

我所感悟的波希米亚文化，是一种土风感的艺术气质，灵异感的创造能力，岁月感的绚烂色彩，寂寞感的浪漫气质，屈辱感的乐观精神，世俗感的天人态度。

IX

蜜蜡和琥珀，产自波罗的海（Baltic Sea）。远在古代，就是波希米亚人的挚爱。或许这种由亿万年地质运动造就的晶体，蓄聚了岁月的精华，无论原石还是加工成饰物，都有一种掩饰不住的沧桑与灵异，具备原始的护身祛邪魔力。

挑了一间最大的店子进去。看店的是一位二十多岁的男子，看长相与衣着，应是当地的波希米亚人。进门的一刻，半睡半醒的他顿然眼睛一亮，立刻站起身来笑脸相迎。他任由我们各自挑选，并不推荐与张罗，只是与同行的颜华、佘璐几位美女搭讪。待到大家挑定结账，走出了一二百米远，他竟追了上来，说还有一块镇店之宝，放在家里了，马上回去拿过来。说完扭头便走，把一个无人照看的店子扔给了我们。

大约20分钟，他气喘吁吁地跑回门店，递给我们一朵蜜蜡雕刻的玫瑰。玫瑰的直径大约四厘米，蜡质晶莹透亮，灯光下照不出一点杂质，看上去如一块极品的田黄。雕工流畅生动，没有丝毫工匠气，盛开的花瓣上，似乎还沾着晶莹的露珠。大家屏息端详，没有一个人敢开口问价。既然是镇店之宝，货品又名副其实，当然价格不菲。店主好像看透了我们的心事，将玫瑰拌上佘璐的脖子，上下打量许久，然后灿烂一笑，似乎终于为镇店之宝，找到了绝配的主人。店主报出的价格，低得让所有人发出一声惊叹。和店里其他的货品相比，他的报价，应该只是标价的百分之三十。结完账出来，店主将我们送出老远，一副兴高采烈的样子，像是意外卖了一个天价。

X

小镇兴起于13世纪,山顶宏伟的城堡,大约也始建于同期,应该是罗伯兹克斯家族的手笔。堡内大殿的装饰和壁画,绚烂得满是欲望,典型的文艺复兴风格。小镇在16世纪繁荣及顶,之后数度起落。镇里错落的房子,也多是文艺复兴时代的形款,可见五百年前的克罗姆洛夫,已是眼前的规模和样子,而繁荣热闹的程度,应该远胜于今天。在东欧通往中西欧的商道上,克罗姆洛夫当年应属繁华的城邑。看来所谓的文艺复兴,首先还是经济的兴盛,真正打败教权禁锢的斗士,是商人而不是艺术家。

城堡后来易手罗热姆韦尔克家族、施瓦陈贝格家族,其间多有征战挞伐,然城堡与小镇,却安然无恙。这让我想到古咸阳城里的阿房宫,还有六朝故都的亭台宫阙,都被一把大火烧成灰烬。加恨于物,荡平烧尽而后快,这似乎是中国历代英雄一以贯之的坏脾气。"力拔山兮气盖世",将前朝的一切连根拔起,然后从零出发。回首再看,走的都是前朝老路,干的都是前朝旧事。不惜遗产,不重积累,这也是中国历朝政治家久治不愈的老毛病。城堡后来的主人,也添建了好些建筑,于是哥特、文艺复兴和巴洛克,多种样式混于一体,使建筑成为一部凝结的历史。

城堡对面的山头上,是一座庞大华丽的歌剧院。一条高高的行廊,连通古堡和剧院,便于王族观看演出。遥想当年,山顶的歌剧院灯火通明,或高亢或悠扬的歌声,从歌剧院中传扬出来,久久回荡在南波希米亚平原……王宫下的半山腰,还有一座旋转的露天舞台,城堡与山上的树林，是天然的舞台背景。城堡中当年飘荡的歌声，如今飘荡在这里。凡有演出的夜晚，聚满了波希米亚男女。波希米亚人天性热爱音乐，不仅音乐大师辈出，重要的是音乐构成了他们日常生活的重要内容。

站在城堡高处，举起相机向下拍摄，不用选景择角度，任何一张拍出来，都是一张精美绝伦的明信片。分明是人类筑造的一座城池，你却怎么也不相信，人类能有如此巧夺天工的本领。每一条街道的曲线，每一座建筑的高矮，每一片屋顶的色差，以及绿树与建筑，建筑与河道，河道与山峦，任何一处细小的搭配，竟是如此丝丝入扣的妥帖，如此妙不可言的神奇！你试图做任何一个细部的削减，都会面目全非；你试图做任何一个细部的添加，都会是画蛇添足……

XI

小镇多数的咖啡馆，设在老房子与河流之间的空地上。周边遍地野花，开得蓬乱而任性。粗粝老旧的木制桌椅，随意地摆放在野花间的空地上。夕阳从山顶照过来，将古堡巨大的阴影投射到暗红的屋顶，和河边的咖啡桌上。偶尔的一阵风，从山谷里沿着河道吹拂过来，细碎的风声和潺潺的水声混在一起，平添了小镇的空灵。山峦、河流、房屋、鲜花和咖啡的醇香，一切都很古老，古老得凝固了时光。只有间或的一阵山风，将凝固的时光撕出一道口子，把我们的思绪从古老里释放出来。

沿河的咖啡馆，客人疏疏落落。仿佛那房屋、河流和野花，一直就在那里等你，等了多少年……我忽然领悟到，寂寞的是小镇、是山水、是时光，人只是感受着它们的寂寞；我忽然感悟到，寂寞是一种抚慰，一种自在，一种放任。

寂寞，是一种灵魂的自由和浪漫。

没有比克罗姆洛夫更适合情侣的了。当时曾想，假如冯小刚来这里拍《非诚勿扰》，我们愿意全额投资。后来，徐静蕾拍《有一个地方只有我们知道》，我不明白，她为何选择了布拉格，而不是克罗姆洛夫。

和导游商量，可否取消余下的行程，就在克罗姆洛夫，一直住到离境。导游一脸难色，摇头否决了我的请求。离开克罗姆洛夫，我有一种遭人绑架的憋屈。

XII

一头精灵般的小鹿，将狩猎的国王引入一条清幽的山谷，带到一眼泉水奔突的泉坑，泉水蒸腾的热气，弥漫了山谷和森林。小鹿被国王射伤，走到泉边喝了几口泉水，似乎神奇地治愈了箭伤，一眨眼遁入了林中。那大约也是在文艺复兴的时代，狩猎的国王是卡尔四世。

这种灵鹿与国王的传说，当然并不稀罕，在欧洲和世界的好些景区，我都听过类似的故事。或许因其美丽而附会，或许因世界之大，相似的故事难免重复发生。

关于这则传说，我倒愿意相信。一来，这里最早的名字，就叫卡尔温泉。莽莽苍苍的荒山野岭，除了狩猎，国王钻进深山密林实在找不出理由；二来，这是在波希米亚，这片土地似乎天然出产神奇与美丽的故事。如今，这条笼在历史氤氲和腾腾泉雾中的秀美山谷，叫卡罗维发利（Karlovy Vary），是欧洲著名的温泉小镇，也是捷克国宝级水晶摩瑟的出产地。

箱根的温泉，多少借了富士山的势。泡在热气蒸腾的泉水里，遥望晶莹洁白的富士山顶，的确是一种奇妙的体验。加上精细考究的泉浴程式，笼罩了浓郁独特的东方情韵。卡罗维发利的神奇，在泉水的疗效。如同那头受伤的小鹿，客人们抱病而来，痊愈而归。在医学还不发达的近代，难免让人趋之若鹜。

在过去的数百年里，欧洲各地的名人，鞍马劳顿来到这里，大多为了疗治劳损的身心。歌德、席勒、果戈理、普希金、托尔斯泰、贝多芬、肖邦、马克思，据说还有彼得大帝，都曾来此疗养。他们在镇上住过的房子，好些保存完好，仍在接待来自世界各地的客人。如果早点预订，或许可以住到哪位文豪或音乐大师当年下榻的旅店。

镇上有13眼主喷泉，还有300多眼小喷泉，每处泉水都干净得可以直饮，且疗治的疾病并不一样。有的治疗胃病，有的治疗新陈代谢紊乱等。即使是同一眼泉水，饮用与浸泡的疗效也不尽相同。被生意折腾得五劳七伤的我，其实是应该在这里疗养几月的，借波希米亚大地的神奇之水，补充一下生命的元气。可恨行期促迫，只在小镇住了一晚。到虽到过，其实还是与这片奇地神水失之交臂。

065

XIII

1950年起,卡罗维发利开始举办国际电影节。那也就是"二战"刚刚结束的日子。希特勒为了挥师东进,先入侵了捷克的苏台德地区(Sudetenland),在德军洪流滚滚的装甲面前,捷克放弃了抵抗。回首千百年,德意志人统治波希米亚,已不是一次两次,波希米亚人为这片土地流过太多的鲜血,后来已不忍再流。他们习惯了在异族的统治下,按自己的习俗和文化生存。德国人刚被打走,苏联人还没有撤离,他们便在这里开办了自己的电影节。艺术,就是波希米亚人的生命。没有任何一个种族,任何一种力量,能够改变波希米亚人的这一天性,真正的"野火烧不尽,春风吹又生"!

与奥斯卡、金棕榈、金熊等电影节相比,卡罗维发利电影节没有那么出名,但其历史与品位,却一点不输其余。谢晋先生执导的《芙蓉镇》,1988年曾在这里获得最高奖。以此判断,这个奖的艺术旨趣和人性品格,还真是孤傲高蹈。这些年,中国电影也时常在国际电影节上抱奖而归,相比《芙蓉镇》,还是少了成色,欠了火候。且不说《芙蓉镇》电影语言的大气流畅,就是人物在社会变迁、生活变形环境下坚毅而从容的生命力量,就让其他的影片难望项背。如果不是评委慧眼独具,那便是《芙蓉镇》高度地契合了波希米亚人的精神气质:压迫下的从容,寂寞中的放任。

小镇入夜,灯火并不繁华。夜空下的山林,风声嗖嗖,夏虫唧唧。沿山边漫步,我想到了湘南湘西的山地。《芙蓉镇》原作的作者古华,是湘南一个林场的工人,他所描写的场景与当年创作的环境,就在湘南山里。后来，谢晋先生选拍摄地，挑中了湘西酉水边的王村。那也是一座三面环山的古镇，古老的程度，稍晚于卡罗维发利。小镇一条青石小街，街边清一色的木板房，挡不住山里习习的风声，居住其间，如同露宿在幽密的山林里。小镇的近边，也有温泉，只是没人验证，是否具有卡尔温泉的神奇疗效。冬日里女人在泉边捣衣洗菜，男人在泉边擦身洗澡。村里的老人都很长寿，三十多年前，我去村里，差不多每家的老人，都有九十上百岁。抽旱烟，吃肥肉，喝谷酒，却活得没有忧愁。有人没人，坐在星空下唱山歌，那种简单朴素的旋律，从缺了牙关不住风的老人嘴里唱出来，如山风般的厚实绵长，纵然听不懂歌词，那声音本身便是岁月，便是掌故……

王村当然不是卡罗维发利，湘南湘西当然也不是波希米亚。然而，当人们乐于最自然的形态生活，安于最乐观的心态生存，是否也就实现了最大可能的相通与相融……

XIV

回到布拉格的瓦茨拉夫二世广场（Vaclavskenamesti），这是波希米亚许多历史事件的发生地。那些带血与不带血的历史冲突，大多和压迫与自由相关。广场不远处，是犹太人聚居区，卡夫卡父亲的豪华公寓就在那里。广场对面的小城区，是德意志人的领地，他们曾是这块土地长久的统治者。每个民族都在这里争权力、争地盘，更在这里争文化的主导地位。似乎没有一块土地，比这里的文化坚守更执着，又比这里的文化融合更充分。艰苦的坚守与艰难的融合，是波希米亚大地上永恒的文化主题。捷克呈现给世界的文化斑斓与寂寞，皆源于此。

从布拉格出发，绕了一圈回到布拉格，一路上我都在想：世所迷恋的波希米亚风，究竟应该如何定义？在《大不列颠百科全书》、维基百科和自己的眼睛与灵魂之间，我更信任后者。这一路，我所感悟的波希米亚文化，是一种土风感的艺术气质，灵异感的创造能力，岁月感的绚烂色彩，寂寞感的浪漫气质，屈辱感的乐观精神，世俗感的天人态度。

坐在瓦茨拉夫二世广场的露天咖啡馆，看着夕阳慢慢西沉，色彩斑斓的街市，一寸一寸没入黄昏的阴影。只有高高在上的维雪堡，还浴在金红的夕照里光辉灿烂。一群寒鸦，呼呼地从老城区飞过，栖在城堡绚烂的屋顶。我想到卡夫卡，他不止一次说自己是一只寒鸦，一只灰色的寒鸦！寒鸦在东欧，不像中国的乌鸦那般令人生厌，习俗中也不是凶兆的代表者。某些华丽家族的家徽上，寒鸦预示着吉祥。但在卡夫卡的眼中，灰色的寒鸦代表着一种阴郁、苦闷和孤绝的情绪，是他敏感变态心灵的对应物。我不知道，一直用德语创作的卡夫卡，是否认为自己归属于波希米亚，但我可以确认，只有波希米亚，才能孕育出卡夫卡。

一直期待着，还能有机会赴捷克，再一次行走在波希米亚大地，再一次沉浸在克罗姆洛夫的河畔咖啡馆。倘若成行，我将卸去所有行囊，带着灵魂上路……

查理皇帝

查理四世（1316—1378），德意志国王，神圣罗马帝国皇帝。查理四世是卢森堡国王约翰的长子，约翰通过联姻取得波希米亚王位，从而成为德意志最强大的诸侯。查理七岁时与法国国王腓力六世的妹妹结婚，并留居巴黎学习。17岁时被父亲召回，任波希米亚军队总司令。1346年，其父约翰阵亡，查理继承波希米亚王位。居法国时，查理与教皇克雷芒有师生之谊。查理继位后，教皇鼓动查理挑战当时仍在世的神圣罗马皇帝路易四世，成功将查理选成了敌对国王。路易四世去世，查理成为当然的德意志国王，并于1355年被加冕成神圣罗马帝国皇帝。

查理四世是公认的学者型皇帝，不仅年少时受到良好的教育，且一生都喜爱阅读西塞罗、但丁等人的著作，甚至自己翻译奥古斯丁的作品，与文艺复兴早期一批意大利学者交情甚笃。查理四世创办了中欧第一所大学——查理大学，重金聘请著名学者执教，极大提高了大学声誉。查理四世逝世时，查理大学在校学生已达11万之多。查理四世提议并推动了布拉格的城市建设，亲自参与城市规划，督建重点工程。查理桥等一批重要古迹，都是在查理四世治下大兴土木建造的。

查理四世最深谋远虑的政治安排，是颁布了《金玺诏书》，创造性地建立了选帝侯制度。此举不仅延长了神圣罗马帝国的统治，而且深刻地影响了近现代欧洲的政治形态和历史走向。

国宝级水晶摩瑟

1857年，著名雕刻师摩瑟（Moser）在捷克温泉小镇卡罗维发利开办工厂和商店，生产和销售水晶制品。由于摩瑟坚持用非铅原料生产透明度高、坚硬度高的水晶，坚持延聘大师级工艺师手工吹制、雕刻和镶嵌，使其产品获得了卓尔不群的高贵品质。

摩瑟生产的各类酒具、餐具和艺术品，深受欧洲上流社会追捧，英王爱德华七世、女王伊丽莎白二世、西班牙国王阿方索十三世等，都是摩瑟水晶的长期订户。由于吹制、雕刻、镶嵌纯手工，摩瑟水晶订货周期长。在卡罗维发利，我到过这家著名的水晶商店，看上了一款黑色水晶的大花瓶，一问订货周期要大半年。倒是在克罗姆洛夫的一家古董店，我淘到了一只百年前生产的摩瑟紫水晶花瓶。瓶口镶嵌的金饰已有明显磨痕，水晶却依旧晶亮剔透。就是在那家古董店里，我知道了摩瑟水晶在捷克的国宝地位。

2011年，法国奢侈品品牌协会、法国精品行业协会接受摩瑟水晶为会员，这是迄今为止唯一一家非法国公司会员。该协会的会员包括爱马仕、香奈儿、卡地亚等。

瓦茨拉夫二世广场

瓦茨拉夫二世广场，位于布拉格新城中心，是查理四世营建的三大市场之一，最早是一个马匹市场。虽说叫广场，其实是一条长800米、宽60米的大街。19世纪后更趋繁华，被誉为布拉格的香榭丽舍大道。

广场中央耸立着一座高大的铜像，那便是手举战旗的瓦茨拉夫二世。这位少年丧父、母子反目、英年死于谋杀的苦命波希米亚王，因其仁德受到后世尊重，人们尊其为捷克的保护神。一个连自己性命都未能保住的人，人们却期望他保护一个国家，这种看上去悬得有点离谱的愿望，表达了波希米亚人内心的良善。

瓦茨拉夫二世广场，是捷克近现代许多重大事件的发源地，比如捷克共和国成立、"布拉格之春""天鹅绒革命"等。坐在广场周边的街头咖啡馆，你能感受到广场上存积的强大气场，历史的确已经远逝，感觉上又分明在身边徘徊。瓦茨拉夫二世悲情的身世，似乎是一句阴郁的魔咒，一个驱赶不散的冤魂，总在广场上空萦绕。

山口

In Switzerland

临去瑞士（Switzerland），那边突然爆了件让人诧异的事：几位独立知识分子，提了个有点振聋发聩的议案，建议政府无条件向成年公民、未成年人，每月分别发放2500瑞郎、625瑞郎的薪水。说白了，就是大家想干吗就干吗，想不干吗就不干吗，政府每月白给一大笔银子。

这事听上去有点天方夜谭，像朋友圈里的一个玩笑。但人家却绝对是认认真真的，一丁点恶搞的意思都没有。先是议会唇枪舌剑地争来论去，然后如同大选，举国进行公投。瑞士的政体，政府素来只是具有象征意义的维持会，用历史学家的话来说，瑞士是"一个依赖其居民自身意志的国家"。像给国民发钱这等大事，交由全民公投是当然不过的。公投的结果，如果是支持方获胜，政府就得每月如数派银子。

让人大跌眼镜的是，这等天上掉馅饼的好事，公投竟未通过，百分之七十以上的投票人，反对白拿国家的瑞郎。

若换了中国，或者是美国等别的国家，此事断然不会这般结局。

事后舆论分析了很久,想从这一违背人类财富逻辑的事件背后,找出瑞士人的独特性。普遍的认识是瑞士国民富裕,加上社会保障的有效。这两条都说明了瑞士人有钱,如果真有一大批人过了今天不知明天怎么过,哪有给钱不要的道理?也有人认为,这个方案超出了瑞士政府的财政能力,每年支付约2080亿瑞郎,瑞士财政无力长期支撑。由此可见瑞士国民普遍的理性程度。如果是那种把造反当节日过的民族,巴不得借此弄得政府焦头烂额,甚至立马倒台。

突然闯入的公投事件,勾起了我对瑞士人的好奇心。心仪已久的湖光山色之旅,因此而感官未动,思辨已启,一场原本可以像拜伦、雪莱和朱自清一样,无所挂碍,纯情投入的山水走玩,首先便浸染了理性的底色。

I

瑞士是湖国,也是山国,湖光山色甲天下,便有了"欧洲公园"之说。其实,这比喻不甚贴切。譬如将一片森林比作一座盆景,怎么看都丢了气势和天趣。依版图论,瑞士虽是小国,但山却是欧洲最高的山脉,湖也是欧洲最美的湖群。山青葱而琼莹,绵延而秀挺;湖浩荡而静宜,奇幻而淡泊。山水辉映,确乎是地球上气势与精巧兼得、壮丽与秀美并存的风景绝版。

不过,对于瑞士人,乃至欧洲人而言,横亘的阿尔卑斯山,首先是一个必须直面的地理难题。

从阴雨纷飞的法兰克福（Frankfurt）起飞，降落日内瓦（Geneva），已是一派温暖阳光。时虽晚秋，阿尔卑斯台地特有的清朗和温煦，一下子便将你拥入了春日般的明媚与欣悦。

作为联合国欧洲总部（前身为国际联盟总部），实际上的联合国行政副中心，日内瓦比想象中小了些、静了些。从城市的高处回望，满眼湛蓝的湖水。如果将莱蒙湖（Leman Lake）比作一匹满铺大地的蓝色丝绸，日内瓦只是散落在边沿的几块巧克力。

就这样一个古老的小城，日内瓦人却拿出一大片土地给了国际联盟。瑞士的土地都归了私有，即使是引入万国宫这样的大项目，政府照旧拿不出地来。是城里的一位富翁，觉得此事关乎日内瓦人的长远生计，慷慨地捐出了这片贵如黄金的私地。

如今看来，除了旅游，并无其他优长产业的日内瓦，还真靠了这些因总部而来来往往、进进出出的人吃饭。这事儿若放在别处，可能说得上是某种政治先见，在瑞士，则是极寻常的商业眼光。以拓山口、修道路、建旅店、卖服务出身的瑞士人，太明白如何筑巢引凤、做过路人的生意了。

除了这个总部，瑞士人还引入了世卫、世贸、世界知识产权总部，引入了奥委会、世界足联等，而且将这些总部天女散花般分散到日内瓦、洛桑、苏黎世等城市，硬是把一个纯粹的旅游之国，变成了一座全球的行政事务中心，将国际上那些最体面的办公楼，分撒到世上最美丽的湖光山影中。这个狂妄而美好的创意，只有瑞士人想得到、做得成。

其背后的商业逻辑,依然就是"山口经济"。对瑞士人而言,一个总部便是一个山口,有了山口,便有了通往山口的条条道路。

II

发源于阿尔卑斯山麓的莱蒙湖,瑞士人叫日内瓦湖,法国人始终不愿这个泽被两国的美丽湖泊,冠上一个瑞士小城的名字。除了冠名权,还有水资源和环保问题上的纷争,有时也闹到两国人面红耳赤,但总体上不会撕破脸。瑞士人不想将一个安宁美丽的世外桃源,变成刀光剑影的械斗场。保持这片山水的纯净宜人,才是瑞士人根本的商业利益。

像所有的高原湖泊,由于积攒着纯净的高山雪水,莱蒙湖水质清澈透明,加上雪水的水温偏冷,抑制了藻类甚至水草的生长,湖水长年清亮见底。湖愈深,水愈蓝,阳光映照,如同一块透明的蓝水晶。朱自清先生20世纪30年代初旅欧到此,感叹湖水"宛然是西方小姑娘的眼"。

别处的湖泊,或许可以观光走玩,而莱蒙湖,则是需要憩住下来慢慢品味的。在湖边挑幢房子,不必古堡或者别墅,老旧一点的农舍就好。在那儿住上几个月或一年,看不同季节中的湖光山色,会有一湖千面的惊奇发现。春天的雨,夏天的雾,秋天的艳阳,冬天的白雪,使莱蒙湖一季低愁一季迷茫,一季爽朗一季冷峻。加上湖畔山峰上四时更迭的景色,春花红如玛瑙,夏阴碧如翡翠,秋叶艳如水晶,冬雪净如白玉,镶嵌在微波荡漾的湖边,如同不时更换的华丽佩饰……

倘若时间不够,短住亦宜人。我在湖边小憩的两三日,早起爬上

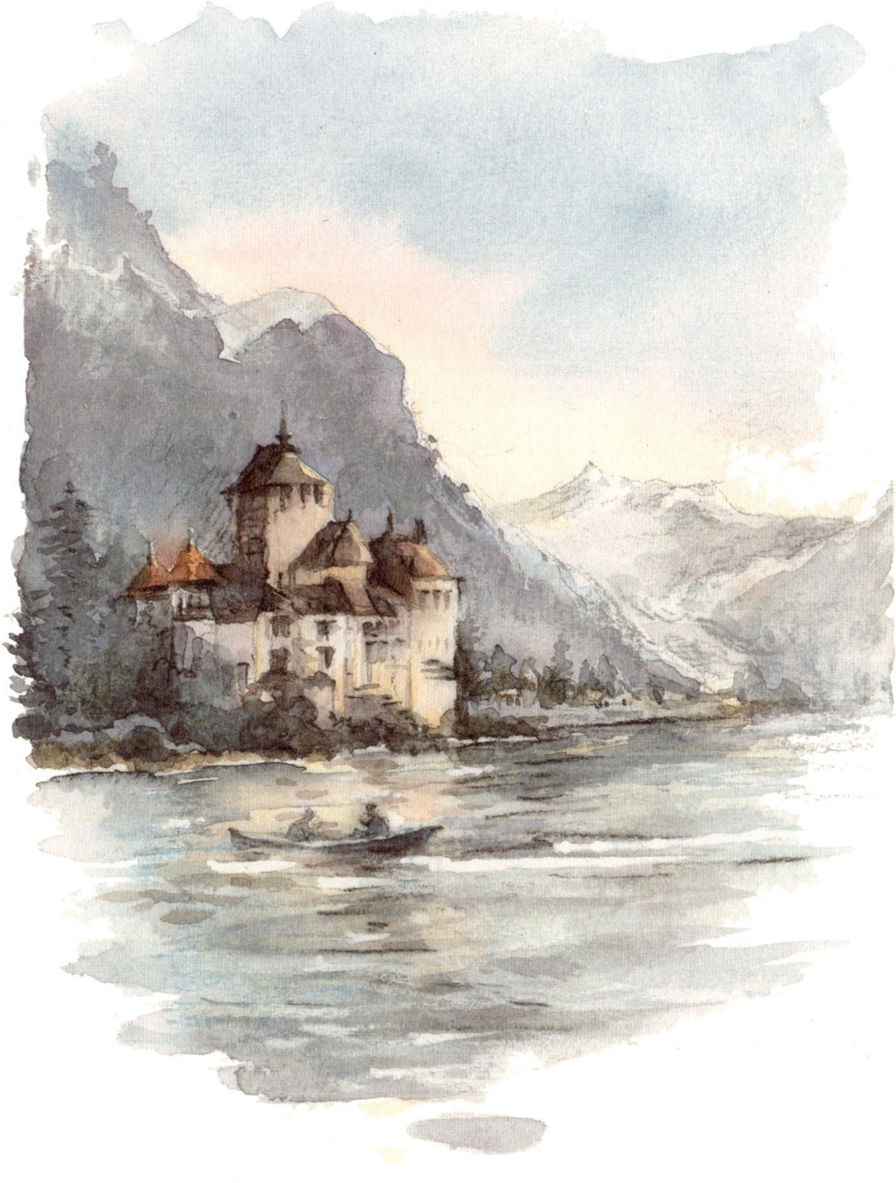

如果将莱蒙湖比作一匹满铺大地的蓝色丝绸,日内瓦只是散落在边沿的几块巧克力。

是夜,恰好有月,又恰好是一轮满月,皎洁的月光洒下来,山便有了或明或暗的轮廓,湖便有了忽隐忽现的波纹,明暗的山影辉映隐现的湖光,让人倒有几分神情迷离;是夜,恰好有歌,又恰好是当地民谣,幽怨的歌声传过来,山便有了或多或少的悲欢,湖便有了似断非断的缠绵。

瑞士人对于自然地理的依存心理和开发观念,造就了他们的商业心态和经济形态,也造就了他们的文化态度和政治体制。

山腰，看一轮朝日从对面山脊的背后缓缓升起，先是一抹青白的天光浸过山岭，由远及近浸至湖面，在幽蓝的湖水上，碎银似的闪亮。那光亮微弱而柔和，譬如初开的睡眼，似醒非醒中，犹存一丝迷蒙的倦意。之后是太阳从山的背后照射出来，熔岩般喷向青黛的山脉，似乎要将山体融化。黛色的山峦映在湖水里，如同一块冷凝的火山石沉入水中。鲜红的朝霞则在湖面上纵情燃烧，将湖面和天空燃为一体。及至太阳升上山顶，朝霞敛去，天空一派清朗澄明，彤红的太阳倒映水中，随着波浪忽上忽下地沉浮。

夜晚伫立湖边，只有湖面无边的波光，莹莹的、幽幽的，若有若无地荡漾。那时刻，用不着特别用心去捕捉岸边上一闪一灭的几点流萤，找寻湖面上划破波光的几只舟楫，甚至用不着用力去思考什么。只要轻轻地闭上眼睛，任由时有时无的晚风吹过耳际，任由时断时续的秋虫唧唧清唱，任由时急时缓的水波拍打湖岸。是夜，恰好有月，又恰好是一轮满月，皎洁的月光洒下来，山便有了或明或暗的轮廓，湖便有了忽隐忽现的波纹，明暗的山影辉映隐现的湖光，让人倒有几分神情迷离；是夜，恰好有歌，又恰好是当地民谣，幽怨的歌声传过来，山便有了或多或少的悲欢，湖便有了似断非断的缠绵。那悲欢与缠绵交织于一体，让人倒有几分心思沉郁……

III

若住下来，在莱蒙湖畔能邂逅的，应不仅仅是让人沉迷的山水，还有久思不得相遇的名人，以及名人的故居与掌故。因为山水美丽、环境安宁，尤其是瑞士人开放的文化，数百年来，瑞士便是各地达官显贵、富贾名人的移居或度假首选，而莱蒙湖则是选中之选。不管哪个季节来湖边，你都可能遇上你意料之外的著名人物。当然，也可能遇到某位多年不知其踪的同窗，或者出国前刚刚喝过一顿大酒的朋友……条条道路通瑞士，意料中来此的人多，意外中邂逅的故事就不会少。在这数不胜数的邂逅中，拜伦与雪莱，大抵是颇具代表性的一次。

1816年5月，刚刚离婚的拜伦（Byron）决定离开英伦外出游历。在莱蒙湖畔的戴让旅馆，拜伦刚住几天，雪莱（Shelley）就住了进来。雪莱的同行人中，有一个是拜伦的旧日情人，是她让欧洲诗坛的两位巨星得以相识，并由此成为好友。那年，拜伦28岁，已因《恰尔德·哈洛尔德游记》蜚声英伦三岛。雪莱23岁，已因《麦布女王》享誉欧洲大陆。两人都是欧洲最英俊风流、意气飞扬的诗坛王子。离婚的拜伦与分居的雪莱，不约而同来到莱蒙湖，都怀了借山水解脱情感纠缠的初衷。

到底是气宇不凡的天才诗人，没有落入文人相轻的俗套，两人真正的一见如故。

两个星期后，携手相约搬出旅馆，在对岸的湖边住下来。雪莱租住了一间农舍，拜伦则租下了古老典雅、风景绝佳的迪奥达蒂别墅（Villa Diodati）。他们一起讨论国际政治，粪土欧洲诗坛。时而争得面红耳赤，甩门而出几成路人；时而聊得称心投机，击掌称是相见恨晚。谈政治，两人为滑铁卢扼腕；论诗歌，彼此对华兹华斯各执己见。

一起爬山，一道游湖，时常在山水之间激情放歌。他们游历周边各个时代留下的古迹，拜访湖上卢梭的出生地，凭吊湖边关押过弗朗索瓦·博尼瓦（Francois Bonivard）的西庸古堡（Chillon Castle）。拜伦下到古堡的地牢，在刻满囚徒名字的石柱上，深深地刻下了自己的名字，表达自己宁愿成为黑暗时代囚徒的愤激之情。后来，拜伦创作了著名长诗《西庸囚徒》，抒发自己对这位宗教改革家的崇高敬意。我去莱蒙湖边的蒙特勒时，在西庸古堡的囚牢里，还看到了拜伦刻下的名字。那期间，拜伦和雪莱都创作了大量诗作，更重要的是，他们的政治立场、宗教观念和审美态度，彼此形成影响，贯穿了后来的整个创作。这次邂逅，成为莱蒙湖畔的动人掌故，也成为欧洲文坛的历史事件。

Ⅳ

来瑞士，少女峰（Jungfrau）是必登之峰。想象中的阿尔卑斯高峰，自当嵯峨壮伟，却原来秀挺羞怯，如同一位素装的女子。峰顶寒风猎猎，雪花打到脸上，竟硬硬地砸得生痛。努力睁开眼睛，看到的只是漫卷的白雪，琼装素裹的层峦叠嶂，全然隐在了雪雾的背后。

朱自清先生曾说：少女峰的好不在峰顶，而在登顶的途中。乘着齿轮火车缓缓攀爬，一山四季的不同景色，尽可慢慢地张望和品鉴。湖山之间，先生更喜观山。途中山明湖净的惊喜、峰回路转的惊诧、崖险坡峻的惊叹，一一记载在他的文字中。读过先生《瑞士》一文的人，再登少女峰，除了感叹先生的感受之切、想象之绝、文辞之美，大抵说不出多少自己的印象。

我所感叹的，则是那几乎壁立行走的火车。大抵只有世代山居的瑞士人，才把一条上山的路看得那么重，才把一条登山的路铺得那么绝。将一车的人，贴着山脊一齿一齿地朝上拉，宛如在林间漫步，又如在崖边攀爬，那心情可悠缓、可急切，那感受可轻盈、可惊悚！断不是后来随处可见的索道，那种凌空一过的单调与仓促。

上山下山的途中，我一直在寻找那山峰与山峰之间的山口，和穿越山口隐没于崇山峻岭中的山道。瑞士先民，大约在罗马时代，就开始寻山口而居，靠山口而活。横亘欧洲的阿尔卑斯山，平地雄起于法、德、意、奥之间，决然阻断了多国间南来北往、东遣西归的交通。当然，也可绕过莽莽阿尔卑斯山脉，但在只能靠双脚行走的时代，那是不可想象的遥迢之途。若寻近道，就只能拼了死命攀登阿尔卑斯山，翻越瑞士境内的那些山口。得地利、据险要的瑞士山民，因而有了占山为王、设卡收钱，甚至杀人越货的便利。

"靠山吃山"，这是普天之下公认的道理，只是瑞士人的吃法，与众人不同：据险不设卡，过路不收捐，反而拓山口，铺道路，修教堂，建旅馆。远道跋涉、精疲力竭的旅人，提心吊胆地爬上山口，意外地遇上了不派捐、不越货、不砍头，反而好酒好菜、热水热炕候着的瑞士山民。这情景，让上山的人诧异得猛掐大腿，看看是不是白日做梦。待到次日，结了账起程上路，才确信瑞士人经营山口而不霸占山口。弄不清是本性使然，还是偶然顿悟，瑞士人领悟并坚信了"设卡不如修路，收捐不如赚钱"的商业逻辑，于是，吃山口的饭，做道路的生意，成为瑞

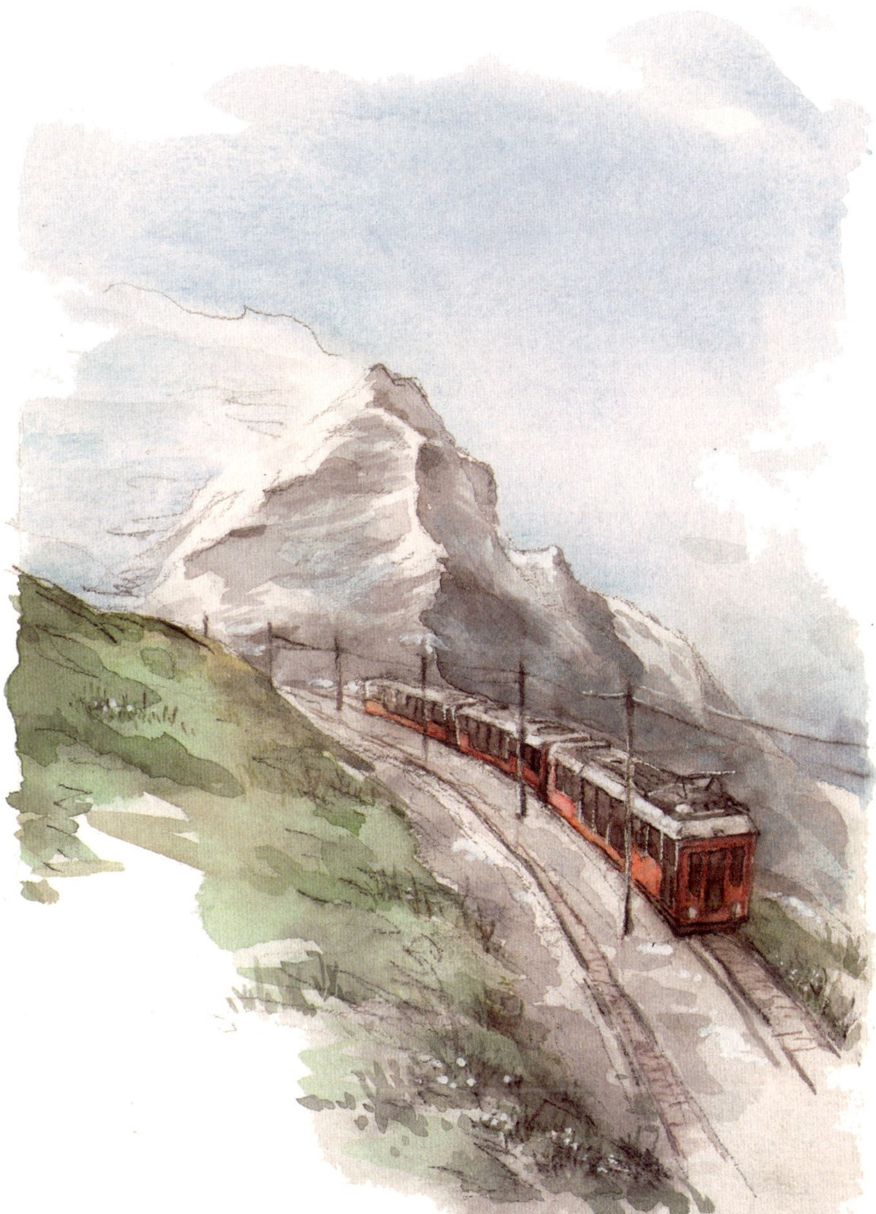

瑞士人是把对教皇的忠诚，用到了对客户上；把对委托人生命的忠诚，用到了对委托人财富的忠诚上。只对委托人负责，这是一种绝对的商业信用，也是一种纯粹的商业信仰。

服务愈好，人流愈畅；人流愈畅，服务愈好。久而久之，服务便有了口碑，山口便有了品牌。靠服务招徕客人，也用服务挑选客人，久而久之，便只做了有钱人的生意。

我甚至相信，除了宗教，"吃山口的饭、做通路的生意、靠精工细作的服务赚钱"的商业逻辑，就是瑞士人的信仰。

一方纯净的山水，一串纯美的故事，一则纯粹的商业逻辑，在我的眼里，这便是瑞士。

士人代代传承的生意经。

"瑞士人似乎是靠游客活的,只看很小的地方也有若干若干的旅馆就知道",这是朱自清先生的观察。其实瑞士偏远地界的旅馆,最早并不是修给游客的。那时翻山越岭来瑞士的人,多为经商。因为经商路经瑞士的人多了,其山水美景才得以传播,然后才渐渐多了慕名而来的游客。瑞士的旅馆业,也是因山口而发展起来的。山口旅店的生意虽小,侍候的却是南来北往经商的有钱人,餐食需得精美,客房需得温馨;山口旅店的客房虽不多,投宿的却是操不同语种的国际客人,店里的侍应,通常得会三四种语言,否则四方的客人来了,你是招呼不过来的。瑞士人在语言上得天独厚的优势,让各国做酒店的人难望项背。我曾当过四年五星级酒店的老总,其他能力都慢慢习得,唯独过不了的,还是语言关。瑞士人不仅旅馆办得好,酒店学院也办得好,洛桑等好几个城市的酒店学校,在业内都声名斐然。

朱自清先生旅欧时,瑞士的旅游,业已步入盛世。导游告诉我,临湖那座石头筑垒的大酒店,朱自清先生当年就住在那里。这家名叫卢塞恩施威霍夫的酒店(Hotel Schweizerhof Luzern),已逾170年历史,作为卢塞恩(Luzern)最奢华的旅馆,下榻过丘吉尔等一代又一代名人。遥想当年先生临湖凭窗,举目所见的湖光山色,也就是眼前的这幅景致,不禁让人心生感慨:瑞士人对于自然地理的依存心理和开发观念,造就了他们的商业心态和经济形态,也造就了他们的文化态度和政治体制。也正是这种商业心态和文化心态,保存了瑞士自然风光的原真性和自然审美的直接性,保全了人与自然关系的洽合与纯洁。

V

离开瑞士的那天上午，冒雨去了苏黎世班霍夫大街（Bahnhofstrasse），在瑞士银行总部前面，我伫立良久。那天不上班，靠银行的半边街上，几乎没有一个人影。雨下得大，落在街面溅起朵朵水花。没想到瑞士的秋天，还有如此暴烈畅快的雨水。天一下子凉了，套上厚厚的皮夹克，仍有些许寒意。

瑞银的大楼，还有整个的那面街，灰蒙蒙的显得沉郁。隔了雨帘，辨不清是石头还是水泥，轮廓上就是瑞士那种寻常的近代建筑，如不提示，游人大约不会特别在意。然而就是这栋大楼，以及大楼左右的那一条街，管理着全球最富有人士的账户，隐秘地流淌着世界各地不愿见光的大额资金。对于全球银行业，这里是一个绝对的传奇。后来各国的许多金融中心，包括一些大洋中的岛国，群起效仿瑞士的做法，效果终是平平。

瑞士银行业涉及的道德争议，一直没有停歇。不管是不开放死亡储户的账户，还是不对任何人甚至政府提供储户信息，这些做法一直让瑞士银行业承受着猛烈的攻击，其中最大的敌对群体，是死亡储户的家属与各个强势国政府。这种没有休止的斗争，一方面给瑞士银行业制造了诸多麻烦，一方面彰显了瑞士人商业诚信的坚如磐石。梵蒂冈的教皇选侍卫，据说只选瑞士人，原因是忠诚。瑞士人是把对教皇的忠诚，用到了对客户上；把对委托人生命的忠诚，用到了对委托人财富的忠诚上。只对委托人负责，这是一种绝对的商业信用，也是一种纯粹的商业信仰。对衍进中的世界而言，这信仰太过古老，古老得似乎有些过时，但瑞士人却拼死抱着，始终没有放手。

仔细想想，瑞士人所有的商业心态和商业逻辑，都显得古老，而且千枝归根，只有那么一条，就是从先民那里承继的"吃山口的饭，做道路的生意"。瑞银也好，瑞士银行业也好，本质上就是一个山口，由山口延伸出通往世界各地的财富之路。对瑞士人而言，山口就是在人流必经之地设立的一个服务中枢，服务愈好，人流愈畅；人流愈畅，服务愈好。久而久之，服务便有了口碑，山口便有了品牌。靠服务招徕客人，也用服务挑选客人，久而久之，便只做了有钱人的生意。瑞士的旅游业、精密机械业、美容保健业、食品加工业等，秉承的无一不是这条商业逻辑。世界很大，瑞士很小，很大的世界钟爱一个很小的瑞士，生意就自然不会清淡，更不会枯竭。

VI

这道理，其实哪个国家的人都懂，只是没有瑞士人那么迷信，那么执拗，那么世世代代一根筋到底。高新产业技术那么前沿，现代服务体验那么新潮，瑞士人的商业逻辑并不随之变更。就这一点，许多国家就学不来也做不到。其实不仅是商业事务，瑞士人生活的方方面面，贯穿的都是这一逻辑。比如，极其严格的环保，就是为了确保山水的原真性、环境的原生态，瑞士的农牧业禁用农药化肥，为的是客人健康免受损害；比如，极其严格的对外售房，就是为了控制房地产对生态和山水风光的破坏，防止外国移民过多而使自然资源承载过重……瑞士绝大多数的政治选择、制度安排，都是基于这一商业逻辑。就是当年选择中立，站的是政治的队，冒的是外交的险，获的却是经济的利。世界战火纷飞，瑞士人还是把整个国家变作了一个山口。

大抵只有瑞士人，能将一处关隘、一座总部、一方山水、一个行业，乃至整个联邦，全都变作山口。一个国家，能如此纯粹地秉持商业理念，如此决绝地服从商业逻辑，在世界其他地方，应该找不出类似的例子。我甚至相信，除了宗教，"吃山口的饭、做通路的生意、靠精工细作的服务赚钱"的商业逻辑，就是瑞士人的信仰。

这一逻辑的前提是瑞士人的理性。一个小国，几股山民，即使盘踞几个山口，又如何经得住周边各路强人的猛攻猛打？纵然一时设卡抢了一点钱，最终总会连寨子都被人拔了。当不成强人，发不了横财，便只有俯下身来，做侍候人的生意，赚天长日久的小钱。不艳羡他人，不嫌弃自己，把服务做得兢兢业业，将出品做到精益求精。这一逻辑衍生的结果，便是瑞士人的富裕。瑞士人把别人不愿做也做不好的生意，心甘情愿地做了，而且做得有滋有味，做得精益求精，最终做得让人垂涎欲滴……

就这么一群古朴执拗的山民，怀抱这么一条古老执着的商业逻辑，如何会伸出双手白拿政府的瑞郎？

一方纯净的山水，一串纯美的故事，一则纯粹的商业逻辑，在我的眼里，这便是瑞士。

仅此，瑞士便美得纯粹，美得足够。

联合国欧洲总部

联合国欧洲办事处,俗称联合国欧洲总部"万国宫"。

《凡尔赛条约》签订,国际联盟于1920年成立,总部设在中立国瑞士,选址日内瓦湖畔一座名叫阿丽亚娜公园的私人庄园。经过六年建设,1937年万国宫落成,作为国际联盟总部正式启用。万国宫主体建筑为四幢大楼,包括花园、广场等,占地约2.5平方公里。

1945年,联合国成立,国际联盟解散,万国宫成为联合国资产。起初英法倡议将联合国总部设在万国宫,遭瑞士政府拒绝。瑞士作为中立国,在两次世界大战中获得了不少实际利益,因而不想沾任何国际政治的边,甚至联合国都不肯加入,这样联合国总部才离开欧洲去了纽约。2002年,瑞士再次全民公投,支持票以微弱多数胜出,遂加入联合国。此前,联合国欧洲总部一直设在一个非联合国成员国。

万国宫常驻国际代表和工作人员6000多人,每年举行近8000场会议,往来日内瓦的人,构成了一笔巨大的经济收入。瑞士人对加入任何国际组织没什么兴趣,但对这些组织带来的生意却具有战略眼光,而且能以最优质的服务来招引众多国际机构入驻。

西庸古堡

西庸古堡是建筑在瑞士蒙特勒的一座古城堡。具体建筑年代不可考,但最早的史料记载和古堡石质测定,大约在11世纪左右。古堡建造在突入莱蒙湖中的一块巨石上,远眺如漂浮在浩荡的湖水之上。如在清晨,湖面雾气缭绕,颇有几分仙岛仙境的意蕴。西庸在法语中是石头的意思,不知道当时人们所说的石头,是指那块突入湖中的巨石,还是指建造古堡的石料。

古堡兼有军事防御和消夏居住的双重功能。古堡最早的主人萨瓦家族,占据广大的土地,却从未建立自己的都城,他们四处建造城堡,整个家族便在各地的城堡间流徙，西庸古堡便是家族的主要消夏地。古堡扼守着莱蒙湖边进入阿尔卑斯山的交通要道，因而军事价值突显。在这里进行的无数次战争中，与伯尔尼人那一战打得尤为惨烈。据说伯尔尼人攻堡数星期，死了六万人，最后才将古堡攻下。在那么狭窄的战场上，六万人是怎么战死的，我至今心存疑窦。伯尔尼人打开古堡底层的囚牢，释放了长期关押的犯人，其中便有伯尼瓦尔（Bernie Val）。

伯尼瓦尔是16世纪的一位修道院长，因主张日内瓦独立，被关押在西庸古堡的底层监牢里，用铁链锁在石柱上达四年之久。1816年，拜伦与雪莱在莱蒙湖邂逅，结伴游历西庸古堡。拜伦为伯尼瓦尔的故事震撼，创作了著名长诗《西庸囚徒》。拜伦一直是一位民族独立主义者，他不仅写诗宣扬独立思想，而且跑到爱琴海边参战，支持希腊的民族独立。

西庸古堡锁住伯尼瓦尔的石柱上，刻有拜伦的名字。通常人们说是拜伦自己刻下的，也有人说时间对不上。我在石柱上辨认过，看不出与其他囚徒所刻的名字有什么区别。再说，拜伦从小就喜欢镌刻自己的名字以作留念，他在哈罗公学（Harrow School）读书时，就在课桌上刻下过自己的名字。人们应该更愿意那名字是拜伦自己刻下的，每年去西庸古堡的人，比去日内瓦的人还多，其中很多人就是因为拜伦。

班霍夫大街

班霍夫大街，位于苏黎世利马特河（Limmat）西侧，又名车站大街，全长1.4公里，号称世界上最富有的街道，是全球最大的黄金交易市场和聚集银行最多的街道。公元前15年，罗马人在苏黎世（Zurich）建城，成为北欧最古老繁华的商业城市。1867年，旧城拆除，原址兴建班霍夫大街，随即全球各大银行和奢侈品云集，其商业的繁华程度，与巴黎香榭丽舍大道、纽约第五大道齐名。街上清一色的19世纪建筑，配上两百多棵高大的椴树，使大街在繁荣奢华中多了一份清雅自然。

瑞士是黄金自由贸易国家，班霍夫大街上的黄金交易雄踞世界第一，故有世界"金市"之称；股票、债券的交易亦为欧洲之冠，故有"欧洲的华尔街"之称。中立国的特殊地位，使班霍夫大街上的银行业异军突起，形成全世界的钱都流向班霍夫大街的奇异景观，使之成为一些特殊族群（如犹太人）、一些特殊客户（如皇族或政要）银行业务的首选，甚至是不二之选。

"永远为储户保密"的原则，是瑞银等银行坚守至今的商业准则，尽管这一原则可能保护了世界上的不少脏钱，但国家社会的诟病，仍然无法使这一准则有丝毫改变。瑞士人在商业上摒弃政治因素限制，是一种传统，也是一种信念。瑞士人只认一种道德，那就是商业道德。

我喜欢班霍夫大街上繁茂的椴树，喜欢六七月间那满树小黄花飘满一街的淡淡清香；我喜欢坐在Sprungli巧克力店，陶醉在店里特有的巧克力香味里，迷蒙地望着派拉德广场（Parade Square）周边的银行大楼，看各种各样西装革履的人进进出出……

机车与玫瑰

In Britain

飞临伦敦（London），正值一天中最美的黄昏。

灿烂而沉敛的夕阳，从机窗外漫下去，将这个古老都会浸泡在金色的光辉里，慢慢凝成一颗晶莹温润的琥珀……

落日余晖，倒是这个昔日帝国的合适底色。当坚船利炮打造的日不落帝国分崩离析，落日下的英伦，显得内敛平和，一种历经荣光与劫难之后的沉静和雍容，隐含着一个老派大国的气度与腔调。

飞机上，一直颇为纠结。和着历史学家们定下的调子，我不知道怎样行走，才能保持自己轻盈的步履和放松的心情。毕竟，这是一个靠舰队和机车主宰了人类两个时代、缔造了近现代世界基本格局的国家，其生猛嗜血的秉性和冷眼向洋的气概，令人真切地感到一种尚未消散的气场和尚未冰释的寒意。对于几乎走遍欧洲的我，这是一个绝对的例外。我曾拜谒希腊、罗马那些古老文明的发祥之地，直面历经数千年风雨而巍然屹立的历史遗存，追怀传扬百代而依然高亢的英雄史诗。虽然，触摸中也会感到一丝岁月的凉意，聆听中也会觉出一份历史的悲怆，却从未像今日面对英伦，感受到一种步入历史的犹豫和触探未来的恐慌。

走出机场，灯火阑珊处，熙熙攘攘都是中国人。大抵只有身处异邦，你才能切身地感受到自己民族的日渐富有和闲暇。或许，也有一种机缘，中国人将再次引领世界一程？只是，放眼望去，那些往往来来、吵吵闹闹、箱箱包包的国人，似乎都不是为了引领世界而是观光世界、不是为了耕作世界而是消费世界而来。我想，这种肆意的经济和精神消耗，是否会过早地掏空了自己的家底，或将使我们与机缘失之交臂？

I

看过白金汉宫（Buckingham Palace）和唐宁街10号（10 Downing Street）、大本钟（Big Ben，伊丽莎白塔）和大铁桥（Tower Bridge，伦敦塔桥），到达威斯敏斯特大教堂（Westminster Abbey）已是下午。天阴着，偶尔一阵秋风，已有凉意。参观的队伍排得很长，缓缓地往前挪，大约一个多小时才能进入。等待的心情，正契合了教堂的古旧和天气的阴郁。此行中，这是唯一一个没有阳光的日子。

最早读到这个教堂的名字，大约是在徐志摩先生的文字中，那时译作西敏寺。国人描绘教堂的文字，鲜有精彩传神的，即使是才华横溢的诗人。或许是西方人几乎将所有的财富、智慧和才华都献给了上帝，把教堂修造得太过宏伟和完美，使任何语言都承载不起那一份庄严和华丽。所以记住这个教堂，是因为文中提及的诗人之角（Poet's

Corner）。

　　临行，熟稔伦敦的友人，给我开列了一串长长的名单：大本钟、伦敦塔、白金汉宫、首相官邸和大英博物馆等等，而我心中想着一定要去的，只有威斯敏斯特大教堂。

　　我当然知道，大英博物馆（British Museum）里收藏和展出着许多绝世珍宝，其中好些来自中国。无心前往参观，并非因为必须直面一段民族的屈辱历史，而是我一直固执地认为，任何文物一旦摆进华丽的展厅，便失却了生气，仿佛一群美丽的村姑被抢进宫殿，虽然美丽依旧，生命和灵性却被窒息了。于我而言，历史首先是一种情感而非一筐史料，艺术首先是一种生命而非一堆符号。我愿意汉碑依旧立在咸阳城外的土塬上，荒草拂秋风，断碑倚斜阳，那才是西汉的风骨，那才是西汉的意象；我愿意龙门的石雕，依旧嵌在洛水之滨的石窟里，新柳牵霓裳，牡丹染裟袈，那才是大唐的气韵，那才是大唐的精魂……只要西北的土坡上还有一块汉碑斜倚夕阳，只要洛水的悬崖边还有一尊佛像安坐烟霞，我便会背朝大英博物馆、大都会博物馆（Metropolitan Museum of Art，美国最大的艺术博物馆）的大门，背起行囊上西北。

　　然而，教堂不同。每一座教堂，都是一部历史；每一座教堂，都有自己的灵魂。在建造教堂的几十年乃至几百年里，一个城邦，甚至一个民族的人们，不仅奉献了全部的财富，而且奉献了全部的才华。世界上那些著名的教堂，没有一座不是智慧与才情的完美结晶，不是财富与信仰的完美结晶，不是信众与上帝的完美结晶！除了登临长城，只有身处那些宏伟教堂，仰望高耸的华丽穹顶时，我才会感受到人类创造的伟

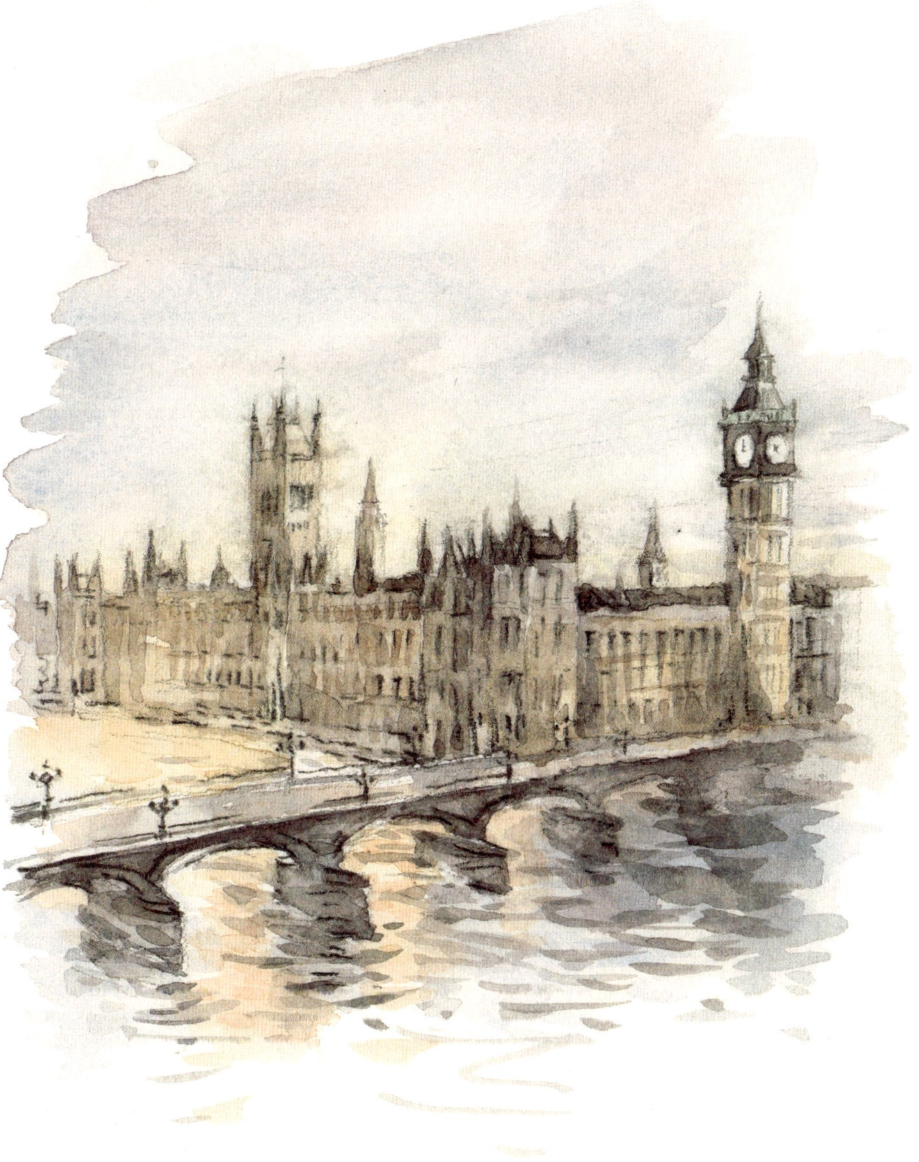

我一直固执地认为，任何文物一旦摆进华丽的展厅，便失却了生气，仿佛一群美丽的村姑被抢进宫殿，虽然美丽依旧，生命和灵性却被窒息了。于我而言，历史首先是一种情感而非一筐史料，艺术首先是一种生命而非一堆符号。

只有威斯敏斯特教堂的穹顶高贵无比，有那种从极简约极单调中透露出的高高在上的气质，有那种删削繁缛、摒弃虚饰、洗尽铅华之后彰显的绝对自信。

爱情渲染历史，狗血却撰写历史，恰恰这就是历史本身。

大，并被长久震撼。

在威斯敏斯特宏伟的大厅里，我又一次被强烈震撼！只是这次震撼我的，不是教堂精美绝伦的汉白玉穹顶。虽然，那的确是我见过的最为独特的穹顶：洁白无瑕的汉白玉格栅，构造了一个巨大的长方形脊顶，那精细到极致以至于匠心全无的工艺，那单纯到极致以至于华光全敛的色调，让你感受到一种不可折辱的高贵。我至少到过世界各地一百座以上的教堂，有艳丽奢华到不敢逼视的，有庄严肃穆到不可仰望的，有惊悚骇人到不能驻足的，也有简朴粗粝到不便触碰的，只有威斯敏斯特教堂的穹顶高贵无比，有那种从极简约极单调中透露出的高高在上的气质，有那种删削繁缛、摒弃虚饰、洗尽铅华之后彰显的绝对自信。如果上帝真的存在，那便是上帝的居所；如果圣心真的存在，那便是圣心的形色！

然而，威斯敏斯特最震撼我的，还是诗人之角！那个显得拥挤显得凌乱的诗人之角！这里安葬或供奉着英国最受人尊重和景仰的诗人、作家和科学家：莎士比亚、牛顿，还有奥斯汀、狄更斯、勃朗特、约翰逊、布朗宁、丁尼生、拜伦、弥尔顿、哈代等，这是英国历史上最光辉灿烂的一堆名字。我不知道是哪一位皇帝或者女王，提出了这样一个震古烁今的提议：在皇家御用的教堂里，安葬下这些非神职、非皇族的杰出人物，将思想自由与艺术创造供奉在王国最神圣的殿堂。我不知道除了佛罗伦萨的圣十字大教堂（Santa Croce），世上还有多少座教堂，在供奉上帝之外还供奉思想自由，在安葬神职和皇族之外还安葬诗人和科学家。我也到过不少中国的祖寺家庙，其中除了供奉祖先，便是各种神祇，却从未见过供奉异姓异族的凡人。或许在英国皇室看来，诗人之角供奉的原本也是神祇，在上帝与人类之间，他们便是先知和使者。我认识几位英国诗人，曾经聊起对诗人之角的敬仰。英国但凡能写几首诗的人，都视那里为终极的理想之地，那是比获得诺贝尔文学奖更高的加冕。

第一次，我对安葬在教堂里的皇族心怀敬意。我想从那些安寝的皇帝或女王的碑文中，找出那个开辟诗人之角的名字。也许，原本就不是某一个人，而是整个英国皇室。这个一向铁石心肠、铁血手腕的家族，却总是在面对艺术、科学和教育时柔肠百结、细心呵护，这实在是一个令人感佩，而让人又百思不解的历史疑窦。

II

说不清是幸运还是遗憾，英国的行程中，竟没有碰上一个有雨的日子。导游说，执业以来，她还没有带过一个不碰上雨天的团队。多雾多雨，是英国气候的特征，错过了雨雾天气，也许就错过了英伦风光的本相。

不过，造访爱丁堡（Edinburgh），却必须艳阳普照、碧空万里。从古城仰望古堡，阳光镀亮古老的岩石，在一碧如洗的天空上，勾勒出古堡险峻巍峨的轮廓；从古堡鸟瞰老城，阳光蓄满古街和河川，游移变幻的光影，映衬出城池的静谧与安宁；从堡顶纵目远眺苏格兰高地，阳光燃熔红褐色的岩土、峰峦和缓的坡地，如同暗红的岩浆，沸腾着滚向遥远天际……

更需要被阳光照耀的，是造访者的心情。

在欧洲，这种用石头堆垒的工程，作为军事防御堡垒和皇权统治象征，总是孤零零地屹立在险要的山头。为了防范被突破，窗户都开得极小，堡内的空间暗如黑夜，借助昏暗的灯光穿行其间，如同穿行在地穴。联想到这昏暗里凝固着的太多鲜血，堆集着太多阴谋，心情沉郁得比夜还深。钻出古堡，如果天地间一派阴雨，心中沉重阴鸷的情绪，大抵三天也消散不去，甚至会弥漫整个旅程。

导游讲解说：女王的第二位丈夫，怀疑女王与秘书有染，便当着女王的面，用剑刺死了秘书。我不知道女王是怎样度过日后漫长岁月的，她心中积累的愧疚和仇恨，无论怎样的人生光亮也烛照不透。虽然女王与丈夫诞下的王子，成就了一番旷世伟业，然而女王自己的人生，却早已被忌恨和暴戾撕碎。背负着这个阴鸷变态的故事，我仓皇从古堡中逃逸出来。幸好，广场上阳光灿烂，灿烂得古城一派敞亮，灿烂得天地一派澄明。

漫步皇家一英里大道（The Royal Mile Avenue），踯躅于苏格兰最具人文气质的一段里程。太阳缓缓西移，阳光将房屋的阴影投向古老的街面，把老街分割成 阴一阳两幅画卷。暗影东移，时光在静谧中缓缓流动。我觉得，那光影记录的不是一天的时辰，而是多少个世纪光阴的流转，那是一种近乎凝滞的缓慢与从容。老街的那头，秋风送来苏格兰风笛的旋律，悠扬中隐一丝悲怆，一如秋风舒爽里含一丝沁凉……

爱丁堡的老城，古旧，精致，颇类瑞士首都伯尔尼（Berne）。不大相同的是，爱丁堡街头好些显眼的地方，都矗立着一尊铜像，那是大卫·休谟、亚当·斯密……爱丁堡人颇有几分固执地认为，是苏格兰人设计了人类现代社会的制度蓝图，也是苏格兰人发明了构造人类现代生活的核心技术。街上碰到任何一位当地人，只要他愿意搭理你，便会如数家珍地报出改良蒸汽机的瓦特、发明电话的贝尔、发现青霉素的弗莱明等等。如果将这些苏格兰发明家的雕像悉数立上街头，必将遍布爱丁堡的大街小巷。

或许，多年之后，又将有一尊铜像矗立爱丁堡街头，她的名字是罗琳（J.K.Rowling）。在老城一家简陋的咖啡馆里，这位年届中年的家庭妇女，每天来到这里，靠咖啡排解离婚的痛苦。就在那张老旧的咖啡桌上，罗琳构思并写作了《哈利·波特》，创造了21世纪不可思议的畅销书神话。

咖啡馆门外，来自全球的波粉，一脸崇敬地排起长队，男孩、女孩、妇人、男人，一直排到门外很远的地方。晚霞燃烧在西边的屋顶，金色的光焰斜照过来，将咖啡馆平实的门脸镀亮，英文的店名算不上显眼，店主似乎没有想靠招牌招揽街上的路客。弄不明白的是，门边却写了五个硕大的汉字——魔法咖啡馆，红底黄字，在岁月沧桑的老街上，暮霭渐起的余晖里，艳得像一团火，打老远都能看得见。

III

国人到剑桥（Cambridge），大抵心中都揣着一首诗。

一向不怎么出息的新诗，被徐志摩先生写出了一首脍炙人口的《再别康桥》。现时代的年轻人，但凡记得几首新诗，其中两首必定是《再别康桥》和《你是人间的四月天》。其作者，正好是徐志摩与林徽因这一对情侣。1920年10月，徐志摩经罗素推荐，进剑桥王子学院学习，同年同月认识年仅16岁的林徽因，自此相恋，成为文坛的一段佳话。1928年，徐志摩重返剑桥，在曾经求学的康河边触景生情，写下这首著名诗篇。林徽因写《你是人间的四月天》则是在1934年，那时她已与梁思成结婚生子。两首诗是否属于情诗，皆存疑问，是否在写作动机上献给对方，则更不确定，一说林徽因的"四月天"是写给刚出生的儿子的。不过近百年来，几代读者似乎更愿意将这两首诗与作者当年的恋情扯在一起，因此也为剑桥涂上了浓重的爱情色彩。

百年之后的康河，依旧金柳拂斜阳，柔波荡青荇，撑一支长篙，依然让人生出向青草更深处漫溯的向往。王子学院大草坪边的康桥，依旧安卧在清波之上，静静地守着一潭榆荫，尽管游人如织，却似乎一百年也未受一丝侵扰。只是桥头多了一块石头，上面镌刻了《再别康桥》里的两句诗："轻轻的我走了，正如我轻轻的来"，"我挥一挥衣袖，不带走一片云彩"。石头挑选得质朴天然，诗句也摘选得准确精当，只可惜用的不是诗人的手迹，也似乎不是林徽因的书法。

老楼青藤，小桥流水，千年学府，名人诗篇，的确是一个浪漫而纯净的爱情栖所，难怪造访剑桥的情侣，尤其是中国少年，会将此视为爱情的净土与圣地。

其实，剑桥的来历并不如此浪漫。导游介绍，最早来到康河边的剑桥人，不是逃避教会或皇室的迫害，而是因为有两位教授虐杀了牛津的一位妓女，当地村民寻仇，将牛津的一群学人追杀至此。作为一所具有崇高声望的高等学府，这来历听起来有点狗血。然而仔细想想，世界上哪一部光辉的历史，不是沾着狗血写成的？假设没有这个狗血的偶然事件，又哪来剑桥八百年教育与学术的辉煌？或许，不仅英国的教育史，甚至英国的历史、欧洲的历史都将改写。

爱情渲染历史，狗血却撰写历史，恰恰这就是历史本身。

国王学院的旁边，是三一学院（Trinity College），牛顿当年就读于此。学院的大门口，种着一棵苹果树，据说是从牛顿家乡移栽过来的。牛顿当然不是站在这棵树下，被树上坠落的果子砸出了"万有引力"灵感，但牛顿发现这一伟大真理的学问和能力，无疑来自这所学院。可见催生一代一代科学家发明灵感的不是苹果，而是剑桥和牛津。在过去几百年的时间里，它们是欧洲的学术中心，英国乃至欧洲拥有的极端智慧的大脑，都在这里运转。

牛顿后来受聘为剑桥的卢卡斯数学讲座教授（Lucasian Chair of Mathematics）。牛顿之后，受聘于这一教席的还有惠斯顿、桑达生、柯尔生、爱德华·华林、米尔纳、伍德侯斯、脱尔顿、乔治·比德尔·艾里、查尔斯·巴贝奇、金、斯托克斯、瑟夫·拉莫尔、保罗·狄

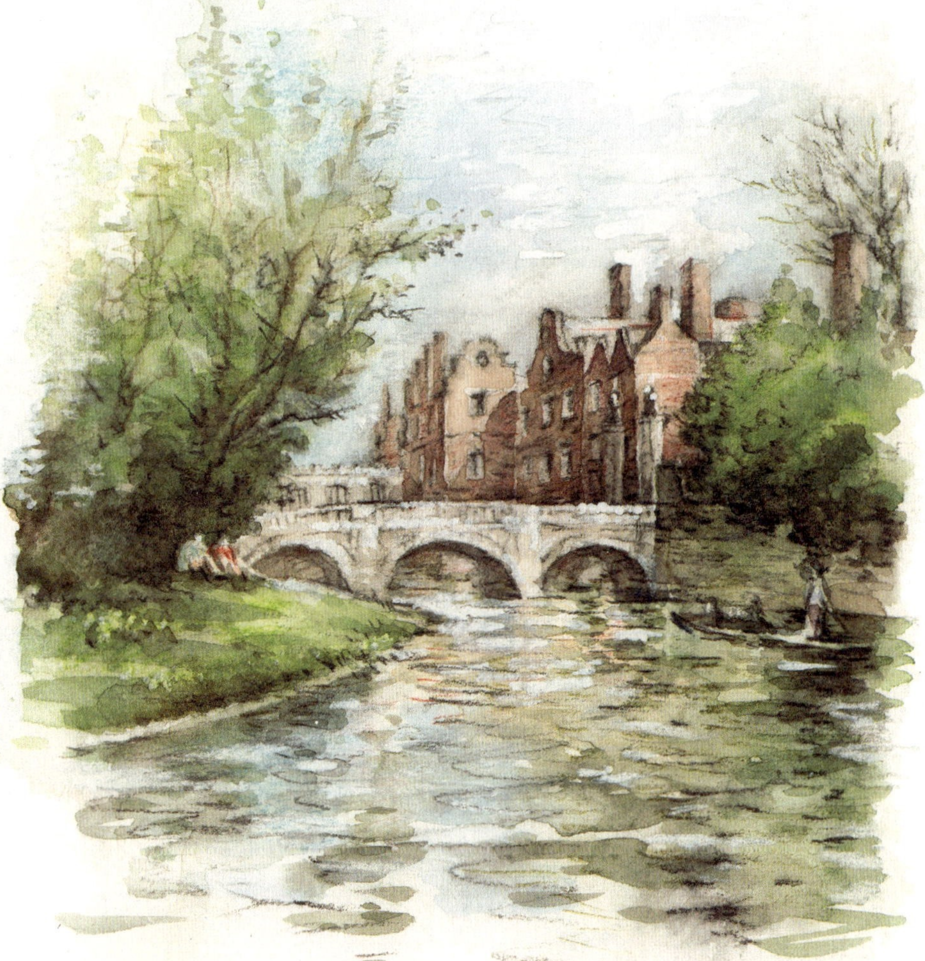

在牛津，为独立思想者留下了无数条漫步的狭窄小道，却没有为精神跟从者留下一条宽阔的街衢；为真理发现者建造了无数座神圣的讲坛，却没有为权力屈从者建造一个效忠的广场。

信仰与真理，宗教与科学，在欧洲冲出中世纪，尤其进入现代之后，似乎并没有真正对立过。

这恰如我所目睹的英伦，社会因个性独立而彼此包容，政治因势均力敌而彼此依存，经济因利益博弈而彼此牵绊，思想因砥砺较量而彼此尊重，艺术因标新立异而彼此辉映。一切因彼此存在而矛盾，又为彼此存在而宽容；一切因彼此发展而冲突，又为彼此发展而妥协。矛盾是差异而不是敌对，冲突是争夺而不是毁灭。

拉克、詹姆士·拉莫、霍金、迈克尔·格林、迈克尔·盖茨。这是一串在各自的研究领域光焰万丈的名字！他们中，我认识的一位，就是《时间简史》的作者霍金。在北京拜访他的时候，他的身上能够自主弹动的，只有两个手指。他靠大脑与上帝对话，然后通过这两个手指和人类沟通。聆听着他用语音器发出的金属般的音符，我确信，这位只剩下极度萎缩的躯干和游丝一般生命气息的智者，就是先知，就是上帝派遣给人类的使者。霍金只是这串名单中的一个，这串名单又只是剑桥无数教席中的一种，由此，可以毫不夸张地说，有好几百年时间，这里是世界的大脑，是人类与上帝之间真理使者的大本营。

Ⅳ

一群从法国被驱逐的英国人，在距伦敦不远的乡村安顿下来，八百年过去，这里仍旧是一个乡村。没有宽阔的马路，没有庞大的建筑，没有森严的守卫，甚至没有象征性的校门。这，便是传说中的牛津（Oxford）。

我们下榻的酒店，导游说是在牛津，意思指在校区，而映入眼帘的，却是一家典型的乡村客栈。道路狭窄得勉强可以错车，路灯昏暗得勉强可以分辨道路和水沟。时刚入夜，路上已绝少汽车与行人。晚风穿过远处的树林和路边的庭院，拂动地上的落叶细碎作响，草丛中间或有唧唧的虫鸣，单调而悠长。天上没有星月，暮霭将道路两旁的房舍笼得庭院深深。狭小窗户透出的一星灯火，朦朦胧胧的，照不见庭院里的花草。我猜想几百年前的牛津，大约也就是这样的夜晚：同村而居的农民早早歇息了，只有教授们还在如豆的灯光下思索和著述。

夜半步出旅馆，沿着路边一家一户的围墙漫步。这些用就地取材的石头垒起的院墙，粗糙敦实，好些厚实得如同城墙。墙上攀爬的长青藤，藤蔓粗约碗口，以手触摸，苍老而遒劲。原来历史是可以触摸的，不管是无生命的石头，还是有生命的藤蔓，都在无声诉说岁月的悠远与沧桑。我不知道这些乡村院落过往居住过谁，今晚又是谁在居住，但我知道那些不可胜数的哲学家、思想家、科学家，要么曾经居住在这里，要么今天居住在这里。这些思想如炬的泰斗，每个人都只是这些朴素乡居的过客。在这个没有边界的校园里，只有过客，没有主人。

包括那些捐建学院的权豪势要。这些在教廷与皇宫权势倾国、呼风唤雨的主宰，来到这里却俯下身躯，掏出来路正当或不正当的真金白银，以求留下一个名字，留在这片可以使之不朽的土地上。为此，有的人甚至捐献出自己全部的家当。或许他们明白，除了教堂，这是另一块可以清洗自己罪孽、拯救自己魂灵、延续自己生命的圣坛。欧洲那些宏大的教堂，动辄上百年、几百年的建造工时，即使是再富有的君王，也没有能力在自己手上独立完成，他们似乎心甘情愿地在走向上帝的无尽旅途中做一个接力者，做一个仅仅是添砖加瓦的人。他们的确曾经嗜血征战，曾经横征暴敛，曾经草菅人命，曾经骄奢淫逸，然而他们捐建学院，虽无法洗却其罪过，却实在是一种忏悔和补偿。

我们的民族也曾富甲天下，有过挥金如土的王公，有过富可敌国的商贾，却没有几个人愿意捐建书院，更没有人愿意在别人建造的书院里添砖加瓦，以襄助者的心态，以接力者的身份，一代人接一代人地将书院建好做大。

夜空下的牛津，没有繁华，没有喧嚣，就像一座静默的植物园，不断地有人来园里栽下一棵自己喜欢的树苗，栽种者也许看不到树苗长成参天大树，然而一辈一辈的园丁浇水培土，一定会使其生长得枝繁叶茂。一代一代的种树人，一辈一辈的培育者，每个人都秉过客之心，每个人都司接力之责，如此便有这乔木参天、树种繁杂、近千年生生不息之园林……

站在牛津称之为大街的街头，看到的却只是图书馆门前一条窄窄的街道。在牛津，为独立思想者留下了无数条漫步的狭窄小道，却没有为精神跟从者留下一条宽阔的街衢；为真理发现者建造了无数座神圣的讲坛，却没有为权力屈从者建造一个效忠的广场。在这里，最不缺乏的是学术权威，最缺乏的是盲从者；最不缺乏的是信仰教徒，最缺乏的是迷失者。牛津和剑桥，最堂皇的建筑是教堂，最常见的聚会是礼拜，然而这些心怀虔诚宗教信仰的人，却并不为其教义所羁绊，在追求真理、探讨科学的旅程上，绝对一往无前。信仰与真理，宗教与科学，在欧洲冲出中世纪，尤其进入现代之后，似乎并没有真正对立过，这种并行不悖的共生状态，究竟是源于信仰者的宗教虚伪、现代人类的人格分裂，还是这种本质的对立，原本只是一种理论的假定？信仰的倡导与选择，尤论是宗教的还是社会的，都会具有某种群体的规定性，如何在一个信仰的群体中，保持独立之人格、科学之精神、自由之思想，应该是一个值得每个民族、每种制度深长思之的命题。

告别牛津那个清晨，我被窗外的鸟唱唤醒。清晨的牛津，依旧少有行人。我独自步入一条小道，那是一片树林中踩踏出的道路，依着树距的宽窄曲曲折折，完全没有砍伐开拓的痕迹。路面长满了野草，金的红的落叶铺了厚厚一层，每走一步，都有唦唦的声响。小道深邃的尽头，是一座两层的乡间别墅。石头垒起的院墙很矮，爬满常青藤和一种我叫不出名字的小黄花。园子的木门敞开着，院内的石板小路整理得精致妥帖，房主显然居住在院子里。站在院门外，我看见院墙的一角，堆着一些巨大的钢铁构件，看得出那是机车的一部分。锈迹斑斑，但机车的大灯依然炯炯有神，似乎随时都可以发出刺眼的光亮。想象不出，这台曾经风驰电掣的庞大机车，怎么能从那么狭窄的一条小道上搬进来，也想象不出，院子的主人为什么要将一堆拆分的机件摆在院子里。摆放机车的地上，生长着一丛玫瑰，一枝一枝的花朵开得舒展绚烂。深红的花瓣，透着丝绒般的质感，让人不是闻到，而是感觉到有淡淡的香味散发出来，若有若无地弥漫在院子里。花瓣上有露珠，鲜妍的阳光照下来，晶莹而安闲。在钢铁锈蚀的背景上，玫瑰开放得娴静而高贵。

这不就是英国吗？机车与玫瑰！

两种各自标异的生命状态，两种彼此冲撞的审美质感，神奇地共生共荣于一体，构造成一种冲突着的谐和之美，令人惊异和感动！

这恰如我所目睹的英伦，社会因个性独立而彼此包容，政治因势均力敌而彼此依存，经济因利益博弈而彼此牵绊，思想因砥砺较量而彼此尊重，艺术因标新立异而彼此辉映。一切因彼此存在而矛盾，又为彼此存在而宽容；一切因彼此发展而冲突，又为彼此发展而妥协。矛盾是差异而不是敌对，冲突是争夺而不是毁灭。

的确，英国也曾历经漫长的敌对与杀戮，今日肆虐的恐怖主义，或将让敌对与杀戮的阴影再次笼罩英国上空。这种隐忧，让我更珍视和爱惜"机车与玫瑰"的图景与隐喻：王宫是机车，牛津是玫瑰；皇权是机车，议会是玫瑰；科学是机车，艺术是玫瑰；信仰是机车，自由是玫瑰……

飞离伦敦，机场下起大雨。透过沾满雨水的机窗，看见伦敦已笼在雨雾之中。伦敦俗称雾都，此时或许才是这个帝国之都的本相。我忽然想起牛津的那个小院，那院角的机车与玫瑰，在这朦胧的烟雾中，又该是一副怎样的景象和韵致？

爱丁堡城堡

爱丁堡城内，高耸着一块三面陡峭、一面缓坡的火山岩，其上建筑着一座雄伟的古堡，这便是著名的爱丁堡城堡。筑堡的初衷，无疑是为了军事防御。古堡始建于公元六世纪，是最早的苏格兰皇家城堡。该城堡比英格兰利兹城堡（Leeds Castle）早了200多年，比温莎城堡（Windsor Castle）早了400多年，比德国的海德堡（Heidelberg）早了600多年。由于地势险峻，加上建筑坚固，千百年来成了苏格兰人坚定的心理支撑、荣耀的文化象征。

11世纪下半叶，一位匈牙利女孩逃难至此，后来成了苏格兰玛格丽特王后（Queen Margaret），不仅培育了后来著名的苏格兰国王，而且推进了古老的凯尔特教与基督教融合，使苏格兰文化走向开放。1093年，王后逝世于城堡之中。12世纪至16世纪，古城堡一直是苏格兰皇家住所和国家行政中心，苏格兰历史上若干重大政治事件，都发生在这座坚固幽闭的古堡里。

17世纪之后，皇室搬离古堡，城堡重新作为纯粹的军事设施存在。如今进入古堡，仍能感到防御森严的肃杀气氛。

或许因为积累了太多耸人听闻的阴谋和冤屈，古堡一直有闹鬼的传说。2001年，一个9人超自然现象研究小组，组织了200多名公众对古堡进行探查，以期解释各种闹鬼传闻，结果有一半以上的参与者感受到了超自然现象。

一群从法国被驱逐的英国人

1167年，法国国王和英国国王发生争端，一怒之下，法王将在法国巴黎大学的英籍学者驱逐出境（另一种说法是英王一气之下将英籍学者从法国召回）。这群学者返回英国，在伦敦近郊一个叫牛津的乡镇待了下来。据说这地方过去是一个赶牛过河的渡口，久而久之便落下了这个名字。学者们之所以选择在此处落脚，一是因为这里已有人开始设坛演讲，形成了一定的学术氛围；二是因为英王亨利二世建了一座宫殿，学者们觉得住在国王身边，可以得到更多庇护。

在天主教本笃会支持下，学者们在牛津设坛开讲，当然所讲内容大体都是神学和经院哲学。这个新办的教育机构，最初被称为"总学"，16世纪教皇批准更名为牛津大学。这是英语世界的第一所大学。之前英国人要上大学，都得渡海跑去法国。

这些从巴黎归来的学人，思想自由，行为放任，时常与当地居民发生冲突，并遭血腥追杀。1209年，因两位经院哲学家虐杀了一名当地妓女，居民愤然寻仇，杀得学者们仓皇逃窜，最后在本笃会和圣衣会建立的另一个小镇待下来，这便是后来的剑桥大学。这种师生与居民的冲突，几乎延续了整个中世纪。其中最大规模的一次，几百名学生被乱箭射死，最后国王出手镇压，才得以平息，判居民赔偿牛津大学500年相关费用。

两幕序曲虽然仓皇和狗血，然而，两个大学的发展却十分辉煌，在大约600年的漫长历史中，牛津与剑桥，并立铸造了欧洲的学术中心，成就了世界高等教育的典范。两所大学虽为公立，但大学与学院，是一种类似于联邦政府体制的关系，各学院拥有极大的学术和经济自主权。比如牛津有六个准学院，就是永久性私人学堂，开办者为不同的宗教教派，并为其特许。

罗琳

一个真正文学神话的缔造者。因为离婚和找不到心仪的职业，一度精神十分痛苦的爱丁堡中年妇人，无事可做，每天跑到附近一家收费便宜的大象咖啡馆发呆。为了从极度苦闷中解脱，罗琳选择做两件事：一是去爱丁堡大学进修师范课程；二是尝试写作，在咖啡馆里将一直在她眼前浮现的少年魔法师写出来。1997年，《哈利·波特与魔法石》出版，精装首印500册，上市即被抢购。如今，每册已炒到两万多英镑。之后十年，罗琳又推出了六部，完成了哈利·波特系列。迄今，哈利·波特系列已被翻译成近80种语言出版，销量逾3亿册。改编的电影，风靡了全球。罗琳因此获得了逾5亿英镑的个人资产（也有人说逾10亿英镑），财富超过英国女皇，一跃而成英国最富有的女性和全球最富有的作家。

罗琳以自己天才的时空想象力、魔法式的故事结构和恰到好处的神秘感，开创了一种少儿文学的新体式、新文本，契合了真正现代的少儿审美心理，为安徒生、格林创造的少儿文学史做了一次完美的断代。站在大象咖啡馆门口，回想在安徒生故居的感受，我觉得，罗琳已开创了自己的大师时代。

守不住灵魂的国度

In Canada

在到达厅攒动的人头中，我一眼就认出了阿黎那颗溜圆的大脑袋。

阿黎手里扯着一条红布，上面写着欢迎某某团来多伦多（Toronto）的标语。胖胖墩墩的身子一颠一颠往上蹿，两只大眼睛，孩子似的急切搜索到达口。看见我拉了行李箱走出来，一甩手扔了红布，扑上来狠狠拍了我一掌，抢过拉杆箱往外走。和他前来一道接机的华侨，排队在那里"欢迎、欢迎"地呼喊，阿黎却头也不回扯着我跑出大厅，找了个能见到天的地方，掏出一包烟，为我点上一支，然后给自己点上，深深吸了一口。我问他，怎么知道我会来加拿大？他说一个月前就知道了，长沙移民过来的那群人，碰到一起就说这事，哪里还能不知道！

印象中，阿黎是不抽烟的。当年我在办公室写文案，只要掏出火机点烟，他便抬起那只肥嘟嘟的大手，捂着鼻子仓仓皇皇跑出去，好像闻到一口烟，立马会呛死。我问他怎么在不禁烟的国内不抽烟，跑到禁烟的加拿大反倒抽上了？他说一天到晚没事做，天亮了等天黑，天黑了等

111

天亮，不抽烟日子怎么打发？阿黎的神情很无辜，也很无奈，让我觉得他若不抽烟，真会闲死憋死在家里。

阿黎给导游打了个招呼，顺手将我拖进他开来的奔驰越野车，一脚油门把车驶出了停车场。我回头望望还在大巴旁装运行李的同行，阿黎一面开车一面说："放心！他们会把你的同行当祖宗侍候。这帮人，一天到晚没事做，都快闲出病来了。只要国内有人来，熟与不熟，都会兴奋好几天。为了接你们，我们已经在机场等了三四个钟头。你知道在这里最开心的事是什么吗？等人来！"

I

天空欲雪，云层低得伸手可及。寒风呼呼的，拼命摇晃路旁高大的乔木，让人对渐近渐深的夜色生出几分恐惧。车灯雪亮，如同一把锋利的白刃，将浓重的夜色划出一道伤口，转瞬又弥合得严严实实。道旁的路灯，亮得艰难，昏昏暗暗只照得见三四米远，依路而建的别墅，只有院门依稀可见，院落和房屋，一例混在了屋后黑黝黝的森林里。城区的灯光稍稠，依旧没有惯常大都市恍若白昼的光亮。

商务区里的写字楼，积木似的一幢幢隐在夜色里，仿佛许久未有人迹。偶尔的一两点灯火透出来，弱弱的被寒风冻得发抖，令人生出好些怜悯来。照说多伦多地处加拿大东南部，又是晚近崛起的现代都市，夜晚不该如此昏暗冷清。眼前这种边地小镇的暗黑感觉，令我想到中世纪人描述俄罗斯的黑暗地带。

车到旅馆，替我拉开车门的，是裹了一袭裘皮大衣的黎家嫂子。自打阿黎一家移民，我们再没见过，算上去应有十好几年。嫂子一把拽着我的手，那种热乎劲，就像见了失散多年的小叔子。

嫂子是北方人。父亲跟着四野大军南下，在湘西大山沟里剿完土匪，就留在那里成了家。嫂子身材高大，粗壮是粗壮一点，五官倒也端庄大气，一双大眼晶亮纯真，也曾让好些少年做过不少白日梦。矮矮墩墩的阿黎，看上去比嫂子低了大半个头。当年怎么骗得了嫂子的芳心，使用的招数我一直没弄清楚。早先阿黎在电视台扛摄像机，嫂子在台里做后台，或许因工作一来二去擦出了火花，加上阿黎又很有些农民式的狡黠，做个局把生性大大咧咧的嫂子骗上床，生米也就煮成了熟饭。

阿黎改行做生意，倒是因了嫂子的关系。湘西有个大酒厂，厂长是个能干人，几年工夫把小小的酿酒作坊，弄成了一个两岸尽知的大品牌。这人当年就是嫂子父亲提拔的。嫂子将阿黎带到厂长家里，大杯小碗地喝了一顿酒，厂长便把酒厂的广告代理权给了阿黎，那可是每年几千万的一个大数目。阿黎要了台里一个传播公司的牌子，在街边租了一层写字楼，吆吆喝喝开了锣。

若是别人，拿了这么大一笔生意，一定想着把品牌设计做漂亮，把营销计划做精彩，阿黎却把这些事往找来的一位朋友身上一扔，自己去当了厂长的生活秘书，除了天天陪着厂里大大小小的领导喝酒，余下的事，便是和厂长脚跟脚手跟手，把厂长侍候得王爷一般。外面也有不少人想拿酒厂广告，方案做得天花乱坠，就是绕不过阿黎单独见厂长。即使找到上头的领导打招呼，厂长还是把文案给阿黎一甩。

阿黎把投文案的人找过来，从早到晚一天五顿酒，醉得人家昏天黑地。直到人家实在扛不住自己喊走，他大笔一挥给个十万二十万广告费，弄得人家感恩戴德。前后也有七八年，酒厂这笔大大的广告业务，别人怎么也没插上手。

阿黎找来打理业务的朋友，是我大学的同窗阿炎。那时我刚从湘西调来文联，主编一本理论刊物，穷得一身叮当响。阿炎见我又穷又闲，便拉我到公司做文案，这样认识了阿黎和嫂子。这个意义上，阿黎算是我的前老板。记得那时酒厂的主打酒，还没有一则固定的广告语，我和阿炎关在一家酒店里，想了几十条，斟酌来斟酌去，最后定了"人生百年，难忘××"八个字。后来酒厂几易其主，主打广告语似乎一直还是这一条。我在公司只认埋头做事，不要名头，也不争利益，阿黎两口子便说我有才气、人实在，一直觉得亏欠了我。我后来去一家五星级酒店当老总，离开公司很久后，阿黎还请我去了一趟欧洲。

阿黎移民时，国内还远远没有移民潮。阿黎出国的事，圈内一度成为话题。有人说是因为酒厂老板卸了任，生意没了后台；有人说是因为赚了不少钱，心里没了安全感；也有人说是因为阿黎有了女朋友，嫂子逼着要出国，彻底断了阿黎的念想。或许三个因素都有，主要的，还是因为嫂子要出去。依阿黎好喝酒爱热闹的个性，不是嫂子硬逼，别人拿把刀顶着，他也不会跑去那么个寒天冻地、孤独冷清的地界。

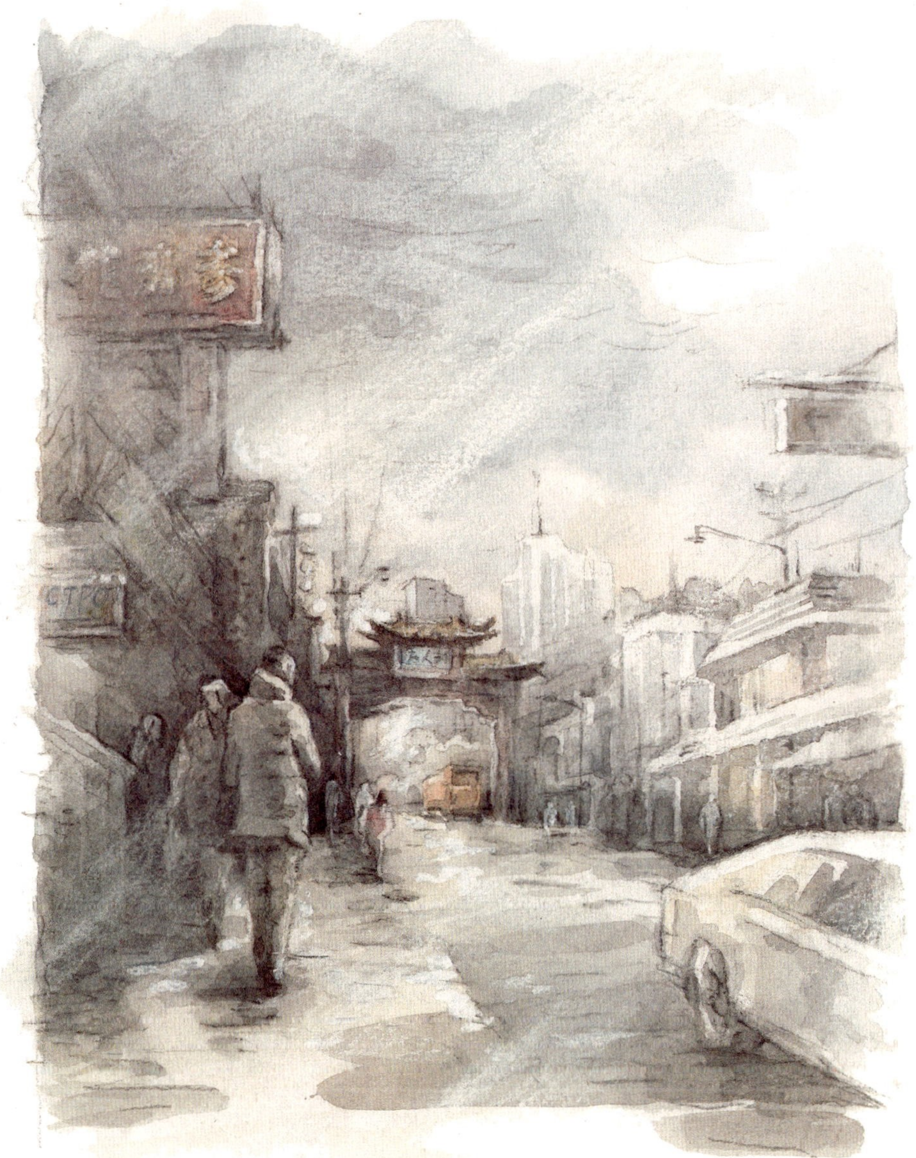

"你知道在这里最开心的事是什么吗?等人来!"

你一个包工头,谁能看得起你?你花钱请别人,人家觉得你俗气;你不花钱,人家又觉得你小气。因为你除了钱,还能有什么呢?

原以为这里是法治社会,没有违法证据没人不尊重你,结果呢?这里满街都是朝阳大妈!

II

欢迎晚宴上，我和嫂子坐在一起。我问她在多伦多过得怎样，她说太冷清，阿黎不用说，她都受不了。能交往的还是早先移民的长沙人，台湾人和其他外省来的，其实和外国人差不多，彼此没有交往的兴趣。新近移民的湖南人，花钱虽是大方，心里却很戒备，生怕被人窥见了秘密……

我问她为什么不找点事情做，比方说做点自己熟悉的生意？嫂子深深叹了一口气：人家是法治社会，再小的生意都有几十条法律管着，一不小心便犯了法，罚的比赚的还多。但凡跑到这里来的，有几个是在国内守法赚钱的？即使没有犯法，也是一门心思钻法律的空子。手脚搞坏了，思路也僵了，在这里很难找到生意。你知道阿黎每天干什么啵？天天背根钓竿到湖边，有鱼没鱼坐到傍晚再回来。冬天零下二三十度，说天冷就别去了吧，在家里坐上一会儿，想来想去，还是出了门。有一回，我进城顺道去看看他，几十里白茫茫一片，就他一个人坐在湖边。钓竿扔在冰面上，一个人抱着酒瓶喝白酒。我想停车叫他回去，想想又把车开走了。一路上，我的眼泪就没干……

阿黎领了一位侨领来敬酒，听说我是全国人大代表，便要连干三杯，因为侨领也是加拿大国会议员。侨领说多伦多华人社区越来越大，大家生活在这里总得要有人代言，这样才齐心协力把他推出来。相比其他的小族群，华人没什么话语权。

酒会散场时，大多数侨民都喝高了。阿黎被嫂子扶着，跌跌撞撞两腿好像在弹棉花。本想送他上车,他却靠着车门不肯走,掏出烟来,说陪我抽支烟再走。不知哪里钻出三个黑人,都是二三十岁的样子,其中一个朝我们做了个抽烟的手势,我才明白他们是来讨烟抽的。阿黎给他们每人点了一支烟,他们点点头沿街走了。

我问嫂子为什么不住回去,旧日的亲戚朋友不都在?嫂子摇摇头,说也试过,待不住。人家各有各的事,只有你是无事人。别人陪你一两天可以,长了谁陪得起呵?待上几天心里就不踏实,总觉得那里不是你的家,也不是你的国家。两边都不靠,两边都不沾,不知道你该住在哪里,你应该到哪里去?活生生把自己活成一个孤零零的人,一个入不了群落不了地的人。世界上哪里只有一个斯诺登呵?我,阿黎,都是!多伦多、加拿大的这些华人都是!斯诺登是被逼逃亡,我们却是自我流放。

嫂子的话,让我想到一位朋友的老婆。那时她执意移民澳洲,怎么劝也没留下来。只身去了墨尔本(Melbourne),始终没能找到一份固定职业,靠着出国前在北京置下的两套房子吃租金。自己每天到海关做义工,帮入境旅客抽血。说再过两年,凭了这点手艺去满世界跑,跑到哪里算哪里。

寒风中待了很久,阿黎似乎清醒了许多:"国内现在的气氛也变了,我们哪里能习惯?真要弄习惯踏踏实实待下去,我估计比融入加拿大还难……"

Ⅲ

阿黎的几位朋友，在城郊接合部的一栋小楼里，办了一个华语电视台，再加上几份印数很小的报刊，针对的用户，大约就是多伦多的华人社区。我问阿黎赚不赚钱，阿黎摇摇头："赚个事做！"在欧洲，我见过很多这样的华文媒体，牌子很大，规模和影响却很小。我刚进楼时，也在门口看见一块环球传媒集团之类的牌子，立马让我想到了马季的"宇宙牌香烟"。

集团的老板是长沙人，言谈中聊及我的一位朋友。老板随即拨通朋友的电话，朋友告诉我，这位老板是他公司的股东。朋友是做基建起家的，房地产和环保产业的生意都不小，作为股东应该身价不菲，我不明白，他跑到这里弄这么个不伦不类的传媒集团干什么？老板说，在国内天天喝酒打牌泡妹子，久了也没味。若想干点别的，你一个包工头，谁能看得起你？你花钱请别人，人家觉得你俗气；你不花钱，人家又觉得你小气。因为你除了钱，还能有什么呢？这一出来也没味，哪怕你天天去捐钱，依然没人理会你。国内找不到存在感，以为国外会好点，结果躲雨躲进了水塘，更加找不到存在感……

天空忽然下起大雪，一点序曲也没有，仿佛是一桶一桶往下倒，几分钟便地上屋上厚厚一层。很多年没有见过如此放纵畅快的大雪了。站在院子里，任由寒风卷着雪花，将我裹得严严实实，变成一个名副其实的雪人。

只一会儿，大雪又戛然而止，止得没有一点过度。最后一片雪花落地，太阳便明晃晃地照耀过来，洁白的雪地刹那间金光闪闪。我站在雪地中不忍挪步，害怕自己的脚印，玷污了那一派令人不敢逼视的纯洁光华。

雪后的安大略湖（Ontario），波浪漾漾地在阳光下缓缓拍岸，雪地白得耀眼，湖水也蓝得耀眼。无边的雪原与无尽的湖水相映衬，如诗篇，如恋歌，纯净而温情……

Ⅳ

阿力是朋友介绍的，从蒙特利尔（Montreal）跑来多伦多，说再晚也要见一面。我从客房下到酒店的大堂吧，那里已差不多打烊，只有靠角落的沙发上坐着一个人，心不在焉地玩手机。我径直走过去拉了拉手，在他的对面坐下来。他指指桌上泡着的茶，说知道我平素不爱喝咖啡，自己便带了武夷山大红袍。我端杯品了一口，口感丰厚，香味纯正，称赞是款好茶。他说是春上回国，在武夷山一位大师的茶坊里买的，带回来扔在柜子里忘了喝，这几天清点行李准备搬家，刚好翻出来了。我问他是不是要搬来多伦多？我听说加拿大的中国人，近年都在往多伦多搬，弄得这里的房价涨了一倍。他笑一笑，说搬回长沙，不在国外待了。我有点惊诧。朋友说他移民已经很多年，大抵当年外贸解体，他就举家来了加拿大。

"再待下去，人会发疯！"

接连几天，听到的都是这句话，便没有了深究的意愿。就着大堂里昏暗的灯光，我打量了他一眼：金鱼眼，蒜头鼻，嘴唇薄得有点娘娘腔；脸色红润，额头油光发亮；头上的毛发没剩几根，喷了厚厚的摩丝盘在头顶，还是遮不住亮闪闪的头皮；身上穿了一件大鹅牌的羽绒服，红红的，像一团火。

"过来这么多年，也没找到一门正经的生意，坐吃山空。关键是寂寞，天一黑就窝在家里没地去。冬季这里的夜又长，每晚夜半三更盼天明，几十岁了，还和潘东子一个样。说句让你见笑的话，连个女朋友也找不到。"

我说不是有好多年轻的单身女子来了这里吗？她们也有同样的需求呵。

阿力觉得找到了共同的话题，声音也提高了一些："那哪里是我们的菜？你去惹她们，她们可不简单！她们中也有耐不住的，但她们会去找老外。华人圈子毕竟小，传出去了她们就得挨揍。前几年，我办了个法语补习学校，心想总会有些年轻女人来上课，这样便有了下手的机会。开学大半年，根本就没来几个女的。最年轻的一个，也四十多了，是个台湾人。慢慢地，她好像也有了点那个意思。有一天，下课后去了她的家，我急得猴似的往床上蹦，她却拦住我，递过来一瓶酒精，让我先把全身擦洗一遍。我不明白她是有洁癖，还是嫌我们大陆人脏。反正我当时好像挨了一闷棍，套上衣裤摔门走了。你说这种日子怎么过下去？正事没得干，邪事也干不了，住在这里不就是等死呵！再说，我又不是贪官，早年做生意，打了点擦边球，也说不上犯了多大的法，我躲在这里干什么？国内媒体天天报红通，弄得加拿大人以为这里的大陆人都是通缉犯，见了你瘟疫似的，一副能躲多远躲多远的样子。国内人开玩笑说纪委有的人，见了任何一个当官的，都觉得是贪官，加拿大人现在见了华人也这样。他们那眼神，比纪委的人还严厉十倍。去年，还有一件啼笑皆非的事。两个西装革履的人找到我，说如果遇到了麻烦，他们可以帮我换个身份，拉美或者太平洋上的小国任我选，费用是20万加币。我说没有麻烦，那两个人诡谲地一笑，说还是早点准备好。差点没把我的肺气炸！我跺着脚用长沙话嬲了半天娘。原以为这里是自由社会，没人会管你什么闲事；原以为这里是法治社会，没有违法证据没人不尊重你，结果呢？这里满街都是朝阳大妈！与其被这些金发蓝眼的男女侮辱，还不如被朝阳大妈监视，至少还是自己同胞呵……"

没想到初次见面，阿力能如此坦率地说出这么一番话来。我没法接他的话茬，只好岔开话题说，国内的生意也不好做，出来久了的人，没几个能在国内扎进去的。说到这里，我又想起了阿黎和嫂子。

"这就是我来找你的理由呵。朋友介绍后，我又在网上搜了你。你们那么大的公司，随便给我一点业务，我就撑死了。"

我说："我们是国有企业，管理很规范，不可能随便把业务给别人。再说我们做的是出版传媒业务，你又没做过，这个行业专业性很强。"

"所以我找你呀！我不懂你懂呗。我们合伙做，利润二一添作五……"

我想说，你找错人了！转念又忍了下来，犯不着和一个素昧平生的人瞪眼发火。我喝了两口茶，顺顺气，笑了一笑说，你还没回国，就在犯法了。我看你最好别回国，回去了一准会惹事！

阿力觉出了自己的唐突，歉意地举杯向我敬茶："说着玩的，说着玩的，我知道你是廉洁干部，不然我怎么能找你呢？"

送走阿力，我给朋友拨了个电话，警告他别再介绍这种不着调的朋友！我说你这样，不是把我往火坑里推，就是毁我名声呵！朋友在电话里连连道歉，翻来覆去说没想到是这样。

阿力后来还是回了国。去年跑到我办公室，希望我把他研究生毕业的儿子招到公司来。我说，到我的公司不行，我可以介绍他去一家民营的基金。我当即给做基金的朋友打了个电话，求他帮帮这个忙。阿力的儿子去没去，后来我一直没过问。

V

阿魏和老婆出现时，我正在自助餐厅用午餐。那是一家建在尼亚加拉大瀑布（Niagara Falls）悬崖上的餐厅，午餐的生意太火爆，人挤人推，闷得让人受不了。如果不是阿黎提早一星期订了餐位，我宁可拿块三明治站去湖边啃。

阿黎给我预订的餐位，正好靠在临湖的窗边，上游滚滚而来的湖水，正好在窗下跌进深谷，濛濛的水雾漫过窗户向上升腾，轰轰的水声淹没了餐厅里的吵闹喧嚣。我匆匆地吃完盘里的餐食，和阿魏夫妇一道挤了出来。

户外正在下雪，雪花翻滚成一条条银色的雪龙，摇头摆尾往瀑布落下的河谷里游走，一派千龙争潭的壮丽图景。往日里起落翩飞的鸥群，裹在暴雪中见不到踪影，飞流直下的巨瀑，也被大雪隐在了背后，只有那震耳欲聋的轰响，仿佛在为翱翔的雪龙助威。河谷里的游船早已停航，观瀑的游客缩在风雪里冻得瑟瑟发抖，不一会，便全部躲进了餐厅和商场。我震撼于眼前千龙共舞的壮观，久久地站在风雪里没有动弹。

阿魏的家在温哥华，他本想跑去机场接我，但我只在那里转机，走出机场的时间都没有，他只好飞来多伦多。我没想到他的老婆会来。印象中，他俩正在闹离婚，双方都请了律师在分割财产。

阿魏的老婆很漂亮，原来是某军区歌舞团的演员，认识阿魏时，已移居温哥华。那时阿魏刚离婚，穷得只剩下一身充满雄性荷尔蒙的肌肉。富有的女演员，正好看上了他这一身的腱子肉，于是干柴烈火，熊熊燃烧了好几年。女演员长得亮眼，再加上有钱，脾气当然就不小。生活上、生意上的事，女王似的一言九鼎，阿魏半点话份也没有。当年阿魏在大学里，人高脸俊气质帅，又是篮球队队长，身前身后转的美女才女一大帮，如今在女演员面前低眉顺目仍不讨好，越想越像个吃软饭的。女演员婚前已生育一女，死活不肯与阿魏再生育。有一次没设防怀上了，女演员跑去医院打掉了，事先也没给阿魏通个气。阿魏家里兄弟仨，两个哥哥生的都是女儿。女演员决绝不肯生育，意味着魏家得断香

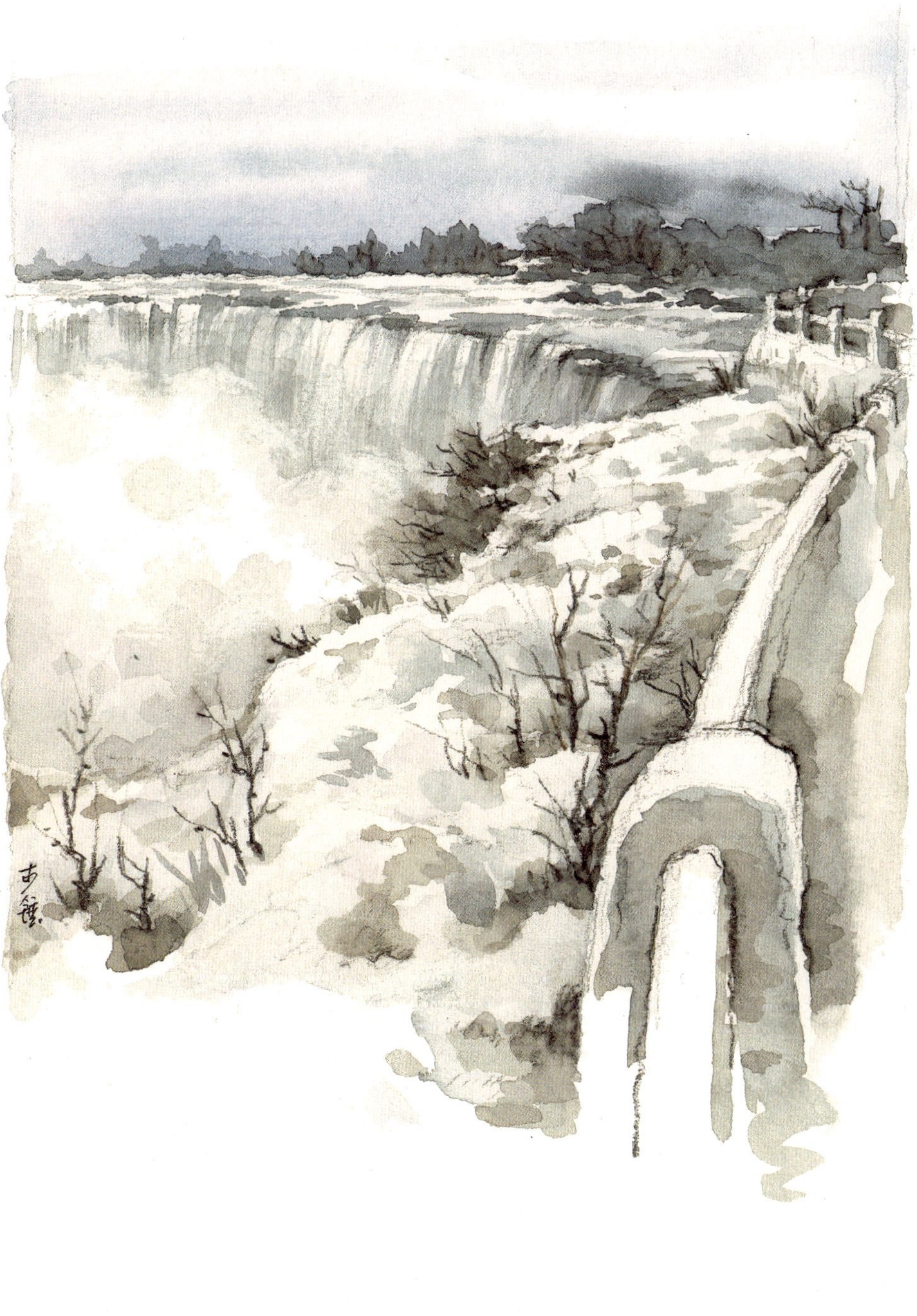

户外正在下雪，雪花翻滚成一条条银色的雪龙，摇头摆尾往瀑布落下的河谷里游走，一派千龙争潭的壮丽图景。往日里起落翩飞的鸥群，裹在暴雪中见不到踪影，飞流直下的巨瀑，也被大雪隐在了背后，只有那震耳欲聋的轰响，仿佛在为翱翔的雪龙助威。

人生做了选择，理由只是一场苍白无力的自我辩白，既说服不了自己，也说服不了别人。

归去来兮。肉身摆在哪里，其实容易安妥，灵魂摆在哪里，还真是难以皈依。人生百年，大抵永远都在这身份与灵魂的适配中……

火。阿魏越想越觉得这婚姻不靠谱，便吵着回国做生意。阿魏在大学学的是电子工程，回国办了个弱电公司。女演员依旧住在温哥华，很少回国看阿魏。一次，阿魏临时飞温哥华，进屋便觉气味不对。男人的内衣内裤堆在墙角，阿魏一眼就看出不是自己的。阿魏也是结过两回婚的人，平时在欢场，也难得守身如玉，虽然这事谁摊上都不舒服，但阿魏也不想弄到离婚断情的份上。阿魏提出，女演员得跟他回国，女演员死活没答应。阿魏觉得这事不对头，女演员的女儿从来没去看过父亲，那他的父亲究竟是离了，还是压根就没离开，只是躲在暗处你来我往？阿魏隐隐觉得自己可能不只是吃软饭，或许还替别人当了个挡箭牌。于是阿魏坚决要女演员回国，女演员坚决不回，这就只好闹离婚。

女演员我只见过一面，是她回国我替她接风。大约阿魏时常谈起我，知道我的话对阿魏起了一点作用。这回她一定要跟着阿魏来，是希望我劝合不劝分。我知道阿魏离婚铁了心，便对女演员说：能合好合，要分好分。人生只有几十年，好不好你们同床共枕这么久，千万不要翻脸做了仇人。

扯来扯去一年多，最后婚是离脱了，两人却真成了仇人。女演员后来我一直没有碰到，偶然听说她已回了广州。长沙还有生意跑跑，温哥华却连房产都卖了。阿魏倒是时常见面，前几年一起郊游，他和我同事的闺蜜对上了眼，没几个月便结了婚，接连生了一儿一女，终于为魏家续了香火。去年有一段时间没见他，打电话他说在加拿大坐移民监，准备将老婆孩子弄过去。

阿黎早早地来到酒店，开车送我去赶飞华盛顿的航班。望着车外纷飞的大雪,我担心飞机起飞不了。阿黎一听乐了,说那正好多留两天。你两次来加拿大,都匆匆路过,一天也不肯多待,好像根本就没我这个兄弟!

加拿大之于中国人,作为旅行目的地的少,作为移民目的国的多。我身边这些移去移回的熟人,数起来应该不下一百。你若问他为何移去,理由说得言之凿凿;你若问他为何移回,理由说得斩钉截铁。然而仔细想想,人生做了选择,理由只是一场苍白无力的自我辩白,既说服不了自己,也说服不了别人。

归去来兮。肉身摆在哪里,其实容易安妥,灵魂摆在哪里,还真是难以皈依。人生百年,大抵永远都在这身份与灵魂的适配中……

人生百年，难忘××

这句广告语，原版是"人生百年，难忘湘泉"。湘泉就是文中所说的酒厂的名字，也是这家酒厂的主打酒。大学毕业，我分去吉首大学，与湘泉酒厂一墙之隔。那时的酒厂小得像个作坊，每天蒸煮红薯和玉米酿酒。站在讲台上授课，满鼻子都是一股煮熟的红薯味。

没几年，听说厂里的湘泉酒很火了，跑到厂里还提不到货。后来认识了厂长王锡炳，慢慢成了朋友。王厂长是个清瘦的湘西汉子，说话神采飞扬，做事霸道坚韧，一天到晚泡在车间，泡来泡去泡出了一款新酒。黄永玉先生取名酒鬼，并亲自设计了泥胎麻袋形包装，加上口赞的一首打油诗，一下子声名鹊起，先是台湾文化界大赞，然后大陆文化人力推，很快成为一代名酒，酒厂也因之成功上市。后来政府换了厂长，厂子卖来卖去几经折腾，湘泉和酒鬼渐渐没了声气。

王厂长离开酒厂后，集资办了家中成药厂，不几年工夫，便有了品牌和规模。湘泉酒还在，广告语也还在，只是王厂长不在了，风光也就不在了。

尼亚加拉大瀑布

两次去尼亚加拉瀑布，都在加拿大这边，传说中的婚纱瀑布，于我依然是个传说。文中写到的一次是冬天，漫天大雪，瀑布藏在雪雾中，只能听到雷声般的轰响。在印第安语中，"尼亚加拉"意为雷神之水，可见水声才是瀑布的名头。另一次是七月，清晨阳光很好，光线斜刺里透过水雾，幻作五彩的光晕。乘船下到谷底，反而少了恐惧，海鸥追逐着游船翩飞，似乎伸手便能抓到。脱去雨衣，任由水雾打湿头发、衣服，仿佛在春雨中做一次畅快的漫步。

只有在瀑布之下，才能觉出水量并不大，每秒1500立方的水量，从近千米宽的水线上泻下来，看上去只有薄薄的一层水帘。这是美加政府联手控制水量的结果，理由是若不控制水量，瀑布每年要后退一米，科学家算出多少年以后瀑布便不复存在。大自然多少年之后会将瀑布变成什么,我们怎么弄得清?大自然若真要将其变成什么,人类难道还能撸起袖子较个劲?自然地理的旅游项目,原本就是老天爷赏的一碗饭,难道还能捧在手里不让老天爷抱走?看起来中外政府全都一样,一股牛劲上来,便忘了天高地厚!

放开流量,任由湖水奔涌,那才是大自然创造的"雷神之水"。

生命的清水烧

In Japan

一位赚了很多钱的朋友，因送儿子去哪里留学，父子产生了冲突。父亲威逼利诱，儿子软拖硬抗，折腾大半年，仍旧意见相左。朋友找到我，拜托我这个当干爹的，能去说服干儿子。

儿子其实很优秀。加拿大国际学校高中毕业，自己申请了庆应（Keio University）和早稻田（Waseda University），一根筋想去日本。父亲想儿子去美国，早早地谈妥了哈佛。朋友虽不曾留洋，眼界却着实很高，除了哈佛，其他的常青藤名校都入不了法眼，当然不用说日本的学校。儿子是父亲的天敌，父亲越坚持，儿子越坚定。朋友身边的人，相干不相干，众口一词说该去哈佛，你一言我一语，弄得儿子无比烦躁。先是反扣了房门拒不见人，后来干脆跑出去旅游，怎么催都不肯回来。

朋友很绝望，仿佛这辈子的钱，全然白挣了，如同打了水漂。假若不是身边还有一个乖巧伶俐的小儿子，我估计，他会一气之下，推开窗户把那些钱当街撒了，找座寺庙去当和尚。

我问朋友,是想儿子将来能成一番事业,还是当个体面的富家少爷?朋友白了我一眼,意思是那还用问,当然是青胜于蓝,光耀门庭。我说如果这样,你就让儿子去日本吧。如今中国的家长,眼睛只盯着美国,常青藤进不去,社区大学也要混几年。好像只要喝了美国墨水,未来便能捡钱。这种荒谬的短视,将来一准坏了中国。大家似乎都忘了,日本是靠中国最近的经济大国和强国,经济实力不用说,科学与文化,其实也不让中国。尤其是在现代管理与传统文化结合上,早已自成格局。若就国情论,其借鉴意义远大于欧美。儿子先在日本待四年,融通文化,积攒人脉,然后再去哈佛。相比同龄人,他的未来会多出半个世界。

朋友果然望子成龙。听完这番话,立马前往日本,将儿子欢天喜地地送进了早稻田。

I

我去日本,在这事儿之前。

因为要和角川集团(Kadokawa Group)合资,受佐藤社长之邀,我前往东京会谈。角川是一家上市公司,在日本出版界地位显赫。除了出版,映画也是重镇。近年,在中国炒得神乎其神的IP经济,角川已经搞了几十年。曾经万人空巷的《追捕》《人证》,还有白领津津乐道的《失乐园》,都是角川的出品。前不久,陈凯歌执导的《妖猫传》,也是角川在投钱。佐藤社长曾经问我,中国人信不信杨贵妃东渡日本?我说中国人只信《长恨歌》，白居易说贵妃娘娘早早就死在了马嵬坡。

韩国游戏强，日本漫画牛。作为日系漫画的绝对主力，角川先有《龙珠》《魔法少女》，后有《你的名字》，还有轻小说《夏日凉宫的忧郁》，款款都是爆品。这次与角川洽谈，就想在大陆做漫画和轻小说。

中国人去日本，心里难免疙疙瘩瘩。历史虽已翻页，心灵伤口的结痂，却一直没有脱落。飞机降在填海修造的成田机场，舱门打开，下机时竟有几分迟疑。我下意识地挺了挺腰杆，然后健步走上廊桥。

大地震后新建的东京，远比想象中混杂。混杂也是一种美，只是有些奇险。除了银座那一片摩登楼宇，看上去与香港中环相似，其他的街市，钢构幕墙的高楼间，夹杂了好些高低参差的砖房。挤密而突兀的建筑关系，在冲突中彼此妥协，如同日本人灵魂里冲突的理智与浪漫。同是被大地震毁过的城市，里斯本和旧金山，市景则远比东京和谐和纯粹。应该还是人口的原因。日本人多地少，农民又蚂蚁般往东京、大阪几个大城市搬家，弄得东京像个大蚁穴。若说寸土寸金，在东京还真不是个比喻，但凡放得下一张床铺的地方，都见缝插针建了房子，是否环境违和，是否有碍观瞻，市民顾不上，政府也管不了。

东京书展的展馆建在海边，大抵也是哪年填海造的房子。因有海风徐来，远比市中心凉爽舒畅。论规模，论影响，与法兰克福书展自然不可同日而语，其间的差距，正如中国足球之于西班牙和巴西。当然也不是一无是处，日本各家出版社的漫画推广，就比欧洲书展生动有趣。不仅儿童与少年，有许多成年编辑，装扮成各类漫画人物，与读者即兴演绎漫画里的故事。读者竞相披挂上台，甚至喧宾夺主，将编辑们赶下舞台，自己在上面尽情表演。日本成人对漫画的那份喜爱，书展上表现得淋漓尽致。

II

佐藤社长置酒款待，是在一间老式的酒屋。社长指着店前的招牌，说主理的厨师在那一带很有名，如不提前十天半月预订，别想临时插座。酒屋陷在高楼丛中，是幢三层的红砖房子。木质装修，竹篾灯笼，初看黯黑粗糙，用手一摸，竟如丝绸般顺滑细腻。灯笼里透出的光晕，柔和地浮在空中，恰好照见食客的面孔和桌上的菜肴，其余的空间，都笼在淡淡的暗影里。由于隐去了背景，衣着也褪去了明艳，只有人的面部，显得突出有型。这种舞台般的灯光设计，突出了客人的表情，使餐聚便于彼此的交流。

在日本，养家糊口是男人的事。女人再贤惠能干，也只窝在家里做饭洗衣带孩子。好几个日本朋友的老婆，早年应庆或早稻田毕业，书读得比老公还好，却并不外出谋事挣钱。男人们累死累活干到下班，便相约到街边的居酒屋，喝到似醉非醉，才踉踉跄跄回家。一般酒屋的灯光，都会柔和迷蒙，以便食客放松心情。多数日本男人的脸上，都能从沧桑中读出生存的压力。

佐藤是个清瘦矮小的老头，尖瘦的脸上沟壑纵横，花白的头发随意

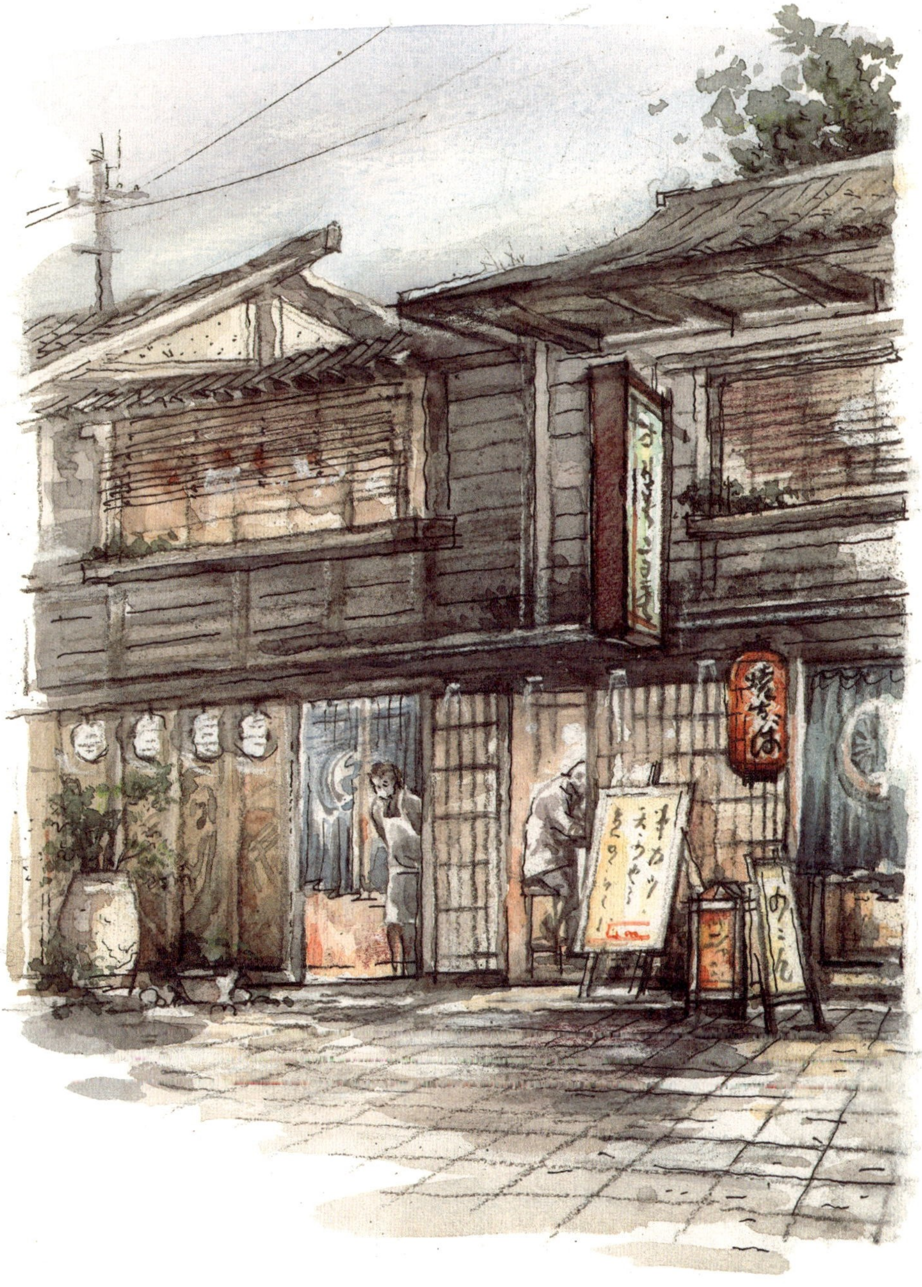

灯笼里透出的光晕，柔和地浮在空中，恰好照见食客的面孔和桌上的菜肴，其余的空间，都笼在淡淡的暗影里。由于隐去了背景，衣着也褪去了明艳，只有人的面部，显得突出有型。

日本人做人做事追求极致，天性上极理性又极浪漫，心灵始终在两极间晃荡。

日本人是极好面子的，但大体不会为面子牺牲里子。

那时，赏花人少，学生和先生，上课下课路经树下，并不驻足拍照。苍老遒劲的树枝上，堆满白雪似的花朵，纷纷扬扬地飘落下来，积在地上，森森然惨白的一片。没有温煦，没有轻柔，是一种白骨似的牺牲和决绝。让人觉得，那盛开的不是花朵，是白森森的魂灵。

蓬起，稀释了脸上的威严。席间偶有说笑，彼此会心地呼应，却不曾开怀放肆。作陪的几位角川高管，脸上一例挂着心思，说不上是对某事不开心，只是心里不轻松。

角川旗下的角川书店，社长叫井上，以出版角川文库享誉业内，后来又首创了轻小说。当然他最重要的名头，还是日本出版界的男神。国字脸，剑字眉，头发漆黑而蓬乱，一双大眼深幽明亮，闪闪的透着羞涩和浓浓的书卷气。听人说话，一脸的专注，你说到兴奋处，他会适时羞赧一笑，表示听到了心里。大抵没几个女人，经得住他这一笑。传说井上的女友多得排长队，照说应该志得意满，可相处中依旧郁郁寡欢，心事沉重得让你恨不得替他担上几肩。

日本人沉郁压抑的情绪，除了喝酒，并无其他宣泄的出口。有段时间，日本好些企业在写字楼设有拳击馆，让员工把人偶当作上司猛击，以发泄心中的郁闷。这办法也就火了一阵子。一种虚拟的拳打脚踢，并不能真正释放成年人郁结的情绪。于是，更多的日本人转向成人漫画，一段幽默诙谐的漫画情节，一则美到极致的人性故事，每每能让他们会心一笑，平复冲突的内心。

东京的街头和商场，有许多专卖漫画的门店，其中大部分，是各出版社新近推出的成人漫画。当然也有长销不衰的经典，如《深夜食堂》。这套漫画，后来被我们和角川引入大陆，在白领圈火热了一两年。在东京和京都，我步行考察过漫画门店，有点像中国的报刊亭或烟店，还有湖南新近兴起的槟榔店。客人顺道过来，捡上几本便走，并不过细翻看内容。如同烟民有自己钟爱的品牌，漫迷也有自己迷恋的画家，只要是那位画家的出品，用不着翻阅内容再做选择。日本人看漫画，大多已经成瘾，那是一种用艺术来调节内在冲突的心瘾。也只有成瘾性商品，才能支撑这遍布街头巷尾的专营门店。

III

有一种奇怪的现象：在日本的地铁或快线上，男人大多捧着图书，女人大多捧着手机，人人都看得津津有味，不时扑哧一笑，开心堆满一脸。

男人捧在手上的是漫画书，一看就知道，女人捧着手机看什么，我却看不清。井上笑一笑，说她们就是为了让你看不清，才会捧着手机看。后来我弄明白，女人看的也是漫画，因为内容色情，所以传到手机上，免得别人看见不好意思。

日本人的漫画书，多多少少都会涉及性的内容，即使是给孩子看的漫画或轻小说，也都有点情色，男孩子会露小鸡鸡，女孩子则会露出粉红的内裤。在中国，这当然是要被禁止的，即使是版权引入，也会被要求删得一干二净。我不确定，这种粗浅涉性的内容，究竟对孩子的身心有多大影响。与井上讨论，他显得一脸无辜，说自己绝无色情教唆的意思。他们认为，孩子早期的性萌动，是一种正常的生理状态，是一种人性之美。

手机漫画的粉丝，主要是家庭妇女，与国内电视剧的收视人群大体重合，但内容却大异其趣。国内妇女痴迷的是宫斗，日本妇女痴迷的是同性恋。女人彼此相恋的故事有，主流的是男人同性恋。井上打开手机，让我看了几帧，故事的确很美，只是美得惊险，美得畸变。印象中，和服木屐、贤德恭顺的日本妇人，如今好上了这一口，这弯拐得有点急，难免让人恍惚和惊异。我的夫人后来去日本访学，前后待了几个月，回来告诉我：看似温良的日本妇女，其实内心很狂野。

作为东方最古老的文化形态之一，日本一直在西风东渐的风口上，也在传统心态与现代生活对撞的切要处；加上日本人做人做事追求极致，天性上极理性又极浪漫，心灵始终在两极间晃荡。明治维新，其实只是一个起点，这之后的文化坚守与妥协，一直煎熬着日本人。有脏水没泼掉却丢了婴儿的时候，也有师夷之长却得夷之短的时候。时至今日，好些事情上，日本人常常找不着北，跟着西方疯跑一阵，有时比西方跑得还疯，直到发现跑过了头，扭过头来再循着传统往回跑。这种折腾无休无止，弄得日本人神疲心累。好在日本人性格坚韧，不论跑过多少冤枉路，西方兴起了，社会变化了，还是会一往无前。在这一点上，和"一日遭蛇咬，十年怕井绳"的中国人，形成了对照。或许哪一天，日本女人又丢弃了同性恋的手机漫画，穿上和服同你柔声柔气地"沙扬娜拉"，你一点也不要惊讶。在社会和文化变革上，日本人是很知改悔的，即使面子上还绷着撑着，行动上却早已痛改前非。鲁迅先生追忆恩师藤野，也说到了日本人这一表里冲突的特性。托尔斯泰给沙俄皇帝和日本天皇写了一封公开信，开篇便是一句，"你改悔吧"，弄得日本群情激愤。而鲁迅先生却发现，"日本的报纸很斥责他（托翁）的不逊，爱国青年也愤然，然而暗地里却早受了他的影响"。

日本人是极好面子的，但大体不会为面子牺牲里子。在这点上，他们虽也矛盾，但比我们理智。

IV

"东京也无非是这样。"这是鲁迅先生当年的评价。如今，我到东京，印象依旧如此。

从地理上说，东京都值得一去的，无非是上野的樱花与江户的幕府。樱花是有花期的，且极短，一年到头只那么几天。若要赶花季，那得费神费力地早做安排。即使赶上了，也是人海胜于花海。在如"绯红的轻云"般的樱花树下，品一点京都的团子，饮几盅江户的清酒，任由绯红的花瓣落满一身。这般浪漫的赏樱，如今已断然没有可能。

我原以为，上野的樱花是白色的。在武汉大学的校园，我赶过几趟花季。那时，赏花人少，学生和先生，上课下课路经树下，并不驻足拍照。苍老遒劲的树枝上，堆满白雪似的花朵，纷纷扬扬地飘落下来，积在地上，森森然惨白的一片。没有温煦，没有轻柔，是一种白骨似的牺牲和决绝。让人觉得，那盛开的不是花朵，是白森森的魂灵。我一直以为，准确地说是希望，上野的樱花也是森森然白色的一片。虽说白质上浸一抹绯红，也让人想到鲜血，想到生死，但总觉得少了一份决绝和纯粹。是樱花，就该白得决绝和纯粹，如同一则誓言，一个流尽了最后一滴血的惨白的武士。

在上野，我见到的是一派夏日浓荫。粗壮苍劲的枝干，舒展翠绿的冠盖，老树新枝，原本也是一种令人感动的生命意象。无奈，我对樱花的生命意义已有成见，眼前的另一番美景，很难入眼入心。

本尼迪克特（Benedict）写日本，取名《菊与刀》，当时我不理解，为什么不是樱花与刀？或许，她所见到的，就是上野的樱花，的确不如菊花肃杀与苍凉。菊花在不是花季的深秋，毅然决然地孤独盛开，开得纵情而高傲，一如慷慨赴死的幕府武士。后来我知道，本尼迪克特写日本时，"二战"尚未结束，她根本没有机会观赏到上野的樱花。

作为一种政治制度，幕府对日本历史影响巨大。伴随着君主立宪体制的确立，这种政治的影响日渐消退，而文化上的影响却日益深远。武士是幕府文化的灵魂。精练击技，铅刀一割，慷慨赴死，只为效忠主人。绝对的忠诚与决绝的牺牲，这种武士精神，对日本军队和企业的影响深入骨髓。尤其是战后，日本企业高速发展，在现代管理制度和传统文化心理冲突中，员工的忠诚与牺牲精神，成为新型企业管理构架的坚固底盘。我们一提改革，首先是人往哪里去，仿佛不把老员工赶尽杀绝，企业就活不了。韩国也一样，同一职级干上多少年，如果不能提升，立马卷铺盖走人。在日本，一辈子在一家公司、一个工种干到头的，满地都是。老子退了儿子顶，一代接着一代干。这种状态，我们的国企也不鲜见，关键的问题是，人家的老板乐意这样用人，人家的员工干得老板开心。

一位早年学历史的朋友，混迹官场多年，早已一脸暮气。然而只要提到春秋战国，提到门客侠士，便两眼一亮，话语慷慨激越，前后判若两人。在他的眼中，宝剑不是一件武器，而是一件乐器；剑道不是一种击技，而是一种表演；赴死不是一种牺牲，而是一种审美。整整的一个战国时代，留得下的，只有一批侠士；值得留下的，只有忠诚与牺牲的审美。可惜的是，门客侠士起于战国而止于战国，侠士精神兴于战国也灭于战国。每言及此，朋友便安然神伤，沉默着一支接一支地抽烟。

日本的幕府武士，应该来源于春秋战国时代的门客。历经流变，成为日本文化中一种忠诚、牺牲的精神气质，一种慷慨、苍凉的人性审美，一种精于技能、忠于职守的职业态度。

V

京都的文化底蕴，积得很满很厚，满得沿街流淌，厚得随处触碰。虽说满街满巷都是，却都是岁月自然的积存，没有多少人为的堆砌与造作。若说文化浓得化不开，京都倒真是。

京都的寺庙与神社，都不是摆着给游人看的。香客与僧人，各怀一份虔诚，并不受游人的搅扰，也不为游人作秀。僧人不一定道行精深，却也不是临时披袈的假和尚。木鱼青灯、诵经打坐的修炼，还是从脸上身上感受得出的。早年看寅次郎的故事，其中有一个和尚娶了老婆，当时大为不解。后来慢慢知道，日本的宗教派系繁多，汉传佛教和日本的本土神社，教规千差万别。夫人告诉我，日本的教民比国民还多，好些人同时信几种教，每种教都信得虔诚。倒是中国的好多寺庙，如今都承包给了商人。过去莆田人包医院，如今莆田人包寺庙，这已是天下人尽知的秘密。我在清华五道口金融学院读EMBA时，教授讲商业定价原则，说最高的定价原则是不定价，庙里的香火钱就是典型案例。莆田人果然商业禀赋超群，先做身体的生意，再做灵魂的生意，不仅把医院做成了商场，而且把寺庙做成了商城。

日本的寺庙和神社，大都庄严而不堂皇。不用说比不上欧洲的教堂和修道院，就是中国的那些名山大庙，规制上也难以望其项背。精致而不小气，庄肃而不凌人，香客走进庙堂，如同进了自家的香堂，至多也是家族的祖庙，没有那种灵魂上的压迫感。即使孩子置身其中，也不会被震慑和惊吓。因为天性上情理冲突，日本人便格外在意灵魂的安妥，尽力弥合灵肉之间的鸿沟。在供奉灵魂的地方，绝不作践肉体；在肉体放纵的场所，也不会辱没灵魂。比如歌舞伎，那原本就是酒肆欢场的陪侍，但那装束、那程式，却又给你一份夺目的审美，让你在挥霍肉身的时候，不至于失落了灵魂。用美来缝合生存与理想、理智与浪漫，这是日本人的独门秘籍。

花间小路，是条名副其实的小道，石铺的狭窄街道，低矮的木板房子。房子虽有了年份，但说不上多么古旧。道上也有花，却并不花团锦簇，一树一从，随意地开在房前屋旁，仿佛已经数百年。少了，房子失了生趣，再多，便会喧宾夺主。

各家的店子，门脸都收拾得干净利落，没有突兀的店招，也没有招摇的广告，更没有琳琅满目的货品。店子有茶室、日料、歌舞伎表演等。也有些卖传统工艺品的，陈列都疏落有致，店主想卖的产品，你一眼便能发现，用不着看店的老头老太太推销。偶有卖清水烧的，细看货品都不同。同一家窑口,同一位工艺师的作品,不会同时摆进几家店子。

我到世界各地,喜欢找找工艺品,尤其是传统手工的那种。譬如克雷多的金丝镶嵌大盘,卢塞恩的羊毛刺绣抱枕,台北的大红珊瑚镇纸,佛罗伦萨的玻璃花瓶,赫尔辛基的驯鹿角手杖,卡罗维发利的水晶杯盏……一个民族的文化品相和审美气质,没有比在手工艺品中,凝结得更深厚更完美的了。中国是陶瓷大国,我自然不缺这类见识。跑到海外找陶器和瓷器,看似舍近求远,弃精就粗,其实不然。我在德国、英国看到的日用瓷,其精美程度,已远超景德镇和醴陵,中国的艺术瓷雕更是没法与法国媲美。前几年,我去景德镇,动辄标价几十上百万的大师之作,不用说比中国的古代,就是比当今的欧洲,也有驷马难追之感。一位工艺大师很自豪地告诉我,爱马仕和范思哲的生活用瓷,也时常找他们烧。我问,设计呢?器形和图案的设计?大师尴尬地笑笑,没再谈论这个话题。

陶器就更惨。除了宜兴的紫砂壶还撑着,日照的黑陶基本没有市场。唐代三大窑口,没有一座当得起历史的名头。就说铜官窑,因为在长沙,每年都会去逛逛,实在难以找到一件让你双眼一亮的货品。去年,在一位大师的店里,我看到货架上一个圆形的钵子,觉得器形与釉色不错,拿下来一看,又是清代中期的东西。当年是寻常人家拿来厨房盛油的,钵里还有厚厚的油痂。我本想买回去,摆在案头作烟灰缸,想到烟头扔进去,烧出一股油烟味,也就没让大师割爱。

靠近清水寺那边的几家店子,我都逐一逛过。每个窑口和工艺师,总有一两件值得你走近品赏的作品。无论贵贱，每款只有一件，且都极用心思，没有人愿做重复的一款。我头天买的作品，次日同行去问，没了便是没了，确实不是噱头。传统的手工艺，使劲往精里做，审美却往现代靠，日本文化的积淀，糅在作品里当了灵魂。浓浓的书卷气替代了工匠气，不仅看着入目，久了还颇入心，总觉得工艺师对你说了点什么。作品捧在手里，能想象工艺师怎样面对一团陶泥发呆，苦苦等待灵感，自己与自己较劲。一件作品完成，灵魂才得暂时安宁。也有标价很贵的，折合人民币大几十万，多数的还是价品相当，喜爱的白领买得起一两款。我带回去的两三款，夫人极喜欢。后来，她到日本研修，周末便跑去清水寺那边淘清水烧。今天一款，明天一款，结果把日方发给的津贴，全都花在了清水烧上。

夫人素不恋物，对清水烧喜爱至此，我颇不解。我每回带工艺品回家，她虽喜欢，却还是要数落好些天。我问，何以对清水烧如此出手大方？她的回答令我至今难忘：现代得有底蕴，古拙得有灵性，每一件都美得有灵魂！

Ⅵ

我去北海道（Hokkaido），那时还没拍《非诚勿扰》。不像后来的许多人，是追着葛优和舒淇的后脑勺去的。东京和京都之外，我本想去仙台。虽是小地方，也没有什么特别值得惦记的风物，但毕竟是鲁迅先生求过学的地方。当年留学日本的一彪人物，我内心一直神一般敬重的，是鲁迅先生和蔡锷将军。若说中国的脊梁和灵魂，这一文一武的两个人当得起。

导游推荐的，却是北海道。同行的人嘴上不说，心上想的也是。大家随我出访，路上多有照顾，于情于理，我得遂了大家的愿。

我这一辈的人，对于这个日本最大的离岛，其实知之甚少。除了日俄领土之争，不时会将眼光引向这片海域，其余的印象，一是来自角川拍摄的《追捕》，二是来自那首北海道民歌《拉网小调》。杜丘从东京逃到札幌，一路风光奇绝，那印象至今难忘。至于"咿呀嗨"的拉网调子，将海上的生活和深沉的相思糅为一体，无论吟唱多少遍，心中都会涌起生存的力量和思念的酸楚。两件都是文化极品，不仅造就了人们对陌生土地和浩瀚大海的审美印象，而且激发了对那里的情感向往。可见，文化创意的要害，还是击中灵魂。

团队中的年轻人，冲着的是富良野（Furano）的薰衣草。夏天不是北海道的风光季。北海道最美的季节，是秋天和冬天。秋天艳得耀眼，冬日素得净心，都是美到夺人魂魄。大抵为了填补旅游的淡季，北海道人种了那一片薰衣草。

薰衣草地的周边，也有其他的花畦，然而站在山脚仰望，夺人眼目的，只有那一片紫色的薰衣草，紫得浓稠欲滴，紫得孤独高蹈。紫色原本是一种危险的颜色，浅一分便淡，深一分便暗，且绝对的自我中心，谢绝与其他颜色配伍。薰衣草的紫色，紫得纯正，紫得浓艳，紫得魔幻，紫得强蛮，紫到人的心中，留不下一丝的空白。薰衣草的紫，是一种灵魂的颜色。在法国，在新疆，我都见过薰衣草。新疆辽阔的原野

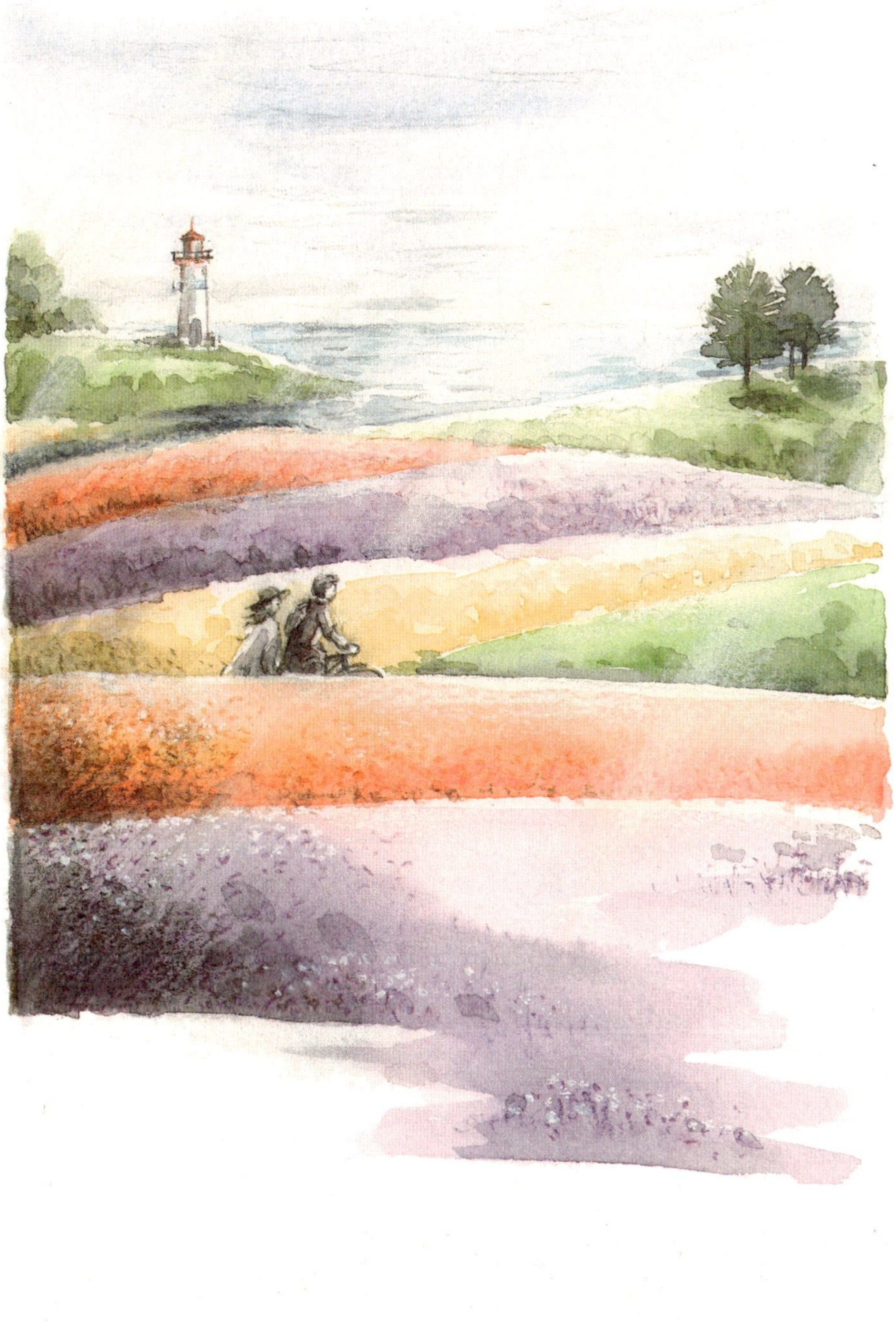

薰衣草的紫色，紫得纯正，紫得浓艳，紫得魔幻，紫得强蛮，紫到人的心中，留不下一丝的空白。薰衣草的紫，是一种灵魂的颜色。

上，自然生长的薰衣草，在耀目的阳光下漫山遍野，摇曳于风中，如同紫色的海浪。那景象，比富良野辽阔、艳丽和浪漫，却不如富良野牵魂动魄，直透心灵。

是因为日本的文化吗？是日本的自然风物，造就了这种文化，造就了这种文化中无所不在的灵魂观照？从川端康成，到东山魁夷，再到村上春树；从歌舞伎，到能乐，再到声优；从清水烧，到映画，再到漫画……日本的艺术与文创，无一不在文化的坚守与蜕变的对撞中，无一不在肉体与灵魂的纠缠中。读日本的作品，观日本的创造，甚至览日本的风光，无论开心还是累心，你都必须往心里去，纵然灵魂安妥片刻，然后又是无休止的纠缠与揪心……

前不久，朋友去日本看儿子，回来很是兴奋。说儿子真的长大了，看人论事，有了自己的眼光和观点，说起企业管理与文化，确实不同于哈佛的讲义。

孩子自然是要长大的，放到哪个环境，都会长大成人。至于他在日本，究竟会变成怎样，我倒是心中没有底。早年留学日本的中国人，大多有所成就，日子却过得沉重，灵魂也纠缠和痛苦得厉害。一个衣食无忧的孩子，如果命运一如前辈，还真不知道，我做了件好事还是坏事。反思当时的想法，我是否又是另一种意义上的短视和功利？忠诚与牺牲，对于一个发展中的民族，固然十分紧要，然而，对于一个鲜活自由的生命，是否又是一种捆绑和戕害？

想到这些，我竟有了几分后悔。

大地震

日本是一个地震频发的国家，曾经历多次有破坏力的地震。文中所指的大地震，是1923年9月1日发生的7.9级强烈地震。由于震区在东京、神奈川、千叶、静冈、山梨等关东一带，故又称关东大地震。7.9级是日本官方公布的震级，实际烈度是8.1级。地震造成了地裂、海啸、大火和瘟疫，约15万人死亡和下落不明，其中有近三分之一是被活活烧死的。关东震区毁坏殆尽，200多万人无家可归。

由于灾后霍乱流行，政府对灾区戒严封锁，导致救灾困难，引发了各种社会治安问题。政府以强力手段维持灾后秩序，并在执行过程中掺和了各种政治偏见和阴谋，捕杀了不少革命党人和朝鲜、中国侨民，使天灾并发了人祸。与美国旧金山、葡萄牙里斯本大地震相比，在救灾和灾后重建上，日本政府的组织相对无力和混乱，最终引发了经济危机。

日本宗教派系繁多

日本是一个宗教大国，信教人口约2.2亿，几乎是日本总人口的两倍。这意味着，多数日本人不只信奉一种宗教。日本的宗教种类也很庞杂，除了本土的神道教、舶来的佛教、基督教之外，还有林林总总的小教派。日本人大体信奉万物有灵，他们敬重或恐惧的人与物，都会成为其图腾，并在日常或相关节庆中供奉朝拜。

"多神"的宗教观，使得日本宗教门派观念淡薄，一个人供奉诸多神灵，却不一定认为自己是某一派系的教徒。日本相关机构做过调查，承认自己"有宗教信仰"的人只占受访人群的33%，而认为自己"没有宗教信仰的人"占了65%。这说明日本人的宗教观念已高度世俗化，宗教日渐成为一种日常生活心态，而不是与日常生活对立的一种意识形态。也就是人们常说的，生活中有宗教心，却不一定有某种清规戒律的宗教信仰。究其根本，日本人对待神灵的态度偏于实用主义，他们寻求的是一种现世保佑，与精神修为关系不大。也正因为相信

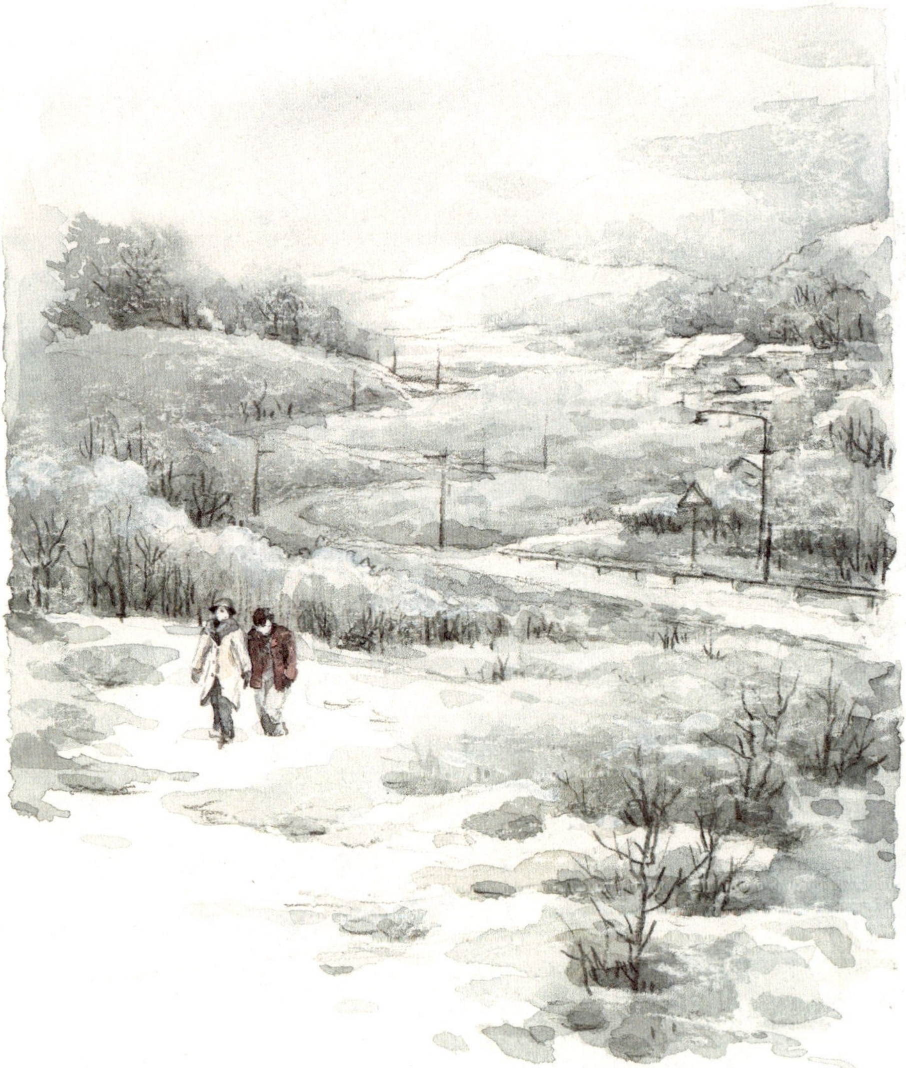

北海道最美的季节,是秋天和冬天。秋天艳得耀眼,冬日素得净心,都是美到夺人魂魄。

万物有灵，万神皆可护佑，一般也不会亵渎神灵。

日本有十几万所神社和寺院，著名的神社有东京的明治神宫、京都的平安神宫，著名的佛寺有东京的浅草观音寺、京都的清水寺、奈良的唐招提寺等。

本尼迪克特写日本

鲁斯·本尼迪克特（1887—1948），美国著名人类学家、民族学家，曾任哥伦比亚大学教授。代表著作有《文化的类型》《种族：科学与政治》《菊与刀》。本尼迪克特大学期间主修英国文学，后转修人类学，师从著名人类学家弗兰茨·厄博斯，获博士学位。主要从事对罗马尼亚、荷兰、德国、泰国等国家民族性的研究。

1944年，"二战"战局已定，美国政府着手制定对日战后政策，召集相关专家展开对日本文化的学术研究，本尼迪克特便是接受研究课题的专家之一。当时战争尚未结束，本尼迪克特无法前往日本本土实地调查，她便以在美的日本侨民和在押的日本战俘作对象，进行深入的田野调查，提出了自己对大和民族民族性及其文化特征的判断，向政府提交了自己的研究报告。这个报告对美国战后的对日政策产生了深刻影响。本尼迪克特对日本民族文化人格矛盾性的本质揭示，使美国制定了成功的对日政策，布局了影响至今的亚太政治格局，这是"二战"后美国最成功的国际政治战略之一。1946年，本尼迪克特将报告整理成书公开出版，取名《菊与刀》。

《菊与刀》从日本的等级观念、幕府政治、耻感义化出发，深刻把握了日本人好战而祈和、黩武而好美、倨傲而尚礼、呆板而善变、驯服而倔强、忠贞而叛逆、勇毅而怯懦、守旧而求新的矛盾，指出日本人高度的道德紧张与极度的感官放纵之间的分裂。本尼迪克特以其深邃的史实和诗化的语言，创造了一种诗性的人类学文本，为日本文化做了一次情理兼胜的总结。书名取代表皇权文化的菊，与代表幕府文化的刀，形象地彰显日本文化的矛盾性。本尼迪克特的诗人身份，亦从书名中一目了然。

灰　度

In the USA

I

动念写美国，首先跳到笔端的，竟是在纽约的一次航班误点。

机场依然敞亮如昼，乘客依然穿梭如织，夜却分明已深已晚。时针早就跳过了九点的登机时间，机场仍旧没有飞往旧金山的航班信息。南部连天大雪，纽约还窝在厚厚的积雪里。机场虽有供暖，但窗外的寒流汹涌澎湃，让人担心随时翻卷过来，倾覆了这座温暖的孤岛。

大约午夜，广播有了通知：航班临时取消，原因是机长不知道去哪儿了。我们一行面面相觑，似乎都不相信自己的耳朵。待到广播重播，才确认先前并未听错。这事荒唐得有点超乎想象，大家张着嘴，半天不知该说什么好。同一航班金发碧眼的老外，迟疑中站起身来，摇摇头缓缓地走出大厅，将我们这群中国人扔在了惊愕里。

深夜航班临时取消，我在国内国外都碰上过，说不上有多新鲜。

有一回飞延吉，在北京机场等到夜里一点多，说是天气原因不能飞了，惹得乘客摩拳擦掌，和登机口的工作人员推推拉拉闹到早晨。另一回是飞贝尔格莱德（Belgrade），夜里在维也纳转机，预订的航班因乘客太少不飞了，把我们留在机场冻了一夜。因为原本没准备在维也纳逗留，临时无法在奥地利入境，我们只能待在中转区，等待次日早晨再登机，活脱当了一回斯诺登。机场关了空调，行李又托运离身，大家冻在机场里，瑟瑟发抖等不到天明。那一冻将我冻出了严重的咽炎，至今未能痊愈。

没想到在美国也碰上了航班取消，更没想到航班取消的原因是飞机丢了机长，比原因更令我想不到的，是机场广播的坦率和泰然：不是别的原因，就是机长找不到了！这事若在国内，大体对外会说是天气的原因，何况窗外的确寒风卷裹着雪花。我想象第二天美国的媒体必定一片哗然，社交网站更会吵得热闹喧天。准备发个稿子给自己的报纸和网站，抢个新闻时点。转念一想，还是等美国媒体发了，再去转他们的稿子。我给国内拨了电话，让他们关注美国的媒体和社交圈，看看机长去哪儿了？

次日国内回复：美国没有报道。我请同行上网搜索，果真没有。一个航班两三百号人，不可能消息传不出去。以美国媒体钻山打洞挖新闻的能力，总统的丑闻都能从白宫抠出来，机场不可能把糗事捂得密不透风。合理的解释应该是，美国的媒体和自媒体对这件事情不感兴趣。或者，就是这个国家的宽容度，大到了我们难以想象的程度。一个正在当值的机长，莫名其妙地跑得找不到人了，将几百名候机的乘客扔在了寒夜里。这事如在中国、日本或韩国，至少举国上下吵嚷一星期,不吵得航空公司道歉,不吵得管理当局禁飞这位机长,这场舆论危机就过不去。

此事的确可大可小。一直令我颇费思量的是,这事为什么在美国可小,小到媒体、自媒体寂寂无声?这事若在国内为什么可大,大到媒体、自媒体吆喝喧天?

II

第一次去看白宫(White House),或许都会有几分失望。这幢差不多每天都会在媒体露脸的白房子,比想象中小了很多,也灰暗了很多。房前的南草坪,更没有电视镜头中那般诗情画意。我第一次站在草坪边,是在傍晚时分,如血的残阳涂满白房子和绿草地,隐隐地透出几分悲怆。或许因为"9·11"事件发生不久,那些惊恐的画面,还存在脑中挥之不去,情绪中带了好些悲悯。

草坪边依然满是散步的市民,抱着小孩,推着老人,挽着情侣,牵着小狗,神情闲适得好像什么也未曾发生。人们似乎也不在意眼前的白宫在忙碌什么,他们更在意的,是眼前一抹夕阳,和渐次亮起的满城灯火。

当然,也有日夜盯着白宫死磕的。有个老太太,三四十年前就支了个窝棚,吃睡在白宫门口,举着牌子和总统叫板。如果你去南草坪,最有可能遇到的美国名人,就是这位名叫皮奇奥托的老太太。1981年起,这位在越战中失去了丈夫的遗孀，便用防雨布和纸板在南草坪边搭起了棚子，举着各种文字的标语反战反核。只要白宫一出兵，老太太便在南草坪大呼小叫，弄得白宫很丢面子。起初警察强拆清场，惹得媒体一边倒地起哄。民众虽然不会拿几十年生命，去当一根政府的眼中钉肉中刺，扯着嗓子吼几声，也算表达了自己对法律的维护。市民甚至给窝棚编了门牌号码，白宫是宾夕法尼亚大街1600号，窝棚则是1601号。我去白宫的那个傍晚，老太太正举着世贸大厦废墟的照片演说，大意是如果不是白宫四处出兵，怎么会惹得人家开飞机撞你。老太太那一头雪白的乱发，飘飞在血色的夕阳里，招魂似的刺眼锥心。

再次见到这位孱弱的反战斗士，是在四五年后。清晨起来，围着南草坪散步，看见老太太酣睡在窝棚里。一群松鼠在窝棚边蹿来跳去，其中一只大摇大摆地跑进棚里，凑在老人头边吱吱吱地耳语。我不知道老人还能在这里支撑多久，如果哪天窝棚拆了，或许美国人会很不习惯，甚至觉得国家反倒少了一面人权的旗帜。后来联想到机场的事，我慢慢明白，在美国媒体和民众眼中，究竟什么是大事，什么是小事。

Ⅲ

距离南草坪不远，还有一排很大的工棚，那是为建造马丁·路德·金（Martin Luther King）的石雕临时搭建的。石雕的设计者，是我在文联时的同事雷宜锌。当年他上班在画院，那里进出的都是书家或画家，只有他一个玩泥巴的，每天一身泥糊糊的工装进进出出，格外形单影只。

走进工棚,雷宜锌正在简陋的工作台上忙碌。夕阳从窗外斜照进来,洒在他蓬乱的长发和胡子拉碴的脸上,看上去他自己就是一尊雕塑。我们的到来,让他颇有几分意外,搓着两手不知说什么好,干脆将我们带到雕像的泥塑大样前,讲起他的创作思路。雕像建造的地方,是马丁·路德·金当年演说《我有一个梦想》的旧址。雷宜锌从演说中"有了这个信念,我们就能从绝望之岭劈出一块希望之石"这一金句得到启示,设计了马丁·路德·金从绝望之山决然走出的立像。

雕像面向全球征稿,共有2000多名雕塑家竞稿,最后雷宜锌胜出。结果一经公布,反对之声四起:美国的民权领袖,怎么可以由一位中国雕塑家造像?尤其是政治家们恼火,他们无法想象,在美国的政治中心,耸着一尊中国雕塑家的作品。马丁·路德·金基金会最后拍板,既然是面向全球征集,就得尊重评选结果。

相距马丁·路德·金的雕像不远,还有一座更早建造的越战纪念碑,设计者是华裔中学生林璎。她的姑姑,就是大名鼎鼎的现代诗人林徽因。越战是美国人一块不愈的心灵伤疤,由一名华裔来设计纪念碑,好些议员和越战老兵愤然反对:当年不是中国死帮越南,美国怎么会有这么多人战死在那片恐怖的丛林?吵归吵,最终依旧尊重了征稿规则和民意。林璎因这一设计,后来被评为"20世纪100位最重要的美国人"。

美国不是一个没有政治偏见的国家,但在权力与民意、政治与艺术之间,仍有一个角力的空间。这个空间,每每能让民意和艺术,避开权力与政治偏见的直接碾压,最终获得艰难生长的机遇。

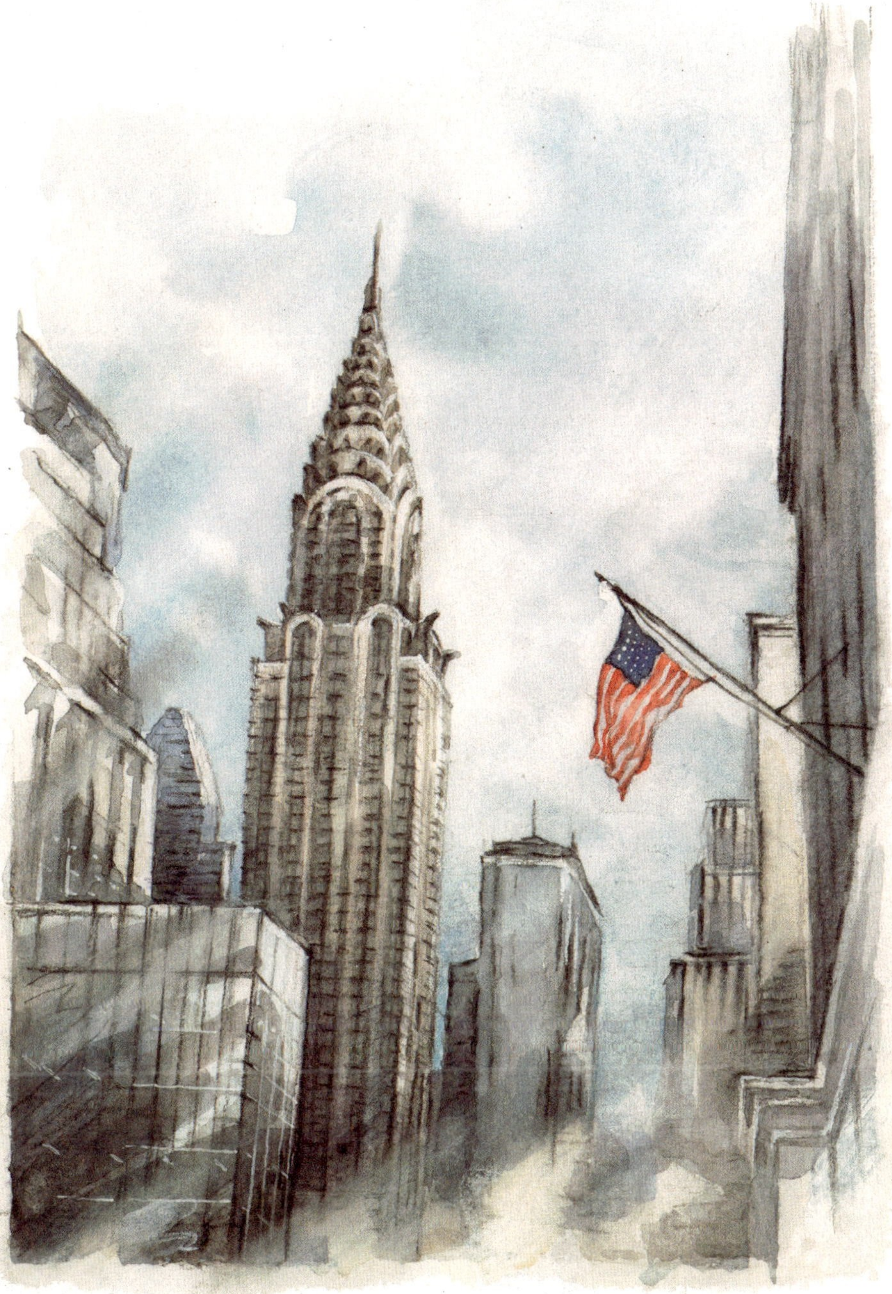

美国不是一个没有政治偏见的国家，但在权力与民意、政治与艺术之间，仍有一个角力的空间。这个空间，每每能让民意和艺术，避开权力与政治偏见的直接碾压，最终获得艰难生长的机遇。

危机是美国金融制度允许的一种灰色结果，也是为有序释放金融破坏力而设计的灰色制度的一部分。

我们对金融危机的极度恐慌，源自对危机缺少制度性包容；我们对危机的制度性抵制，源自我们对制度设计中灰度空间的道德反感和心理恐惧。

IV

应该是华尔街最寒冷的一个冬季。

大雪刚停,太阳透过鳞次栉比的高楼洒落在街面上。风不大,却硬得像刀,从靠海的那一头刮过来,连阳光的斑点,都冻在了街道上。平日里被人簇拥的华尔街牛,孤零零立在街头泛着冷光。往常雄赳赳的那副睾丸,吊在寒风中没精打采,看上去被冻得萎缩了许多。

街头上三三两两的游客,游魂一般,仿佛误入了一座败落的史前古城,探头探脑不知道自己该看些什么。形影相吊的记者,挎着长枪短炮的镜头东张西望,如同非洲荒原上巡弋的豺狗,希望意外捕捉到一头猎物。占领华尔街的斗士们,被警察驱赶得七零八落,留了一地的标语和枯黄的落叶堆在街边,被穿巷而过的寒风吹来拂去。银行倒闭的多米诺效应还在放大,机构裁员的瘟疫正在蔓延,占领华尔街的抗议可能死灰复燃……这一股股寒流汇成的冷气旋涡,将华尔街搅得周天寒彻,冻僵了美国人的金融梦想,冻伤了美国人的财富自信。这条想象中黄金满地、富豪盈市的传奇街道,似乎已被冻成一条僵蛇。我不知道这条蛇是否还能暖过来活过来,更不知道需要多长时间才能暖过来活过来。

四五年后再去,竟有隔世之感。记忆中空空荡荡的街头变得摩肩接踵,冷冷落落的写字楼变得门庭若市,孤孤单单的华尔街牛变得众人簇拥。转眼间,这颗差不多梗死的金融心脏,便恢复了正常起搏,跳动得强劲有力。

20世纪，金融应该是美国发展最迅猛的行业，也是除了战争，从国际社会为美国吸血最多的管道。金融家们，在法律之上、公平之下的巨大灰色空间中肆无忌惮，使美国的金融效益发挥到了极限。周期性的金融危机，其实是美国金融体系的一条正常曲线，并非金融失控的结果。通过危机引爆高速发展中埋下的各种地雷，从而维持了金融体制的稳定。危机是美国金融制度允许的一种灰色结果，也是为有序释放金融破坏力而设计的灰色制度的一部分。在国家制度体系中，红色制度维护的是社会基本公平，灰色制度保护的是社会运行的潜在力量，那是一种潜规则式的社会忍耐力、自愈力和生长力。我们对金融危机的极度恐慌，源自对危机缺少制度性包容；我们对危机的制度性抵制，源自我们对制度设计中灰度空间的道德反感和心理恐惧。结果是，我们时刻都在防范危机，危机却始终如影随形。经济的洪峰何时到来、多大流量，其实我们很难预测，只有当我们将河床拓得更宽，并预留出足够的蓄洪区，洪水才可能沿着我们设计的河道奔流，灾害才可能控制在能够容忍和承受的程度。

V

去法拉盛（Flushing）的唐人街，是为了找家诊所看病。连续寒天冻地的天气，弄得我喉咙上火，晚上咳得睡不下。随身携带的药吃了一堆，还是没能压下去。

约了一家台湾人开的私人诊所，门脸小，陈设也简陋。一张油漆斑驳的桌子后，坐了位五十开外的白褂男人。先是拿了块压舌板看看喉咙，然后站起身听了听我的前胸后背，开口问我都吃过什么药。我告诉他都吃了些什么，他摇摇头说太多了，让我只吃其中两种。他在处方上只开了一种药，让我到街上的药店去买。感觉上，我是几十年前在乡下，找赤脚医生看了一次病。将信将疑走出来，我想着是否要另找一家大点的医院。

药店倒不难找，同一条街上开着好几家。店面虽小，但都挂着大大的中文招牌，有繁体的也有简体的，以此可以区分店主是台湾人还是大陆人。我进的是一家台湾人开的店子，店里除了西药，汉方药也不少，只是好些是香港、台湾，甚至日本的牌子。医生只给我开了两瓶粉红色漱口水，后来遵医嘱用了两三天，喉咙还真好了。

买完药，找了一家临街的中餐馆坐下来。窗外刚刚入夜，灯火已满街通亮。沿街大大小小的中文招牌，横在空中往街心挤，好像赶什么热闹；各种各样的小食与水果摊，魔术似的一眨眼摆满了街头；熙熙攘攘的行人穿行在淌着污水的街道上，抬头找寻自己要去的摊贩或店子。恍惚中我不是在纽约，而是置身在国内某个县城的夜市。

纽约有好些条唐人街，最有名的在曼哈顿。法拉盛的这个街区，最早是台湾人和韩国人混居，后来大陆涌来的人多了，把韩国人挤了出去。既然是争抢地盘，动作就很难文明，砍砍杀杀的事，隔三岔五时有发生。其实不仅是唐人街，大体每个城市少数族裔的聚居区，市容与秩序都会是这般样子。

陪我看病的李女士，过去是我的同事，十多年前来美国，住在曼哈顿的白人区。她说其实住在唐人街更方便，无奈环境和治安太差。美国的治安原本说不上好，少数族裔聚居区就更糟。这里的居民有很多是新移民，要在人家的地盘上插脚抢饭吃，不抱团不结盟，不霸蛮不拼命，怎么留得住活得了？漂洋过海倾家荡产跑过来，根本就没留火烧牛皮回头卷的后路。即使真想卷回去，好些人也回不去，比如那些偷渡客、逃亡者，还有被政府流放的人。我认识好几位老乡，在这里待了几十年也没身份，甚至一句英文都不懂。极端的生存环境培育了极端的生存方式，美国人也无奈地接受了这种极端的生存逻辑。政府不是不管，也不是真管。倘若政府真像当年西班牙人驱赶犹太人那样，美国的民众也会起哄反对。其实美国每个大城市，都是由所谓高尚白人社区和各种各样的少数族群聚居区组成的。美国不像憧憬者想象的那么白，也不像诋毁者描绘的那么黑，美国就是一个杂色拼盘。各种颜色搅和在一起，便成了灰色。美国的本色是灰色。

餐厅渐渐坐满了食客，白的、黄的、黑的皮肤，错杂在灯光下是一幅儿童画。街上依旧熙熙攘攘，肮脏混杂，店里的客人似乎早已见怪不怪，悠闲安宁地享受晚餐。美国人对政府管理效能的要求，好像真的不如中国人高，他们并不苛求政府无所不能，甚至更习惯一个有所不为、有所不能的政府。这其中，有对制度运行中政府无奈的宽容，更有对制度设计中政府无奈的认同。

VI

知道旧金山，是在国父孙文的革命事迹中。很长一段时间，旧金山在我心中，就是美国的代名词。那时候天天嘴上喊打倒美帝，心里却记着国父躲在那里干革命，募了很多钱，仇恨怎么都生长不出牙齿来。第一次飞旧金山时，忽然想起来这桩事，不禁哑然失笑。小孩子的历史教育，还真不可目的性太强，断章取义扔个结论在那里，孩子常常捉迷藏似的走岔了路。

空中鸟瞰，一湾碧水挽着的旧金山，在明丽的阳光下格外清爽俊朗。依山环绕的宽阔街衢，错落雅致的现代楼宇，宏大中透着灵秀。这座在1906年大地震中焚毁殆尽的城市，仅仅六年，便重建再生。之后的一百余年里虽有拓展，但城市的骨骼和风姿，却是当年设计和建造的样子。

真正让这个海湾出名的，是一位建造锯木厂的木匠，他在推动水车的水流中发现了沙金，招致淘金者蜂拥而至。一个原本只有八百多人的海湾，不到半年，涌入了两三万人，这中间不少是华工。究竟有多少淘金者发了财，似乎没人说得清。当年控制金矿的大公司，如今多不见踪影，金矿边卖锄镐、工装和巧克力的小摊贩，却成了百年老字号。李维斯牛仔裤、吉德利巧克力，便是其中的代表。淘金发财没发财的华工，除一部分后来涌去了澳大利亚，其余便在海湾定居下来，形成了当年美国最大的华人社区。国父持假身份从这里入境，被移民局关进了大牢。后经当地华人会党聘请律师交涉，得以恢复自由。倘若当年国父久困狱中，国民革命的进程又当如何衍进？中国现代的历史又当如何书写？走在旧金山海风习习的街头，我不止一次向自己发问。面对历史的大变局，总有一些看上去微不足道的机缘提醒你，民族、国家乃至人类的所谓大事件，常常命悬一线。那细如发丝的历史偶然性，事后想起来，仍会让人急出一身冷汗。会党作为一种社会组织，自然是灰色的。这种灰色在历史的进程中，却常常庇护了孕育中的鲜亮之色，其间的功过是非，要做一种制度性的评判和取舍，其实不是一件容易的事。

国父当年从事革命的旧址，因为大火和城市拆迁，大多已经难觅踪迹。其中有一栋当年的"广昌栈"杂货铺，是国父筹款时常去的地方。后来政府要拆旧建新，货栈老板的后人为了保留国父革命的遗迹，花巨资整体搬了地方。我去过唐人街的新吕宋巷（Spofford），那里的36号，是国父当年起草《革命军筹饷约章》的地方。那时所筹的款项，有华侨自发的捐款，也有以新政府名义签署的高息借款，甚至还有些是预售的新政府官位。买官卖官，在哪个时代都不是一个政府可干的光彩事，在今天则更是十恶不赦，但在当年"驱除鞑虏，恢复中华"的历史使命下，筹款的手段已经没法讲究。十多年前，好友刘文武拍《走向共和》，我是策划人之一。当时最大的争议在国父，是按历史教科书来写，还是按历史事实来写？后来咬牙选择了后者。剧中的国父形象，因此显得陌生，但实际上却更为丰满和可敬。革命不是请客吃饭，不是做文章，不是绘画绣花，革命从来就是一股泥沙俱下的滚滚洪流。革命领袖的形象，也从来就不是纯而又纯的红色，一定的灰度，那才是革命家本真的色彩。

VII

两次到旧金山，我都去了渔人码头（Fisherman's Wharf）。这个当年意大利人盘踞的小渔港，早已是旧金山最具风味的美食广场。这些

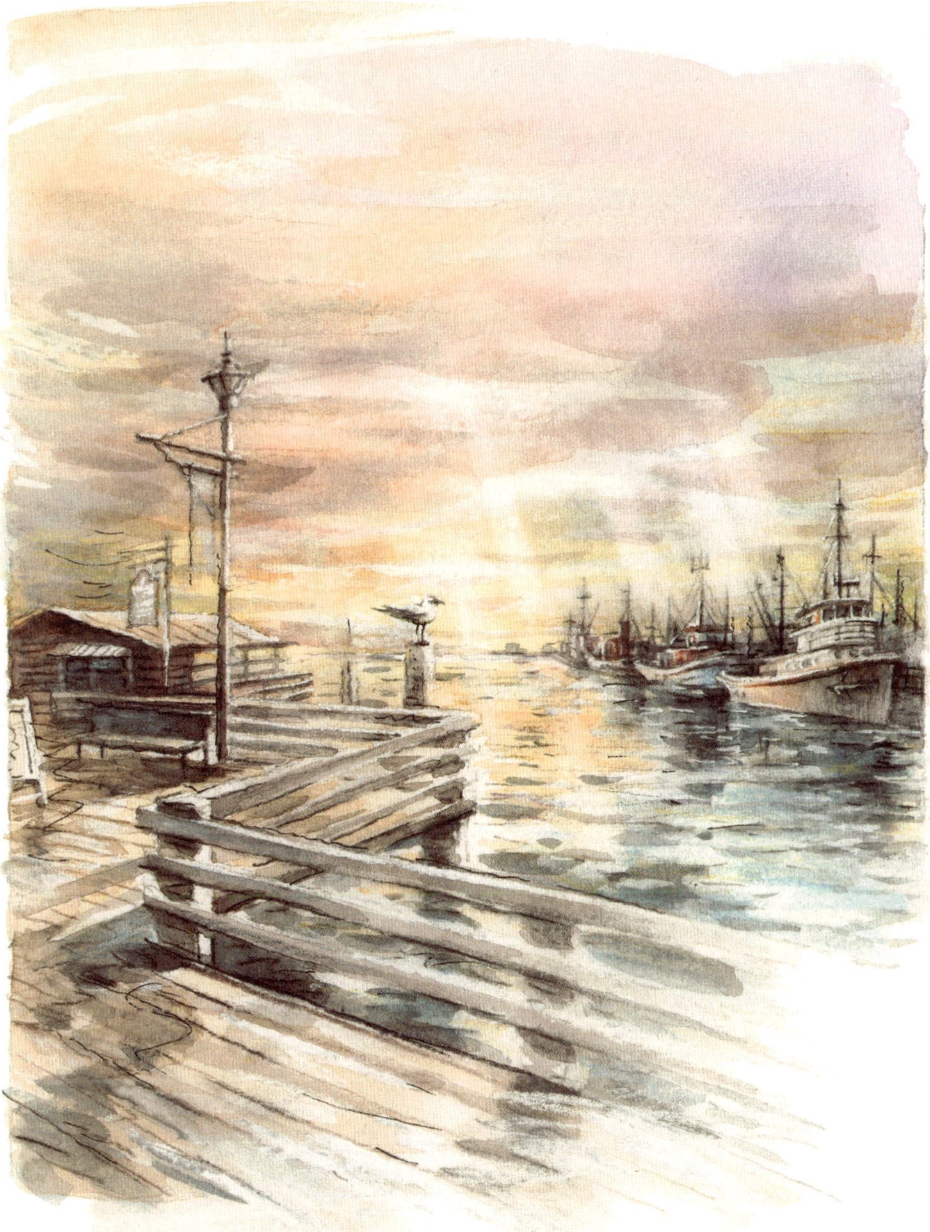

排档探入海中,周边泊满远捕归来的渔船。间或几艘晚归,从洒满金红夕阳的大海缓缓驶进海湾,先是海面上的一个黑点,慢慢地犁开波浪,变作一只影影绰绰的小舟,然后晃晃悠悠地靠上码头。

标示着大螃蟹的海鲜排档，每次去都是人头攒动。老食客都是冲着新鲜肥嫩的虾蟹去的。海湾现捕的海产，加上正宗考究的烹制，自然让人食之不忘，久而成瘾。于我而言，食物倒在其次，摆在首位的，是那里的风光和情调。

排档探入海中，周边泊满远捕归来的渔船。间或几艘晚归，从洒满金红夕阳的大海缓缓驶进海湾，先是海面上的一个黑点，慢慢地犁开波浪，变作一只影影绰绰的小舟，然后晃晃悠悠地靠上码头。虽已不是当年海鸥追帆的木船，但那"突突突"的机车声，低沉而舒缓，由远及近地随海风送来，是一首别样的渔歌。

傍晚时分的夕阳，将亢奋炽烈的光焰射到海上，和海峡对岸的那一脉缓山，山体流畅舒展的曲线与波光粼粼的海平面，形成一静一动、一明一幽的奇妙映照。入夜天海一色，山上层层叠叠的灯火映入海中，如同一湾倒进大海的夜明珠，飘飘荡荡写满海的梦呓。海风轻柔凉爽，若有若无地拂过码头，似乎不是吹拂在身上，而是吹拂在心里。我到过许多渔夫码头，尝过许多海鲜夜市：三亚的大连的，香港的垦丁的，北海道的济州岛的，克里特岛（Crete）的奥斯陆（Oslo）的，尼斯（Nice）的巴塞罗那的，赫尔辛基（Helsinki）的埃斯托里尔（Estoril）的。没有一处如置身旧金山那般，心情浮在大海上如一滴水，飘在夜空中如一缕风，飞在光影里如一点萤……

VIII

旧金山是美国最具风情的都市。最早登上海滩的西班牙人，随之移民的英国人，淘金大潮中涌入的华人、意大利人、巴西人，加上陆续迁移的非洲人、菲律宾人、日本人、越南人、尼加拉瓜人（Nicaraguans），从本土带来了自己的习俗、饮食、信仰和文化，并在这个海湾里任性地生长。一年12个月，每个月都有不同节日，绝大多数是少数族群的传统节庆。这片很长一段岁月无法无天的野性土地，孕育了极端自由的文化传统。这种传统衍生了日新月异的自由主义思潮，也移植和生长了五彩斑斓的异域文化。

每年春节，各地的唐人街都会张灯结彩，舞狮舞龙，但很少像旧金山华人那般讲究。第一次去唐人街，距离春节还有一个多月，我去拜访的一位侨领，已在排练舞龙舞狮的队伍了。家中的神龛，还有祭祖用的各种器具，也已被搬出来擦洗一新。小时候在乡下过年，从初一到十五，耍龙舞狮的一班接一班，有时几班狮队碰在一起斗法使绊，咚咚锵锵闹上大半天。如今乡下过年，冷冷清清的看不到几个人，凑在一起不够一支舞狮队。往常除夕各家各户祭祖，扫堂尘，扫庭院，燃香烛，放炮仗，老老少少对着祖宗牌位三叩首，那份庄敬肃穆，让人对生命的传续生出一份深深的敬意。现在的年夜饭，图省事都设在了酒店或餐馆，没人顾及祖宗是否要回家团圆。这些本土正在消失的礼仪和习俗，却在旧金山完好地保存下来，留下了鲜活的样本。

侨领是福建人，移民已经三四代。因为我去拜访，换了一袭唐装，坐下来自己煮茶，那漱杯暖杯、冲茶斟茶的一招一式，沉稳而流畅。淡淡的一缕茶香，让你觉得世界原本就如此安稳闲在。旧金山是座咖啡之城，遍布大街小巷的咖啡馆，是城市的一道风景。可就在这么一座泡在咖啡浓香里的城市里，还能品到如此精湛的茶道，闻到如此清雅的茶香，让你不得不感叹这里文化的丰盛。

老人请我到半山的一家中餐馆用晚餐，挑了面海的一张桌子坐下。坐在这里俯瞰灯火阑珊的海湾，是另一幅幽远苍茫的景致。老人说本该请我在家中吃饭，因为这家店子是他开的，也算是在家里。老人点菜的当口，我看着邻桌一对金发的男女点菜。侍应递去几本菜谱，用英文问他们想吃潮州菜、川菜、湘菜，还是本帮菜。客人竟十分内行地点了几道本帮菜。老人为我点的是湘菜，我提箸尝了尝，还真是又香又辣，丝毫不让长沙街头的店子。老人说旧金山不像别的城市，那种似潮似川、不中不西的"中华料理"没人吃，这里各派各系的中国菜，都得做得正宗地道，否则不用说华人，连老外也看不上眼。旧金山有世界各地的美食，把人的口味养刁了，只要不地道，店子就开不下去。别看这些老外，你拿川菜当湘菜，一准儿骗不了他。假若你碰上的店子湘川不分，那一定是专做旅行团队生意的。我想到出发时带的辣椒和酱菜，在旧金山吃饭，还真是没有机会搬出来摆上餐桌。

IX

旧金山的金矿，不在地下，而在地上。我指的是大学。美国的好大学遍布全境，但真正说得上大学之城的，是波士顿、旧金山和纽约。我的儿子北大毕业，后来考到了波士顿。本想趁参加他毕业典礼的机会，好好逛逛这座名校之城，结果未能成行。到了旧金山，便兴冲冲跑去了斯坦福的校园。

世上好些伟大的善举，都有一个悲惨的序章。

当过州长的铁路大王利兰·斯坦福（Amasa Leland Stanford），夫妇俩携子去游欧洲，儿子不幸感染伤寒去世。极度悲恸中的夫妇俩，决定捐出积蓄和养马场，创立一所大学，并以小利兰·斯坦福命名。痛失爱子的夫妇，希望通过这一善举，把加州所有的孩子当作自己的孩子。一百多年过去，受到夫妇荫庇的孩子，已经遍及全世界。

丈夫不久去世，学校财务陷入危机。夫人秉承夫君遗愿，决然捐献了包括铁路股权在内的全部资产，让这所坐落在蛮荒西部的"农场大学"度过危机，茁壮成长为享誉全球的高等学府。这所历史并不悠久的大学，诞生过83位诺贝尔奖、27位图灵奖（Turing Award）、4位普利策奖得主，并在全球大学学术排名中名列第二。学校一直坚守务实、创业的办学宗旨，并在20世纪50年代，在校园中开辟了工业园，后来迅速发展为世界著名的科技产业园区——硅谷，创立了产学研结合的现代教育典范。2017年排名的全球143位科技富豪，有一半属于硅谷。不论旧金山当年挖出了多少黄金，绝对抵不上斯坦福、加州伯克利、旧金山等大学培养的富豪资产的九牛一毛。更何况，这是一座座采之不竭的金矿，近年世界诞生的年轻富豪，有一大半来自硅谷。如今来旧金山淘金的人，已不是肩荷锄镐，而是腰缠美金。全美风险投资的三分之一，海潮般地涌进了这个海湾。

去访苹果公司，接待者是当时的CFO。或许因为我们来自苹果手机最重要的市场，又大多是媒体老板，接待礼遇甚高。不过接待者向我们介绍的，并不是手机和电脑，而是"登月计划"。那是苹果最新的科技研发领域，包括人工智能、生物制药、生命科学等等。那不是一项项基础理论，而是一件件革命性产品。已在病中的乔布斯，希望用这些产品改造人类的生活和生存。我乘上停在空地上的无人驾驶汽车，其灵敏与安全的性能，与人工驾驶体验没有什么区别。

访问脸书时，扎克伯格正在外地。一身随意旅行装的他，通过视频向我们致欢迎辞。接待者中有一位青年，是我们一位同行人的儿子，刚刚从苹果跳槽到脸书。问及跳槽的理由，他耸耸肩，说没什么，只是对脸书的技术更感兴趣。脸书向我们展示了即将向全球发布的VR产品，一副轻便的眼镜，把我们带进了为所欲为的虚拟空间。

如果就此认定，旧金山只是一座技术之城、财富之城，误判便大了。这里深厚的人文传统、自由的思想潮流，才是技术创造的精神温床。20世纪风靡美国的嬉皮士文化（Hippie）、新自由主义（Neoliberalism）、进步主义（Progressivism）等运动，旧金山都是发源地或运动中心。这里有层出不穷的新主义、新思潮、新人类，大多昙花一现，但他们也并不希求被尊主流，定为一尊，终成道统。只要鸟在空中飞过，不求云端留下痕迹。硅谷诞生了无数的技术狂人，却并没有产生多少精神疯子，绝大多数科学家，都能在科学与人文、技术与精神间找到平衡。比如早年就读加州伯克利、后来供职斯坦福的华裔教授丘成桐，不仅少小成名，而且后来获得了菲尔茨奖（Fields Medal）。他在数学领域的成就自不必说，同时具备深厚的人文素养。这种素养不仅支撑了他的科学精神，而且支撑了他的人文精神。先生的古典诗词写得本色当行，前些年有一位朋友交到我手上，我让旗下的一家出版社结集刊行。

不只中国，全球许多国家的大学，都在效法斯坦福。花了很多钱，引了很多人，两只眼睛死死盯在科研创新上。殊不知，创造是一种心理状态，更是一种精神环境，而不是哪个单一向度的智力爆发。治理不好科学与人文、技术与精神的系统工程，无论你投多少钱，使多少力，结果都是花钱不出活，费力不讨好。

X

一出机场，便径直奔去了好莱坞。当立在山顶的白色大字HOLLYWOOD撞入眼帘，同车好几个年轻人不禁轻声赞叹。对于在进口大片中泡大的影迷来说，这里就是他们的麦加城（Mekka）。麦加是信徒的信仰之源，好莱坞是影迷的梦想之源。"梦工厂"，真是一个无法替代的绝妙定义。很难想象，如果没有这座"梦工厂"，现实苦难重压的人类，将如何度过这长夜难明的一个多世纪？我至今还能回味，滑稽的卓别林所带来的少年快乐，美丽的赫本所带来的青年遐想，仁厚的汉克斯带来的中年温情……

一条印第安人游牧的荒凉山谷，被一位误打误撞的导演看中，后来又有几位东躲西藏逃避电影制作技术专利的小老板落了脚，在资本的助推下迅速蹿红，成为美国电影制作的大本营。好莱坞的成功，在于它形成了一套严密的生产体制，将不同类型、不受约束的艺术天才螺钉似的拧在了流水线上，使极端个人化的艺术创造，变成了极端协同化的工业生产，使极端个人化的艺术兑付，变为了极端制度化的产品分红。这套制度，至今仍未能为其他国家的同行有效借鉴。宝莱坞、香港和首尔，虽然搬去了这些套路，却无法凭法律和行规保障其有效运行，只能转而求助其他社会势力的参与。

中国的影视，近年蹿得很快，依赖的还是爆棚的影迷市场。真正行业运行的体制构架，仍然混乱残缺。中国人学不了好莱坞，也学不了宝莱坞，产业链条疙疙瘩瘩老理不顺，不是导演不顾成本超预算，就是演员拍到一半喊加钱，要不就是制片拿了一大把白条子去冲账。纵然片子拍成了，又要和院线扯分成，要给电视台买收视率。最后院线放了，电视播了，三年五载扯不清这笔狗肉账。

新近爆出的艺员逃税，根源并不在税收上。演员想多拿钱，老板想多赚钱，协调不了便合伙打国家的主意。一个行业形不成共同利益，便变着法子只顾将自己的荷包塞满，至于片子好不好，行业垮不垮，似乎与己无关。洛杉矶现代服务业发达，以专业性护卫和完善了影视业稳定运行的体制。美国的行业协会很强势，一帮人守在华盛顿勾兑议员，吵着向国会要政策；一帮人守在好莱坞，协调公司与公司、艺员与公司间的利益冲突。协会就是一个行业帮会，吃着行业，护着行业，拿着法律挑衅法律。这种体制理论上说不上先进，运行中却十分有效。

美国人拿着电影玩资本，法国人拿着电影玩艺术，印度人拿着电影玩文化，伊朗人拿着电影玩信仰，中国人拿着电影玩什么，似乎还没有想清楚，又似乎什么都玩过了头。

XI

人们去好莱坞，最希望邂逅的是明星，最可能遭遇的是乞丐。洛杉矶是尽人皆知的"天使之城"，也是名闻遐迩的"流浪者之城"。钱多，别处的流浪汉便纷至沓来；房贵，本地的穷困者便流落街头。两支流浪大军合流占领街头和桥洞，弄得政府"道士遇上鬼，法都使尽"。起初想搞地方保护，将外地的流浪者驱逐出境，这办法自然不好使；新近又斥资建造流浪汉公寓，但面对浩浩荡荡的六万之众，且每年以逾10%的速度递增，政府拿再多的钱，也是水银泻地、杯水车薪。有人住在奢华闲适、原生树木掩映的比弗利山庄（Beverly Hills），有人流落车来人往、风雨不避的比弗利街头，别墅里的人习惯了街头上的人，街头上的人似乎也习惯了别墅里的人。美国的基尼系数一直不低，2018年美国是0.45，中国是0.473，两者之间的差距并非想象的那么大。美国国内没人一惊一乍，海外也似乎视若无睹；中国却国内急得猫弹狗跳，海外更是"抱腰的比生儿的还急"，大呼小叫会塌天。基尼系数这玩意，低了经济失去活力，高了社会失去安宁。美国人好像已经想清楚，就守在偏高那个区域里，并不眼红瑞士人那个极低的数字。

只要你待在洛杉矶，就像当年待在汕头，走到哪里都会看到乞讨者。开始大家逢乞必施，久了终于明白，我们在国内领的那点工资，掏完了也填不满美国那张贫困的大口。何况，美国的流浪汉，你施与不施，态度并没有什么不同，乞讨归乞讨，人格却彼此平等。美国流浪者的这种"大将风度"和"贵族气质",我还真在其他国家很少看到。

XII

在夏威夷,我挑选了海滩上的喜来登酒店。作为太平洋上最著名的旅游目的地,夏威夷云集了世界上诸多名贵的酒店。论奢华,论美丽,喜来登都排不上号;论出名,喜来登却排在了前面。原因是,张学良将军生命最后的八年住在那里。这也是我选择这家酒店,甚至是来到夏威夷的原因。

1994年,将军携夫人赵一荻移居夏威夷,长住在酒店的15层。订房时,我曾要求订在15层,想着如果幸运,或许可以邂逅将军和夫人。酒店说预订客满,给了我九层的房子。大抵是和我怀了同样心情的客人很多,尤其是华人游客。在岛几天的早餐,我去得早,离得晚,守在那里等待一个奇迹。其实我也明白,一位年近百岁的老人,不大可能下楼到餐厅用早餐。我只是用守候这种方式,表达对将军特殊的敬意。

近代中国,我最敬仰的将军有两位,一位是蔡松坡(蔡锷),一位便是张汉卿(张学良)。读大学时,每年自己的生日,我都会爬上岳麓山,在蔡将军的墓庐躺上一两个小时。躺着什么也没想,只是觉得生命在冥冥中吸纳将军的英气。晚近这些年,只要上岳麓山,松坡墓总是我要去的地方。我喜欢这两位将军,不是因为他们风流倜傥,也不是因为他们英勇善战,而是因为他们的大义凛然、豪气干云。近现代比蔡、张两位会打仗的将军不少,而我评价一位将军好或不好,不是他知道仗该怎么打，而是他知道仗该不该打。作为将军，命定要把生死置之度外，在这个意义上，他们早已是亡命之徒。亡命而不忘义，不忘民族大义，才是真的英雄。蔡将军举旗倒袁，张将军通电拘蒋，是我自幼敬佩的英雄壮举。两位将军，一位英年早逝，一位英年被囚，虽然不是马革裹尸，但在我心中，他们早已舍生取义。

张将军在酒店租住的房间，只有一室一厅。一个钟鸣鼎食的世家子弟，一位少年英俊的三军统帅，过着如此节俭朴素的生活，应该令好些人汗颜。90岁时，将军作诗自寿，说自己"不怕死、不爱钱"，表明他一生都在践行这两条人生信念。离开夏威夷的前一晚，我请酒店的金钥匙带我去了15楼。在15H号房的门口，静静地站了很久很久。我知道，我敬仰的那位少年英俊的将军，年近百岁的高贵生命，就在门后的房间里，我屏着呼吸，蹑着脚步，深恐惊扰了他的睡梦。我双手合十，祝愿这位与20世纪同岁的老人，能与世界一同进入新的世纪，在下一百年里活得更长久。四五年后，我再来夏威夷，将军已经去世。我又一次来到这个房间的门口，遥思已在天国的将军。

据说将军迁来夏威夷，除了气候和风景的原因，还因为岛上的一座中式教堂。我在大陆见到的老教堂，一例都是西式的，在夏威夷却有这么一座颇具规模、翘檐斗拱的中式礼拜堂，可见早前移民对故国老家的那份铭心刻骨的眷念。将军选择这里作为自己的礼拜堂，应该也是故土之思难解难耐吧。将军1994年将这里拜作主教堂，国父1894年在这里成立兴中会，其间正好一百年。那时的夏威夷主岛，华侨还称作檀香山（Honolulu）。虽然又是一次历史的巧合，但作为"三民主义"信徒的将军，在这里祈祷之余，又会有些怎样历史兴衰的感叹？

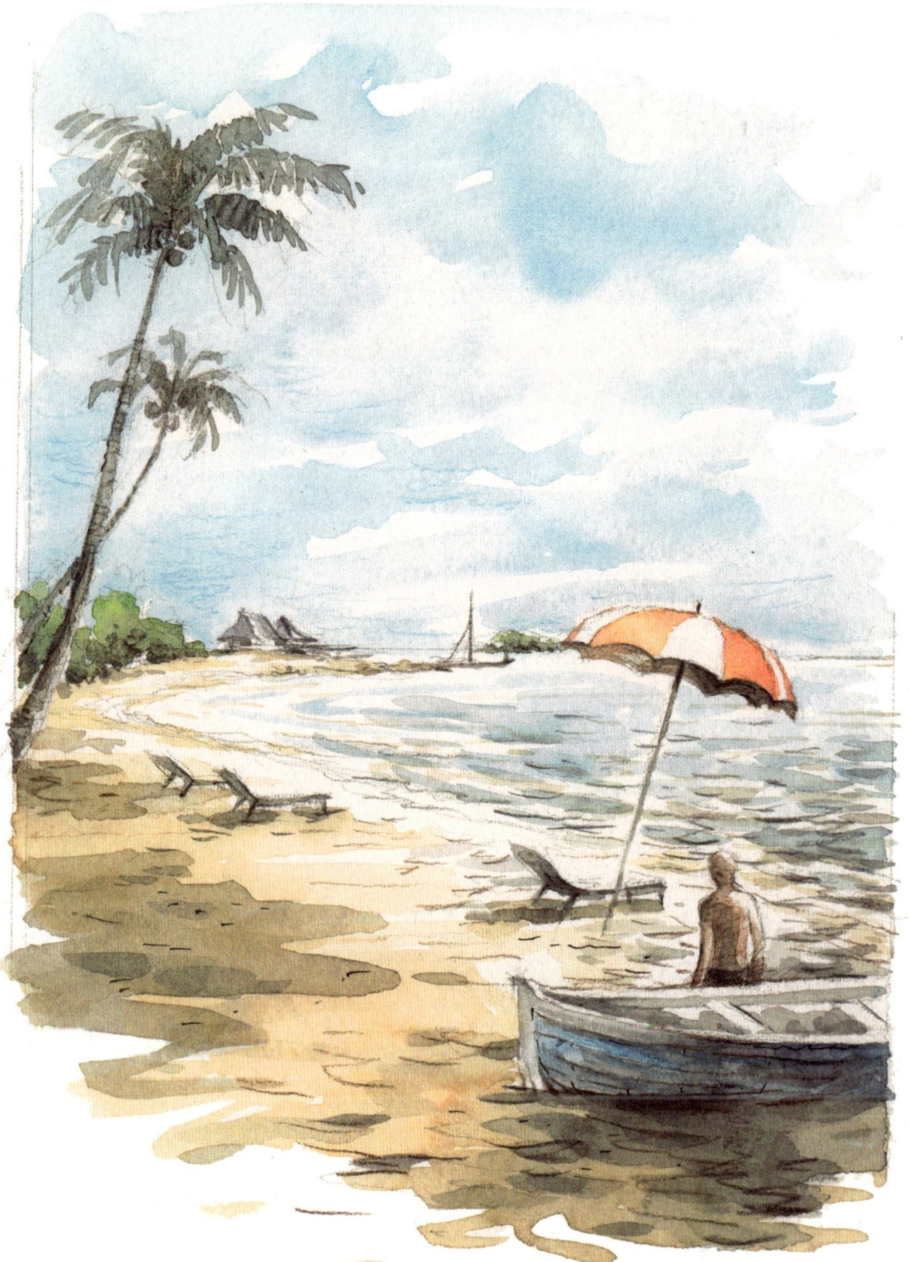

作为太平洋上最著名的旅游目的地,夏威夷云集了世界上诸多名贵的酒店。论奢华,论美丽,喜来登都排不上号;论出名,喜来登却排在了前面。原因是,张学良将军生命最后的八年住在那里。

XIII

珍珠港的故事，虽早已被各种文本和影片反复演绎，一旦置身这个军港，面对一艘艘作为纪念物的旧舰，依然会生出许多历史的反诘。当年日本人如果不搞这次长途偷袭，将这个太平洋上最重要的军港炸得血肉横飞，美国人会沿着日本人的来路打回去吗？被日本人炸沉炸废的那些战舰，倘若还安然地泊在珍珠港里，美国人会舍得开到远东去？"一战"中隔岸观火发了大财的美国，未尝不觊觎着下一个历史重演的机会。美国人的实用哲学，在形而下的意义上，比在形而上的意义上践行得好。

战争虽然最终败北，珍珠港，却一直被日本人视为幸运之地。几十年后，日本人又在这里搞了一次偷袭。这次他们不是开着舰艇，而是带着美元，突然对夏威夷一顿狂投乱买。在夏威夷的国外投资中，日本投资占了98%。这里值钱的企业和物业，被日本人控制了一大半。开始美国人没有警觉，等到弄清日本人的企图，檀香山已差不多是一个日本的离岛。如今在岛上的好些物业，你一问，导游便会告诉你，这是日本某某公司的。日本人也有一个梦想，就是靠美元买下一个美国。几年时间，日本人便买下了美国10%的资产。日本和美国虽是盟友，但被原子弹炸败的仇恨，却一直记在心里，只要逮着机会，便会出手寻仇。我们这个隔海相望的老邻居，就是这么个记隔夜仇、打背后拳的阴毒对手。幸好美国经济体量大，危机应对能力强，否则美元偷袭珍珠港，日本人又会打一个大胜仗。

XIV

很多人去夏威夷，惦记的是草裙舞。这种所谓的民俗文化表演，中国其实早已学了回去，搞得如火如荼。文化是植根在生活和生存中的一种生命标识，一旦娱乐化，便失去了原本的生命质量和重量。看十场草裙舞，不及看一幅《塔希提妇女》的油画。

在夏威夷，值得待的地方是海滩，白天在海滩上看大海，夜晚在海滩上听潮汐。观海听海，关键心要干净和安静，把自己从琐务俗事里蜕出来，赤身裸体、平心静气地凝视和聆听，才会和大海蓝天融为同一个生命。夏威夷的蓝天是没有边际的，蓝得高，蓝得远，高远到你无法用经验去想象。在大陆，我们看到的天空是一道抛物线，无论你面向何方，纵然头顶的苍穹高不可测，目力所及的遥远处，总会落到地平线上。夏威夷的天空，找不到一条与大海相交的弧线。极目远眺，天空与大海融汇一体，那一派无边无际透明的蔚蓝色，仿佛是大海涌上来漫到了空中，无论怎么凝视，怎么想象，都无法划出一条边界来。

白云悬在空中，又似乎浸在海里，初看凝着一般，久看便会发现每时每刻都在变动，一丝一缕地舒展、弯曲、分开、聚拢。阳光为每一缕白云镀上光亮，银色的，金色的，细得像若有若无的一根根游丝，定睛看，却又幻作一条条七彩的光晕。海风很烈，呼呼地吹得山上的树木摇摇晃晃，却吹不动阳光下那一缕一缕云丝。丝丝缕缕的白云凝然不动，一转身便白云苍狗地变幻了形状。海风想将云朵顺风吹向更深更远的空域，云朵却缓缓地逆着风飘近。白云飘过来，看着触手可及，一眨眼却又飘到了远远的深幽处。太阳淡得无处可寻，不是被白云遮掩，而是被海水似的天空漂洗得没了颜色。只有阳光无所不在，却分不清从哪个方向照射过来。海浪一波一波地反着光，由远及近地推到沙滩上。阳光似乎不是来自空中，而是从海底涌起的星星点点的金沙。

夜晚，天空有了边际，幽幽地和海水融在一起，绸帽似的扣在头顶。月亮从海底升上来，湿漉漉地挂满水珠。星星倒是从夜空中钻出来的，只是弄不清是什么时候，便密密地挤满了天空。每一颗都显得很重，好像随时都可能落下来，扑通一声掉进大海。海潮从黑暗里涌过来，訇然跌在沙滩上，又哗的一下滚回去。听上去是一次又一次单调的重复，仔细辨析，却又有时缓时急的节奏变化、或近或远的细微声响：一次噗喇的鱼跃，一枚海螺被冲上沙滩的轻微滚动，一只海鸟掠过海面的隐约低鸣，一阵海风吹拂时突然停歇的寂静。

你不会去思考生命的短暂与星月的长久，不会去感叹生命的渺小和海洋的博大，甚至忽视了身边依旧活跃的火山口随时都可能岩浆喷射，也不会纠结生命是重于泰山还是轻于鸿毛。你只是觉得生命早已若有若无，有是因为已融入星空，无是因为已汇进大海……

XV

飞离这片最不美国的美国领土，感觉上不是别去，而是尚未进入。大抵只有美国，你未去，能看得清清楚楚，你去过，却看得混混沌沌；你未去，能说得明明白白，你去过，却说得含含混混。那么辽阔而零乱的国土，那么强势而无奈的政府，那么包容而冲突的文化，那么安定而纷乱的社会，那么富裕而贫穷的国民，那么统一而驳杂的法律，那么激进而保守的思想……你弄不清哪座城市是美国的形象，哪届政府是美国的典范，哪种文化是美国的主流，哪种秩序是美国的常态，哪类人群是美国的动力，哪种主义是美国的精神。按照我们的思维习惯和判断逻辑，美国永远也看不懂、说不清。

对美国，我们很难用好坏去做道义评判、用得失去做利弊权衡、用爱恨去做情感选择。在很长一段历史进程中，中美就是一对躲不掉、扯不开、打不倒的生死冤家。无论我们愿与不愿、爱与不爱，都会彼此扭在一起，有时搂搂抱抱，有时拉拉扯扯，有时推推搡搡。你想搂抱时他推搡，你要推搡时他搂抱，即使双方都想大打出手了，一推一扯还是谁也松不了手。

我们与美国的冲突，不仅在国家利益上，文化观念上的差异影响更为深远。我们要刚性，他们要柔性；我们要直线，他们要曲线；我们要立定，他们要摇摆；我们要理想，他们要实用。归根结底，我们要的是纯度，他们要的是灰度。

飞机掠过夏威夷群岛，巡航在太平洋上的万里晴空，窗外是一派天海相连的蔚蓝。美国已远，思绪却始终飞不出这个国度。很遗憾两次赴美，都错过了波士顿，那个阿尔比恩的子孙们最早登陆的海湾。这群远涉重洋的清教徒，不仅开启了到新大陆淘金的热潮，而且以清教主义信仰，奠基了美国的精英文化。波士顿的豪门世家，不仅铸造了美国历史，而且深刻地影响美国当下。我理解的美国梦，早先是波士顿梦，晚近是旧金山梦。

当然，美国最早的其他移民团队，因其在本土身份、教养、职业和地域上的不同，他们的信仰、文化、习俗与波士顿清教徒大异其趣，这些文化的种子，同样在新大陆蓬勃繁殖，形成了各自的文化圈层，构成了美国文化中的根性要素。这些要素间有渗透，有影响，但没有融汇一体的意愿，也没有融为一体的结果。各种文化因素始终矛盾着，并且不人为去消除这种矛盾和冲突，这是美国文化的基本形态。其实即使是清教主义的几大教义中，彼此之间也存在逻辑的冲突，价值观念与人生具体行为准则也并不能一一吻合，所谓走出修道院的清教主义，也是以矛盾的方式存在的。应该可以说，矛盾是这个国家结构的本质。实用主义与自由主义，只是他们对这种矛盾性的哲学阐释和社会学定义。

下次去美国，首选波士顿。或许，只有在波士顿，才能从源头上体察和理解美国文化的五光十色，经济的放任自流，政治的左右摇晃，学术的标新立异，公共管理的睁一只眼闭一只眼，社会发展的小折腾换大不折腾……

被人簇拥的华尔街牛

华尔街因东河与哈德逊河之间的一堵墙而得名,是一条依墙而筑的小街,长约1000米,宽仅11米。由于美国乃至世界各大财团和银行云集,成为全球金融圣地。这条金融街的标志,是纽约证券交易所。这里股票的涨跌,影响着世界金融的晴雨。

阿图罗·迪·莫迪卡(Arturo Di Modica),是一位来自意大利西西里岛的雕塑家,一心想着在美国一鸣惊人,最后想到了一个绝妙的创意:铸造一头巨大的公牛,摆放在证券交易所门口。1989年12月15日午夜,他将铸好的铜牛运到华尔街,摆放在证交所门口,次日一早便被围得水泄不通。市政部门担心这个长4.9米、高3.4米的大家伙影响交通,勒令莫迪卡拖走。莫迪卡则希望公牛有人购买,并捐给政府,置放在华尔街。僵持之中,纽约市民支持了莫迪卡。当时"黑色星期一"股灾刚过,人们希望这头牛气冲天的公牛,能为股市带来好运。政府无法违逆民意,只好将铜牛移放到华尔街与百老汇街相交处。之后,但凡来华尔街的游人,都会到此与铜牛合影,将那一副雄赳赳的睾丸摸得闪闪发亮。公牛由此成为华尔街的新标志,成为股市上涨的幸运图腾。其他的金融机构群起而效仿,中国的上交所、深交所门前,也都竖了这样一头公牛。

受莫迪卡的启发,一些希望一鸣惊人的艺术家,也把自己的作品摆上华尔街,甚至干脆摆到公牛的对面、穿在公牛身上,以此博得轰动效应。前年三八节,有人将一尊"无敌女孩"的铜雕摆到了公牛背后,正对着公牛那副金光灿烂的蛋蛋,以此彰显大无畏的女权精神。不过,市长没有批准雕像长期置放,2018年底必须拖走。公牛独尊的地位,依旧无法撼动。

2009年,奥巴马访华期间,美国在铜牛旁升起中国国旗,庆祝中美建交30周年。这表明华尔街铜牛已不只是美国的经济象征,而且是美国的政治象征。

我去过的唐人街

旧金山的唐人街，兴起于18世纪中叶，是历史最悠久、居住人口最多的华人聚集区（亚洲之外）。

当年作为"猪仔"卖去美国修铁路、挖金矿的华人移民，被美国当局限制居住，使得唐人街逐渐扩大，形成了包括都板街、加利福尼亚街、布什街等16个街口的大社区。这里的建筑、风物、习俗、餐食、节庆、娱乐场等，保持着完好的中国传统，好些在中国大陆已经消失的礼仪和习俗，依旧留存在当地人的生活中。1851年，旧金山华人开始在唐人街舞狮舞龙，庆祝旧历新年，至今这类活动依旧搞得声势浩大。

旧金山唐人街，是孙中山海外革命的重要据点。我两次去那里，都碰上过当年捐款华人的后裔，每次谈及，他们仍引以为荣。

美元袭击珍珠港

1897年，美国兼并夏威夷。之前英、法、日等国都在打这个群岛的主意。日本人通过大规模移民，已在人口上占有优势。1900年，日本人占了夏威夷人口的40%，事实上已将夏威夷变成一个没有管辖权的离岛。"二战"中，日本军队偷袭珍珠港，既是考虑摧毁美国的海上力量，也是出于对这群岛屿的领土觊觎。

20世纪80年代，日本企业和个人纷纷斥巨资投资夏威夷，买下来该岛绝大部分优质不动产，其中包括所有的高尔夫球场和80%的高级酒店，几乎垄断了旅游资源。每年到夏威夷度假旅行的日本人，远远多于美国本土的旅行者。美国记者马丁和托尔钦夫妇，在《购买美国》一书中惊呼：日本人已购买了美国！美国政府后来警觉，并实施了一定的限制措施，但实际上，日本人用美元偷袭夏威夷的战略已经成功。日本人不仅有效掌握了夏威夷的经济命脉，而且成功实现了人种扩张，据说该岛三个混血儿中，便有一个是日裔。

诸神的竖琴

In Greece

I

说到希腊，说到希腊的美，有人说在诗与海，有人说在岛与海，总归离不开那片幽蓝如梦、海风为诸神抚琴的爱琴海。

也巧，十多年前飞希腊，我第一眼看到的，就是那片深蓝的大海：幽幽的，蓝得泛紫，柔和如绸缎的紫；莹莹的，蓝得透光，晶莹如宝石的光。晚霞从夕阳坠落处浸漫开来，满满的红艳了整个天空。航机飞行于天海之间，头顶是一片云舒云卷的红色大海，脚下是一片浪飞浪卷的蓝色大海。两片大海似乎都在涨潮，缓缓靠近，缓缓融汇，最终汇聚成一片深幽迷蒙的夜色。灯火璀璨的雅典，闪闪烁烁漂浮在夜色里，俨然一座梦幻的孤岛。

II

乘坐白色的游艇，张帆在海上滑行。海水清亮，看得见深水中的游鱼，却幽深得想象不出海底的样子。远处灰黄的海岸，绵延起伏若一道厚实的屏障，终究遮挡不住陆地的干涸与荒凉。岸上稀稀疏疏立着的橄榄树，叶子没精打采，如一件件灰绿的布衫，高高低低晾在阳光下，欲说又止地透露着生命的艰难。村落依岸而筑，层层叠叠垒着一堆堆白色的房子，被海水映衬得纯净耀眼。那是一种混合了些许蓝色和黄色的白色，美术家们命名的希腊白。看上去像是海蓝与岸黄之间的巧妙过渡，又像是海与岸之间孤高气傲的自我表达。

天空响晴，高远得没有云朵和边界。晃眼的阳光不是一丝一束，而是一派，亮透整个天空，纯净得容不下鸟羽和风迹。海面上散落的小岛，还有星星点点的风帆，宛若一组组跳动的音阶，在海风中奏响自己缥缈的抒情曲，随心所欲。爱琴海的风物：天与海，岛与岸，屋与树，就这样冲突到极致以至于冲和，孤独到极致以至于温情，真切到极致以至于梦幻……

III

海上，满是珍珠般的小岛，任意靠岸上去，都仿佛走进了诸神栖居的天堂。那些面朝大海的白房子，不论石垒还是土筑，一例温馨，宛如洞穴，一例堂皇，恰如殿堂。那是一种莫名的纯净与高贵，只容得下神祇，只供得了灵魂。

在古希腊神话中，爱琴海中的好些岛屿，都是神祇的领地或居所。只有身处这天海之间的岛屿，你才会有一种真切的恍惚和疑问：古希腊神话中的那些形象，究竟是生活在凡世的神祇，还是生活在天堂的凡人？爱琴海上那些岛屿的居民，究竟是诸神的后裔，还是凡人的根苗？

游艇靠上克里特岛（Crete），这是神话中米诺斯王朝（Minos）的所在地。此岛真实存在的王朝，是克罗索斯（Knossos），米诺斯或许只是克罗索斯投射在神话中的影子。后世的人们，根据神话认定克罗索斯便是米诺斯，并将克里特文化定义为米诺斯文明。神力与人欲，史实与传说，孰因孰果，一直在希腊几千年的历史中颠来倒去、缠绕纠结。荷马只是这种人神合一、诗史合一的开头，之后的希腊人，大抵从来就没有弄清自己是活在历史里，还是活在神话中？自己是活在凡世的神祇，还是活在天堂的凡人？

一直质疑，荷马是一位先天的盲者。若他从未凝视过爱琴海天水相接的幽蓝，从未凝望过海面上若隐若现的岛屿，如何能描摹出诸神似真似幻的栖居之所？若他从未凝视过希腊少女圣洁娇美的面容，从未凝望过希腊少年劲健挺拔的胴体，如何能吟唱出神祇们惊世的美艳与俊朗？时光流转了三千年，我仍旧能在爱琴海边，找到荷马艺术创造的现实底稿，诸如风物、人种和历史。荷马的伟大，不仅在于他赋予了那些散落民间的传说和短歌一个气势恢宏的叙事构架，更在于他赋予了那些凡俗的故事一种超越尘世的神性光芒。是荷马以一部空前绝后的史诗，彰显了人类自我神圣的物种气质，点亮了人类文明衍进的性灵之光。后世的希腊人，似乎都在用荷马的眼睛看世界。激励他们创造人类早期文明的，就是那一部《荷马史诗》；引领他们穿过后来一个又一个昏暗世纪

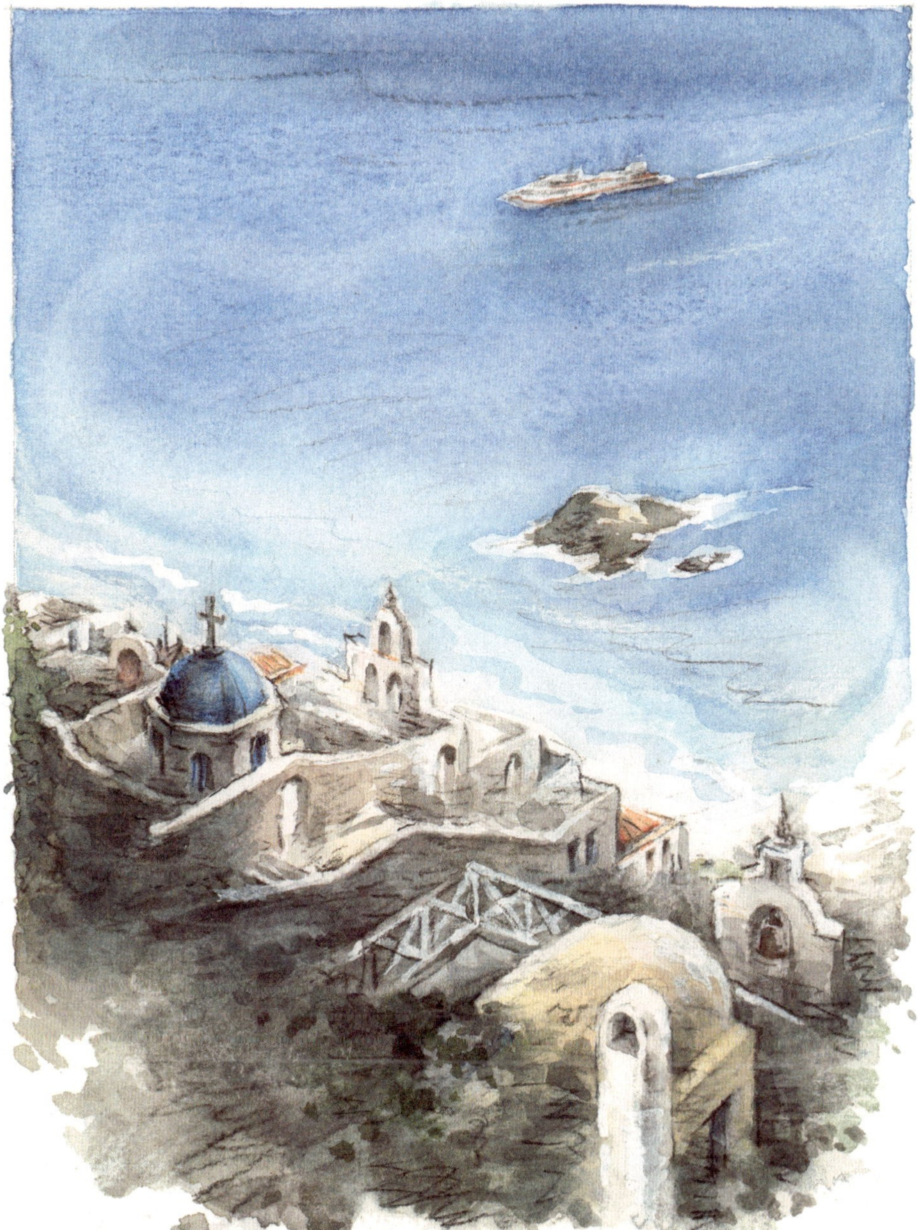

诗歌的语言，抒写不出那种山水贫瘠中的华丽、历史喧嚣中的岑寂、文化败落中的孤傲。

天与海，岛与岸，屋与树，就这样冲突到极致以至于冲和，孤独到极致以至于温情，真切到极致以至于梦幻……

荷马的伟大，不仅在于他赋予了那些散落民间的传说和短歌一个气势恢宏的叙事构架，更在于他赋予了那些凡俗的故事一种超越尘世的神性光芒。是荷马以一部空前绝后的史诗，彰显了人类自我神圣的物种气质，点亮了人类文明衍进的性灵之光。

人类用以观照世界、辨视前路的，不是明亮的双眼，而是幽冥的灵魂。

的，就是那一缕神性的光亮。希腊人不是靠如炬的目光洞悉前路的，也不靠无敌的膂力征服世界，他们就凭藉那一星如豆的神性之光，为昏暗漫长的西方历史守夜，为纷乱迷狂的人性世界领航。如果荷马真的是一位盲者，那说明，人类用以观照世界、辨视前路的，不是明亮的双眼，而是幽冥的灵魂。

IV

米科诺斯岛（Mikonos），被戏称为三原色岛。除了爱琴海固有的蓝白两色，加上了天体浴场的肉色。天体浴场在西方海滨并不罕见，在法国坎城、美国夏威夷，我都见过这种阳光下晾晒胴体的海滩。米科诺斯岛的浴场所以有名，除了那里的胴体更加壮硕和美丽，恐怕还是因为希腊少男少女身上那种特有的圣洁感。

距我躺卧的沙滩不到三米，躺着一位十八九岁的希腊少女，亚麻色的长发，浅棕色的皮肤，修长舒展的四肢，紧实微耸的双乳，怎么看都是一尊倒卧在沙滩上的雕塑，在爱琴海明丽的阳光下微微闪光。并不习惯天体展露的东方人，见到如此绝美的胴体，难免羞涩中生些情欲的联想，可就在那片海滩，就在那位少女身边，我竟如同面对卢浮宫里的维纳斯女神一般，生不出一丝的凡俗念头。米洛的维纳斯雕像出土的地方，就在离米科诺斯岛不远的海岛，同属于基克泽拉斯群岛。这尊创作于公元前一世纪的神像，充溢着凡俗人体的审美。我曾长时间站立在那尊神像前，却怎么也弄不清，那究竟是一尊具有凡俗之美的神体，还是一座具有神性之光的人体？古希腊人用文学、艺术，乃至宗教和哲学，发掘和提炼了人性中的神性，使美成为一种至境和图腾。多亏了古希腊人的多神教，在诸神的谱系中，为美留出了一个至尊的神位。佛罗伦萨画师们的文艺复兴，复兴这复兴那，归根结底就是复兴了美。

美，才是人性中至高的神性。

我一直喜欢亚麻质地的希腊长裙，那种单纯的色调和简洁的款型，彰显着女性人体的修长与袅娜，以极致的单纯之美，聚焦人体的神性之光。或许，那便是希腊白的源头。幽蓝的爱琴海岸，一队身着白色长裙的少女，在习习海风中款款而行，远远看去，不就是一群超凡脱俗的希腊女神？

V

雅典城区的拥挤，远超我的想象。大街小巷的路边，密密麻麻地挤满了汽车，只留下中间窄窄的一线，供车辆单向行驶。我们租用的是一辆40座大巴，司机却在狭窄的街道上风驰电掣，让人提心吊胆。都说香港和东京的大巴司机开车惊心动魄，而雅典的司机，则每天都在上演现实版的速度与激情。

我去希腊时，还没有"经济危机"之说。当然，也仅仅是还没有说，其实市面已冷落萧条。街道旁见不到什么新建的楼宇，小区里的民居，也多是低矮老旧，年份不一定悠久，气象却显得颓败。海边建了一半的奥运会新场馆，稀稀落落看不见几个工人。据说因为缺钱，

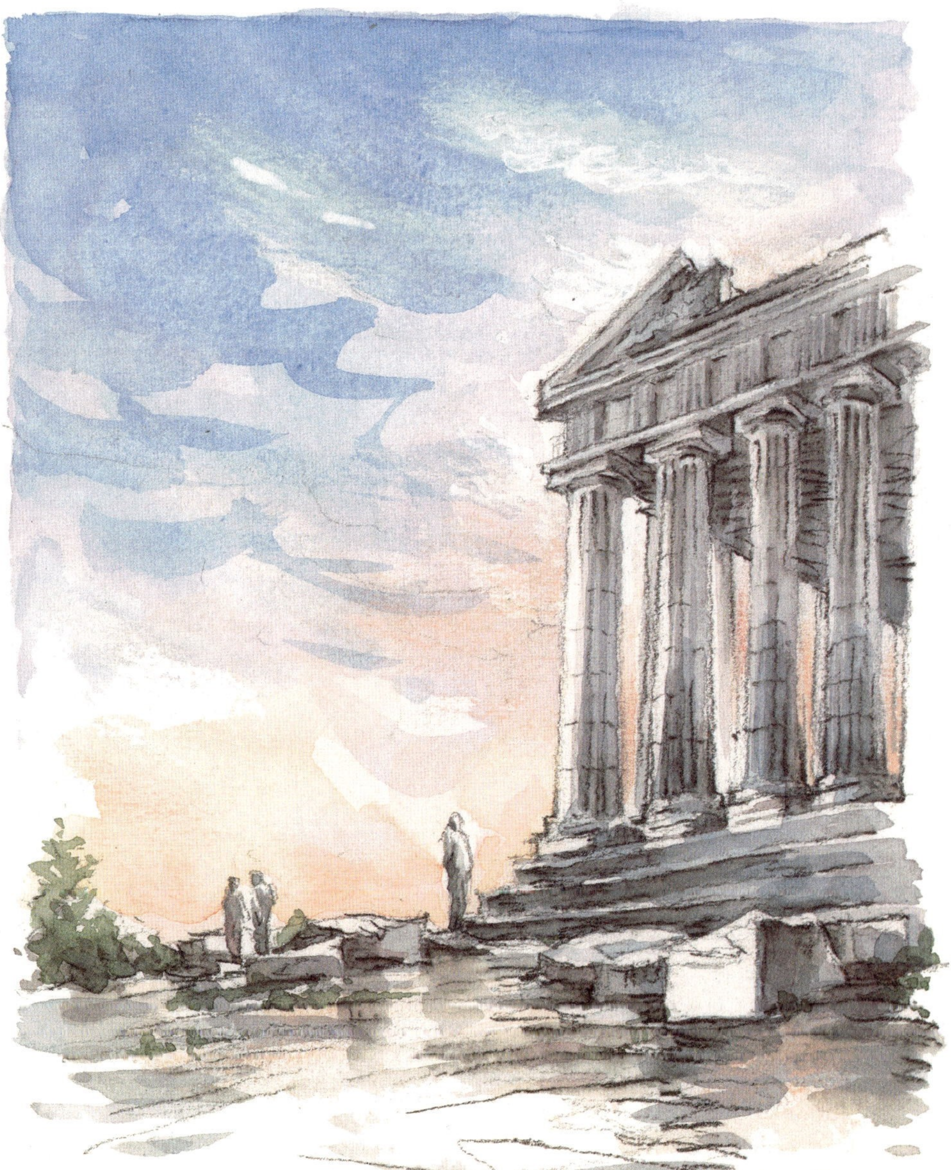

美,才是人性中至高的神性。

希腊的神庙,不论供奉的是哪位神祇,首先供奉的都是美本身。

古希腊人那种极简单中的繁复、极朴素中的高贵、极纯洁中的华彩,抵达了人类审美的极致。这是一种拒绝铺垫、拒绝渲染、拒绝烘托、拒绝映衬的孤绝之美,是人类自圣达至的至高境界。

对于人类而言,希腊不是一个民族,不是一个国家,而是一种烛照凡俗的神性之光,一种审美至上的人性宗教。

几乎已经停工。纪念奥运一百周年，奥运火炬重归希腊，照说也是一件大事，要是这种窘况出现在中国，政府会急得跳楼，国民会吵得翻天。希腊人倒也从容，政府和国际社会慢慢谈，市民则躺在沙滩上慢慢聊，仿佛是说着邻国的趣闻逸事。据说有人建议更改设计，不要修得那么宏伟壮丽，这点市民却怎么都不同意。奥运会可以不回雅典办，但场馆却要修造得符合希腊人的审美意愿。

为了躲避塞车，我早早到了雅典卫城（Acropolis）。太阳刚刚升起来，红彤彤地挂在帕特农神庙顶上，将这座公元前四百多年的神殿，照耀得金光闪闪。遥想神庙初立，一座通体晶白的大理石殿堂，高耸在灿烂的朝阳里，那该是怎样的流光溢彩，又该是怎样的纯净高贵！如果从海上遥望，那一派幽蓝的大海边，耸立着一座雪白的城池，该是怎样的神祇，才配有如此庄重华美的殿堂？只有希腊人，才能用如此单纯的色彩，如此简洁的线条，营造出这种极致的高贵与华美。其实希腊的神庙，不论供奉的是哪位神祇，首先供奉的都是美本身。之后的拜占庭式、罗马式和哥特式建筑，在美学的品味上，被古希腊甩了三千八百里，文艺复兴的建筑师，建筑语言上努力回归古希腊，但在整体的美学品格上，则反而与古希腊渐行渐远。

卫城的入口处，有一座露天的阿迪库斯音乐厅（Odeon of Herodes Atticus），容得下6000名观众。记得刘欢和宋祖英，都在那里演唱过，只是不知道，是否还是当年座无虚席的盛况。两千多年前的卫城，能有多少市民呢？每场演出能把六千个座席坐满，可见市民对音乐的一往情深。

还有卫城外的大剧场，可以容纳15000人。那里上演的古希腊悲剧与喜剧，有多少个日子让城邦万人空巷。早年，余秋雨先生写过一部论著，书名叫《戏剧理论史稿》，我一直觉得，那是先生最好的一部书，几次见面谈及，先生颇以为然。论及古希腊戏剧，先生华丽激赏的文字，诗一般地再现了希腊人观看演出时，那万人欢呼、天地动容的壮阔情景。时隔30年，只要提及古希腊戏剧，我便会想起先生那些妙笔生花的文字。

VI

留住克里特岛的那晚，雨下得翻江倒海。旅店裹着风雨，宛如一枚漂在水上的蚕茧。清晨风停雨歇，大海如同一个任性撒娇后幡然悔悟的孩子，羞怯得一脸彤红。大海阔得没有边际，阳光与海风，被细碎柔软的海浪一波一波推上沙滩。弯腰掬一捧海水，任由盈盈一泓的朝晖与晨风，慢慢从指缝滑落。海风鼓满的白帆，离岛驰向天海相接处冉冉升起的朝阳，如一群踏浪而去的女神，圣洁而飘逸……

位于欧亚大陆拼接口上的爱琴海，仿佛造物主遗落的一张竖琴，海风抚奏的天籁之音，其乐美得意外；仿佛造物主遴选的一片世外之境，供神祇们生息得无侵无扰，其境美得意外。应该还是爱琴海这份意外的美丽，启悟了希腊人高贵的审美天性，赐予了希腊人以审美观照世界的眼光，铸造了希腊人美的图腾。人类几大古老文明，几种主流宗教，只有希腊，是以美为灵魂的。所谓的海洋文明，一直被西方实用主义精神所误读。间或的反驳或校正，仍旧未能赓续和光大以美为宗教的古希腊传统。

一个民族，或者一块土地，同时让文学、戏剧、音乐、雕塑和建筑繁荣兴盛，达至后世难以模仿、无法企及的审美高度，除了希腊，人类几乎不再有过类似的幸运。古希腊人那种极简单中的繁复、极朴素中的高贵、极纯洁中的华彩，抵达了人类审美的极致。这是一种拒绝铺垫、拒绝渲染、拒绝烘托、拒绝映衬的孤绝之美，是人类自圣达至的至高境界。

VII

一段时间，朋友们碰到一起，话题便是"希腊危机"，似乎在这场欧洲的经济大地震中，希腊将重演庞贝古城（Pompeii）的灭顶之灾。其实在欧洲，危机比希腊深重的国家不少，有的几近破产，却就是没人惦记。可见，古希腊依旧是欧洲文化的活水源头，依旧是医治西方间歇性精神迷狂的救世灵药。人们深恐经济地震的熔岩，淹没了这人神同体的壮丽想象，掩埋了以美为灵的伟大图腾！对于人类而言，希腊不是一个民族，不是一个国家，而是一种烛照凡俗的神性之光，一种审美至上的人性宗教。

我倒是相信，只要人类尚存一份审美崇拜，爱琴海，便是永远的爱琴海；只要人类尚存一份自圣向往，希腊，便是永恒的希腊……

米诺斯文明

米诺斯,古希腊神话人物,牛首人身,勇猛凶残,拥有巨型宫殿和强大海军,是地中海呼风唤雨的霸主。由于希腊古典作家希罗多德和亚里士多德所记述的希腊古代神话中,多能在久远的历史中找到某些印证,米诺斯王国及其文明,也便在古希腊历史中若有若无、似真似幻的存在。

1900年3月19日,英国考古学家亚瑟·伊文思在赫拉克利翁进行考古挖掘,在厚厚的火山喷射物下发现了一个巨大的古代王宫,其规模之庞大、结构之幽秘、壁画之绚烂,一如神话之记述。伊文思虽未找到此宫即神话中克罗索斯宫的确凿证据,依然惊喜地将挖掘的宫殿认定为克罗索斯宫,并将宫殿所建时期的文化命名为米诺斯文化。后续的发掘与研究,推断出宫殿所在的克里特岛,后石器时代已有人类居住,公元前3000年到1500年左右形成过一种相对辉煌的文明,其中公元前2000年至前1450年,也就是克罗索斯宫所代表的时代达至鼎盛。

克里特岛位于希腊南端,扼地中海与爱琴海之间黄金水道,是当时欧亚水上交通和海上贸易中心,与埃及等西亚文明古国交往频仍,不仅得其商贸之利,形成了繁荣的商业社会,而且受其文化影响,将古老的东方文明输入欧洲,故有史学家称:克罗索斯王朝,是埃及文明的欧洲版本。远在生产力低下的奴隶制时代,克里特岛能够形成一个以商人为主体、以贸易为主业的经济王国,挑战了我们对奴隶社会的基本界定,并引发对历史进化论的重新认识。

克罗索斯文明的基本载体是建筑和壁画,从物质和精神两个层面,标示了该时代所达到的文明高度。克罗索斯宫占地2.2万平方米,超过1500间宫室,以一个大约1500平方米的长方形庭院为中心,构成了一个多层、合围的宫殿建筑群。不仅在功能上齐备适用,而且有完好的空气调节和给排水设计,考虑底层个别宫室的采光不足,甚至通过磨光大理石,利用反光原理进行补充。宫室间的行廊曲折回环,构成了一个现实版的克罗索斯迷宫。在力学、光学和几何学意义上,建筑达到的科学水平令人叹为观止。踏勘过克罗索斯宫,人们大抵就不会再为雅典卫城和东西罗马神庙与宫殿建筑感到意外。

宫殿壁画遍布，且至今色泽鲜艳。壁画的主题集中在神话、祭祀和日常生活，颜料由植物、矿物和海生贝类提炼合成。艺术来源于生活，被这四五千年的精美艺术又一次佐证。画师的想象自由瑰丽，具有与古希腊神话相同的审美气质，鹰首狮身、蛇尾兽身的怪物，以及各型各款的平民和王者，无不栩栩如生。其中一幅被命名为《戴百合花的国王》的巨幅壁画，描绘了克罗索斯王佩戴王冠、项链和百合花，健步行走的形象，伫立画前，你会觉得国王的过肩披发和王冠上的羽翎仍在迎风飘动。

宫中存有数以千计的石印、两种象形文字的泥版文书。这些线形文字，至今无人破译。倘若哪天有人读懂了这些文字，克罗索斯王朝的秘密才能大白于天下，克罗索斯文明的堂奥才能登临穿行。

克罗索斯王宫，应是毁于地震；克罗索斯文明，应是毁于迈锡尼人的入侵。

卫城外的大剧场

公元前600年前后，古希腊戏剧进入兴盛期。这种由祭祀酒神的宗教仪式衍变而来的大众艺术，虽然没有褪尽宗教元素，但娱乐的功能已经升至首要。古希腊各个城邦，大多建有剧场。因为看戏是一种公共文化生活，平民参与度高，故多建于户外。现存古希腊剧场，规模巨大，保存完好的是埃皮达罗斯剧场。因为剧场建在埃皮达罗斯的一座山坡上，相距雅典较远，故称卫城外剧场。约公元前450年，剧场由著名建筑师阿特戈斯和雕塑家伯利克里道斯联手打造。由于圆形舞台和半圆形观众席不是通过堆垒，而是直接从山石上凿刻，故雕刻家派上了重要用场。剧场由中央舞台、台后景屋、台前观众席三部分组成，观众席共34排（罗马人入侵后又增加了21排），可容纳约1.5万人观看。该剧场1881年被发现并被挖掘整修，至今仍有大型演出。

古希腊人观看戏剧，真正万人空巷。贵族与平民聚集在露天剧场，与演员一同经历剧情的悲喜，呼喊之声常常山呼海啸。演员与乐队居于舞台中央，歌舞、朗诵和形体表演三位一体，形式与中国戏曲相似。不同的是，中国戏曲多表演于勾栏瓦肆,即使偶于户外戏台,也是极小规模。古希腊演员面对上万人,因而对音响的要求极高。演员不借助任何扩音手段,能让声音达至后排,这是一个千古的声学之谜。后来,佐治亚理工大学的两位声学专家,对埃皮达罗斯剧场进行现场研究,发现剧场的结构形成了一个完美的声音滤波器,抑制了作为噪音的各种低频音波,使演员的高频音波有更好的传达效果。

剧场是古希腊戏剧兴盛的重要物质条件,是构成古希腊戏剧审美特质的重要因素。古希腊戏剧的艺术平民化倾向,是从露天剧场衍生和滥觞的。

复活的暗黑大地

In Russia

一查天气，心情顿时暗淡。

九月去莫斯科（Moscow）和圣彼得堡（St.Petersburg），行期是用心挑选的。俄罗斯天气阴郁，一年中多数日子非阴即雨，素有"暗黑大地"之称。九、十两个月，是俄罗斯秋高气爽的季节，通常会有些阳光灿烂的日子。没想到八天行程，预告中不是多云便是有雨，竟没有一个晴好天气。

上海登机后，本打算裹在阴云里一觉睡到莫斯科。迷迷糊糊中，听见有人说出境了，便下意识地拉开舷窗，窗外竟意外地万里晴空。天蓝得透明而酽稠，飞机粘在蓝天里，一动也不动。云淡得若有若无，偶尔一两朵絮状云飘过，海上浮冰似的，银亮亮白得耀眼。概念中幅员辽阔的俄罗斯疆土，震撼地在阳光下展开：苍黛的森林，闪亮的湖泊，青葱的草地，蜿蜒的河流。一切都延绵不绝，一切都无边无际！那种天高地远的辽阔，山峻水长的壮丽，林密草莽的丰茂，强暴地纠正着我对这个疆土大国的初始想象，疯狂地扩张着我对这种壮阔山水的审美经验。

靠着舷窗，我久久凝望延绵铺展的森林和草原。绚烂的阳光，照亮了这片暗黑的大地，也似乎照亮了大地上暗黑的历史。我依稀看见蒙古人遮天蔽日的马队呼啸而过，看见波兰人轻骑重甲的劲旅闪电突进，看见法国人浩浩荡荡的大军列阵前行，看见德国人铁流滚滚的装甲风驰电掣……俄罗斯的神秘，不仅在于天气的云遮雾障，更在于历史的昏暗诡异；俄罗斯的神奇，不仅在于疆域的辽阔壮丽，更在于遇难不死的复活能力；俄罗斯的神圣，不仅在于将士们决绝牺牲的英雄气概，更在于作家们超越苦难的悲悯情怀。

I

抵达莫斯科的第二天，我便奔去老托尔斯泰庄园（Tolstoy Manor）。

地陪小飞很是不解，睁着一双大眼上下打量，好像我是一只森林里奔出的怪兽。他说带了五六年国内团，什么大咖大佬都陪过，就是没碰上一个要去老托尔斯泰庄园的。庄园远在图拉州（Tula），开车来去要花整整一天。万里迢迢飞来俄罗斯，跑去乡下看一幢矮矮塌塌的二层小楼，小飞觉得不可思议。

小飞高中一毕业，便只身来了俄罗斯。先在图拉待了一个月，后来去了另一座城市。小飞学的是工科，在校实打实只上了两年课，第三年便开始满世界跑生意，先帮人办移民、倒国货，后来带团跑旅游。他的一口俄语，是和俄罗斯女孩谈爱练出来的，并没读过什么俄罗斯作家的著作。我这一辈人，对俄罗斯作家这份由衷的崇敬，渴望拜谒老托尔斯泰庄园这份急切心情，小飞自然无法理解。

庄园的大门，紧靠在公路边上，的确寻常得毫不起眼。园子没有大门，两根象征性的圆形门柱，两侧并没有连接篱笆和围墙。这位倡导博爱和道德完善的老人，果然身体力行对世界袒露着一切。一条铺垫碎石的土路，被高高的白桦树夹成了一条林荫道，幽幽地导向一片茂密的丛林。进门左侧，是一个绿树掩映的小湖，湖面波澜不兴，静得恍若隔世。湖岸上有一片苹果园，苍老树干结满半青半红的果实。果子不大，却累累的满是生趣。熟透的掉落在草丛里，晒在阳光下自然发酵，淡淡地飘逸出一股果酒清香。这片老伯爵手植的果园，每年春天，他会自己给果树整枝培土，秋日则亲手采摘，整个庄园沉浸在忙碌收获的欢喜中。如今，园子看上去已有几分荒凉，果子自生自灭地往下掉，飘落的树叶被秋风刮起，忽左忽右在空中打转……

园中的林地荒野杂乱，枯老衰朽的树木，横七竖八倒伏在丛林里，树干上长满各种各样的菌类。高高挺起的白桦，浓密的冠盖遮蔽天日，让林子里长不出灌木和杂草，只有日积月累的落叶，厚厚软软，踩上去像一摊胶泥。隐隐现现的林中小道，大抵是老伯爵当年踩踏出来的，路面紧实得浸不进雨水，低洼处，一汪汪清水辉映射入林隙的阳光，碎银似的闪着光亮，在幽冥的森林中，蜿蜒出一条星光小道。

在这座从祖上承袭的古老庄园里，托尔斯泰居住了50年。这里是他的自然乐园，也是他的精神炼狱。除了在园中坚持农民式的劳作，托尔斯泰每天都要在林中行走十公里，直至老年也不曾停辍。那是一种伟大的生命独步,或许,还是人类历史上最漫长的一个人的长征,没有人可以同行,也不需要有人同行!正是在这年复一年的孤独行走中,托尔斯泰构思了那些震古烁今的小说巨著,孕育了那些惊世骇俗的思想论稿。在与整个时代、整个民族只身作战的不绝战事中,这里是他的战场,是他从未失守的高地;在与自己灵魂作战的不绝战事中,这里是他精神的角斗场、心魂的炼狱。托尔斯泰至纯至净的伟大哲学,并不来自他人性经历的单纯,而来自他人性体验的复杂和道德自省的严苛。年轻时,他为自己开列了一个问题清单:好赌,纵欲,爱慕虚荣。托尔斯泰并非生来如此的圣人,他是在对人性存在方式的不断求证与决绝否定中,将自己炼成了一块思想的水晶!

II

托尔斯泰的故居,是林地中一幢砖木结构的两层小楼,白墙绿顶。木制的露台上,爬满葱葱郁郁的常青藤。门前的空地很小,稀稀疏疏开着几丛玫瑰,秋日柔软的阳光照耀着,有几分寂寞无主的凄清。进门左手边一段石砌的矮墙,缝隙里叠满绿绒似的青苔,墙头生长的小草,在沁凉的微风里,半绿半黄地摇曳秋意。灰白色的木头门廊,依稀是托尔斯泰喜爱独坐的地方。黄昏时分,老人一袭俄罗斯长袍,坐在发黑的靠背椅上,若有所思地凝望远方,静静守望着即将没入森林的夕阳。

原本狭小的门厅,被满满的几架图书挤得更加逼仄,除了上楼和通往后面房子的走道,没有剩下更多的空间。架上的图书,是祖上留传下来的,除了俄文,其他都是外文原版,多达三十余种文字。或许,这便

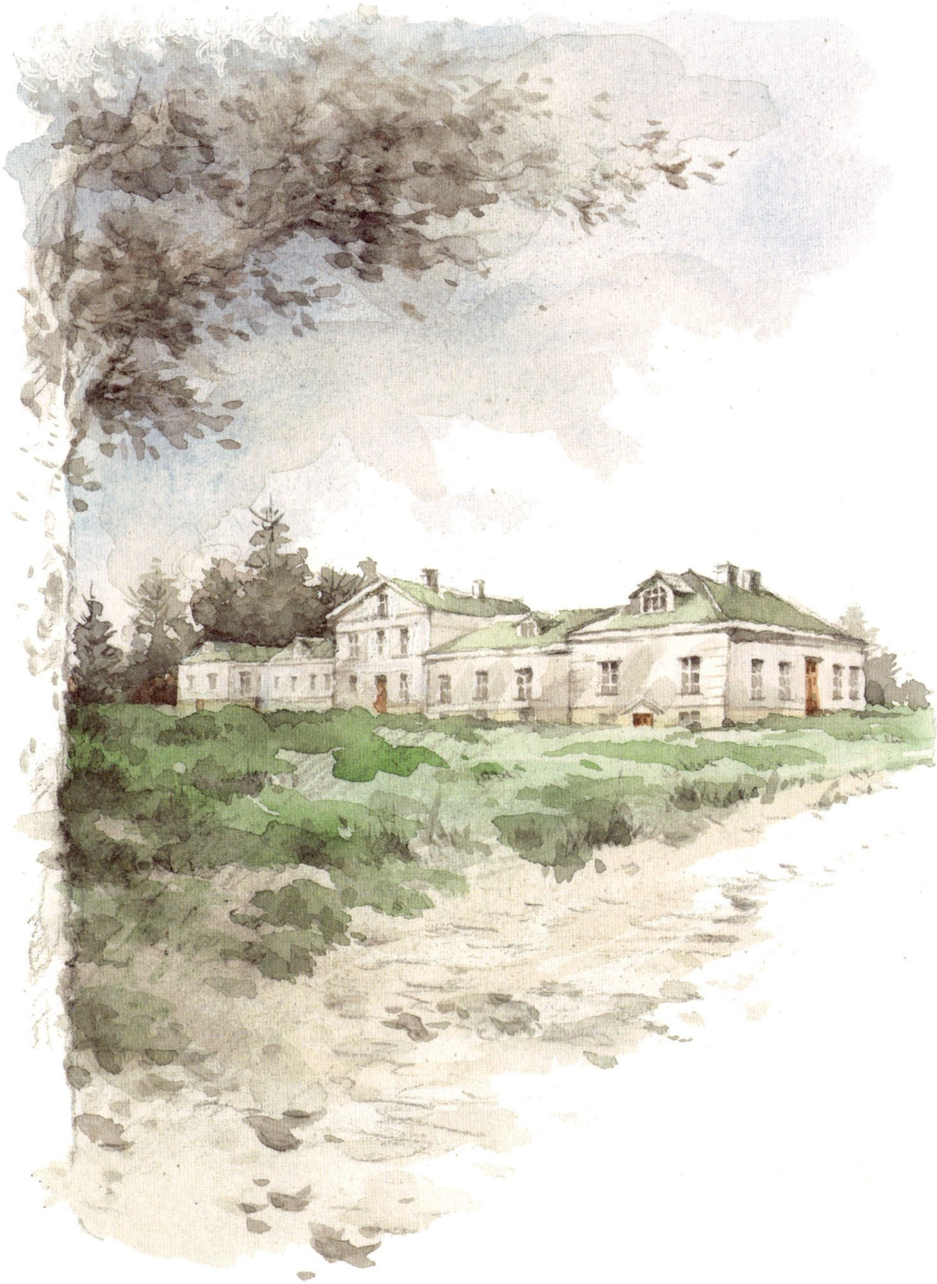

托尔斯泰并非生来如此的圣人，他是在对人性存在方式的不断求证与决绝否定中，将自己炼成了一块思想的水晶！

他始终将对民族的精神审判，与对自己心灵的拷问纽结在一起；始终将对个人的道德救赎，与对社会拯救的探寻扭结在一起；始终将对庶民罪孽的宽恕，与对个人行为的苛责扭结在一起；始终将对个人的艺术创造，与社会秩序的演进扭结在一起。他是一个以毁灭自我而批判社会的思想者，一个以救赎自己而复活庶民的布道人！

一个因爱而彻底孤独的魂灵！

世上一切真正的思想家，其所以伟大，只因为他们以自己的生命，孤独地探访了人类生存的精神极地，孤独地体察了自己灵魂的幽冥深渊，永远无关世俗意义上的正确与谬误！

是小楼里先辈留下的最为珍贵的遗产。儿时的许多时光，托尔斯泰埋头在这满屋的图书里。正是这各种版本的外文书，激发了他过人的语言天赋，培养了他拒绝任何翻译文本的阅读个性。托尔斯泰通晓15种语言，几乎一生都在学习外文。80岁时，他又动念学习日语，倘若天假以年，原文阅读日本著作的心愿，应该也能实现。

门厅楼上同样的位置，还有另外一个图书室，那是托尔斯泰自己的藏书。每本图书的秩序和样子，还是托尔斯泰自己置放的，老人辞世后，没人再动过。站在幽静的书柜间，似乎还能听到托尔斯泰当年查翻书籍的轻微声响，能够想象他就着并不明亮的灯光阅读的样子。各处的藏书加起来，共有三四万册，是小楼里最显眼的陈设和主要的藏品。其余的家具，多是图拉乡下寻常人家的款式和质地，与圣彼得堡那些华丽的宫殿，以及权豪势要的宅第相比，这里的寒碜超越所有人的想象。

除了那些书，特别是各种版本的托尔斯泰自己的著作，小楼里说得上贵重的物件，就是客厅里的几幅油画。其中一幅，是大画家列宾（Vadim Repin）给托尔斯泰的画像。列宾那时已蜚声画坛，但为托尔斯泰画像的请求，还是被一次又一次拒绝。托尔斯泰最终为其诚意所动，应允了画家。幸亏托尔斯泰的一念之转，才有了这人类文化史上的大作之合：一个民族最伟大的画家，为一个最伟大的作家画像。列宾以他天才的洞察力，从托尔斯泰那双悲悯而犀利的眼睛中，捕捉到了一种摄人魂魄的深邃而忧郁的气质。那是托尔斯泰的精神气质，也是列宾和托尔斯泰所处时代的艺术气质，更是俄罗斯民族的文化气质。登峰造极的19世纪俄罗斯文学与艺术，被这一幅油画浓缩和象征了。

托尔斯泰的书房，简陋而整洁，一张写作用的写字台，一张阅读用的小圆桌，一张可躺可坐的老旧黑皮沙发。据说，托尔斯泰就出生在那张沙发上，后来又成了他孩子的产床。靠近写字台的白墙上，挑出一块木板，上面摆了一排作家喜爱的法文书，另外还有两本中文书，是《老子》和《庄子》。托尔斯泰对中国文化素怀敬意，尤其晚年，他把人类精神拯救的药方，开到了中华文化的传统里。托尔斯泰认为，老子、庄子思想的精髓，便是一种主动积极的退守，一种永不抵抗的忍让，一种化解暴力、重建良善的爱的哲学。在他后来的《安娜·卡列尼娜》和《复活》中，在他晚年的思想论辩里，这种忍让宽容，被升华为复活一切人性之美的原初力量。

楼下靠近后花园的两间小屋，是托尔斯泰创作《战争与和平》和《安娜·卡列尼娜》的地方。是什么原因让托尔斯泰搬离书房，在两间可以看到后花园的房子写作这两部最重要的著作，大抵没人说得清楚。或许，这两部巨著对作家生命的耗费太大，他只有实实在在地踩踏在土地上，才能感受宽厚无边的大地之爱，获得滋养充盈的生命补充。或许，这两间房子的窗户，正对着屋后的花园，作家在写作中，只要一抬头，就可以看到园子里的花草和不远处的森林，作家的思绪，可以在那幽深的森林中无限伸延。托尔斯泰的写作习惯，是从傍晚持续到凌晨两点。月明星稀的夜晚，月光笼罩着葱郁的森林，推窗远眺的托尔斯泰，应当会有一派澄明怡然的好心情；雾笼远山，夜雨淅沥的凌晨，那透窗而入的忧虑与孤独，不仅会侵入作家的心灵，而且会弥漫在他笔下的文字里。作为一位荷马般的史诗作家，托尔斯泰虽然长期生活在庄园里，然而他所描绘的，却是茫茫苍苍的整个俄罗斯大地；他所表现的，却是动动荡荡的整个俄罗斯社会。列宁因之称他为"俄国革命的一面镜子"，罗曼·罗兰（Romain Rolland）称他是"我们的力量、弱点、希望与恐怖的明镜"。

III

称得上俄罗斯民族伟大心魂的作家，当然不只托尔斯泰，普希金（Pushkin）、陀思妥耶夫斯基（Dostoevsky）都配得上这样的盛誉。然而，头上顶着圣者光环的作家，却只有托尔斯泰一人。他始终将对民族的精神审判，与对自己心灵的拷问纽结在一起；始终将对个人的道德救赎，与对社会拯救的探寻扭结在一起；始终将对庶民罪孽的宽恕，与对个人行为的苛责扭结在一起；始终将个人的艺术创造，与社会秩序的演进扭结在一起。他是一个以毁灭自我而批判社会的思想者，一个以救赎自己而复活庶民的布道人！在俄罗斯面临精神沼泽无路可走的灾难时代，他是掏出心脏照亮前路的丹柯！他以自己精神的坦诚对抗基督教会的虚伪，以致最后被开除教籍；他以自我心灵的忍耐挑战社会暴力，以致沙皇和革命者都视他为危险的敌人。托尔斯泰没有同道，也不希求同道！他坚守孤独，以至把孤独变成了一种胸怀和力量，以一个伟大而决绝的孤独者的姿态，宽恕一切丑恶，包括那些诋毁甚至诬陷他的丑恶。

一个因爱而彻底孤独的魂灵！

一生挚爱托尔斯泰、对其写作提供无微不至帮助的妻子，最终也没能成为他的精神同道。他最终选择了离家出走。82岁高龄，驾着一辆马车，恓恓惶惶地驶出了这座居住了50年的庄园。没有人知道，这位孤独老人要去的远方在哪里，最终，他将自己的生命，定格在了可以去到世界任何地方的车站上。因为托尔斯泰对基督教的揭露，教会拒绝为他举行东正教式的葬礼，由此引发了全国青年学生的抗议浪潮。其实直到临终，教会和沙皇都在诱劝托尔斯泰放弃对教会批判的立场，遭到了老人坚定的拒绝。家人遵照他的意愿，将他埋葬在庄园中的一片林地里。墓地没有墓碑，也没有墓园，只有一堆树枝和绿叶掩盖着平坦的坟地。坟地紧靠着他往常散步的林中小道。没有人与他合葬一处。这颗生前一直孤独的灵魂，死后也一样孤独着。永远陪伴他的，只有森林、小道和穿林而过的阵阵山风。

罗曼·罗兰将托尔斯泰的逝世，定义为光明的消失。原本暗黑的俄罗斯大地，刚刚被19世纪那些伟大的文学灵魂，尤其是托尔斯泰所照亮。他的逝世，又将使这个民族归于一片思想与艺术的昏暗。后世的人们，在重新陷入的暗黑中，谈论他的艺术，争辩他的思想，用实证主义的社会学标尺，去判断其历史价值，甚至将其分割为前后对立的两个人。

世上一切真正的思想家，其所以伟大，只因为他们以自己的生命，孤独地探访了人类生存的精神极地，孤独地体察了自己灵魂的幽冥深渊，永远无关世俗意义上的正确与谬误！

IV

在经历了蒙古帝国风卷残云般一次再一次扫荡之后，莫斯科公国，像一只刚刚度过严冬的土拨鼠，提心吊胆地爬出洞穴，谨小慎微地蓄积生存的力量。至此，俄罗斯作为一个受人关注的国家，才姗姗来迟地进入历史的视野。

一个屡遭欺凌的臣属小国，如何能在如此短暂的历史中梦幻般崛起，一举成为横跨欧亚大陆的版图大国，是一道政治家们绕不过去的治国难题。具备旷世智慧和超凡胆魄的伊凡三世，成功抓住了蒙古帝国内部分崩的历史机遇，敏锐捕捉了卡齐米日帝国（Kazimierz Empire）盛极而衰的历史先兆，左征右伐吞并了周边的弱小公国，开创了罗曼诺夫王朝（Romanov Dynasty）数百年强势统治的历史。莫斯科，就是这个王朝的龙兴之地。今年是莫斯科建市871年，概数上说，莫斯科的历史有多长，俄罗斯的历史便有多久。或许正因为此，后来入侵俄罗斯的法国人和德国人，都将攻克莫斯科视为占领这个领土大国的胜利象征。

步入红场前，正好碰上一群"二战"老兵向无名烈士墓献花。数十名老人彼此搀扶着，颤颤巍巍地立在墓前，久久不愿离去。阳光照耀着那些银发飘飘的头颅，远远望去，仿佛一片白花的花环。我以为那天是什么特殊的纪念日，小飞说不是，这里时常会有不同身份的人前来献花，包括那些即将走进婚礼殿堂的年轻情侣。俄罗斯人对于那些献身国家和民族的英雄，由衷地充满敬意。他们并不在意英雄牺牲在哪次战役，献身于哪个朝代。从伊凡三世起，数百年间，俄罗斯都在战争中打滚，不是俄罗斯出兵吞并邻国，就是俄罗斯举兵反抗入侵，一代又一代战死的将士，在国人心中都是民族英雄。这种根深蒂固的英雄崇拜，几乎超越了自己的政治立场和宗教派别。

有一个典型的历史细节：当拿破仑率领60万大军入侵俄罗斯时，

是一群贵族出身的军官，率领着一支农奴组成的部队拼死抵抗，并最终将法国人打回了巴黎。在无数次惨烈的战斗中，农奴士兵浴血奋战、舍身报国的英雄行为，深深震撼了参战的贵族军官。战争胜利后，这些有幸活下来的战士，不仅没有享受胜利者的荣光，而且被打回到农奴的悲惨生活。贵族军官们由此产生了对沙皇政权的强烈不满，并对农奴制度提出了大胆质疑。后来"十二月党人"发动兵谏，其中一种重要的情绪动力，就是那些为国浴血战斗的农奴英雄，未能得到沙皇和社会公正的待遇。

我无法确定，眼前这些白发苍苍的老兵中，是否有人参加过当年的红场阅兵。1941年11月7日，德军已经兵临城下，斯大林（Stalin）在敌人凶猛的炮火下，举行红场盛大阅兵。数十万胸怀必死之心的红军将士，如同一条慷慨悲壮的生命江河，汹涌澎湃从红场流过，决堤洪峰一般浪卷西部战场！他们将对生命的全部眷恋，投向对克里姆林宫的最后一次注目；他们将对入侵者的全部仇恨，凝聚于沉重而激昂的脚步，汇合成俄罗斯民族强劲的心跳。这些从大森林、大草原、大农场、大都市、大江大湖大海呼啸而聚的牧民、农民、市民、渔民和学生，仅凭一副血肉之躯、一颗誓死之心，便义无反顾地冲进了战壕。他们中的许多人，的确再也没能回到红场。他们把青春和生命埋在了炮火中，许多人连名字也没有留下。战后修建这座纪念墓地时，面对数以千万计的牺牲者，只能以无名烈士墓命名。其实，在后来的凭吊者心中，他们是有名字的，他们拥有一个响亮而荣耀的共同名字：俄罗斯英雄！

曾经有媒体报道，说解体后的俄罗斯民众，对斯大林充满了仇恨，声言要将其墓地铲出红场。我问小飞是否如此，小飞说，如今广场上鲜

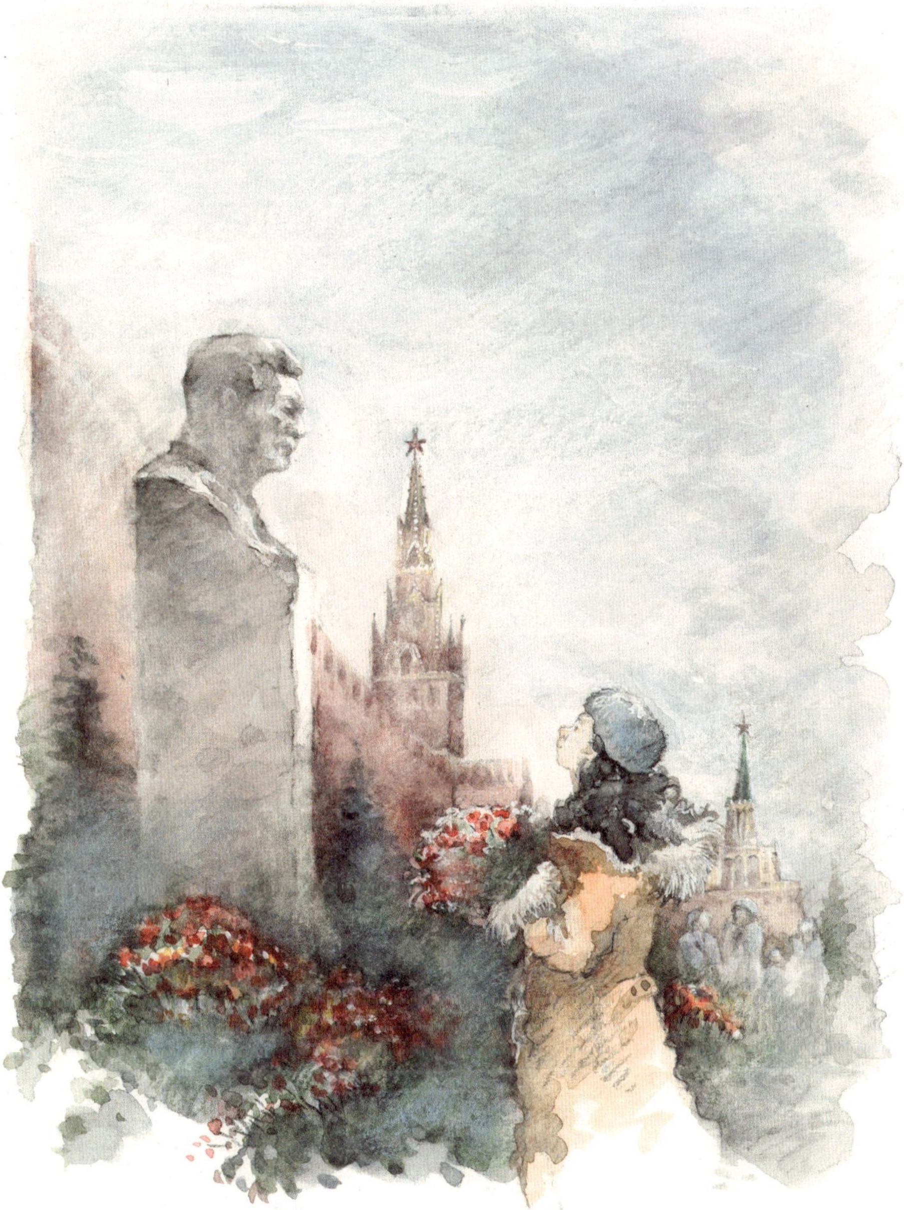

彼得大帝永远站在历史学家的臧否、后世子孙的爱恨之外。他将自己的意志，变为了一部无法改写的历史，让后世企图质疑和否定的人，也成为他所撰写的历史的一部分。

我们民族的知识分子，多了对社会的审判，少了对自我的拷问；多了精神郁闷的呐喊，少了心灵苦难的忍耐。这使得我们的社会变革，总会在置身事外的叫骂声中半途而废；我们的文化重建，总会在患得患失的呻吟中戛然而止。

变革止息之日，便是革命萌动之时。

接踵而至的资产阶级革命、无产阶级革命，没有给罗曼诺夫王朝在变革上犹豫彷徨的机会。尽管后世的沙皇也被迫推行过政治改良的举措，甚至为此付出鲜血和生命。然而，革命一旦发动，变革便失去了机遇和价值。

花最多的墓地，就是斯大林的。不管斯大林晚年有多少错误，俄罗斯人永远认定，他是俄罗斯民族的真正英雄。

与雄伟壮丽的天安门广场相比，红场只是一条宽阔的街衢。行走在这条铺满黑色汀石的大街上，心情和脚步一样沉重。我的民族，也曾是一个英雄辈出的种族，然而英雄崇拜，却从来没有成为民族文化的灵魂。即使是以血性著称的湖湘文化，亦时常被解读为权谋之道、拥兵之术。现今的舞台与荧屏，不仅找不到一个顶天立地的英雄，连一个愿做七尺男儿的少年也难得一见。历史剧讴歌的是一帮心机宫女和干政太监，娱乐节目追捧的是一群不男不女的小娘炮儿。即使在以色情之都闻名的芭堤雅，人妖也登不了大雅之堂。在中国，却不仅成了挣钱吸金的机器，而且成了精神崇拜的偶像。一堂全国直播的"开学第一课"，也要弄上一群娘炮儿去丢人现眼，似乎不把国人仅剩的一点阳刚之气涤荡干净、不将中国变成有过之而无不及的芭堤雅，中国的教育就算不上失败。

后来，在圣彼得堡要塞，看见一群群身着海军军服的男女孩子，在海军学校的大门口进进出出，我以为是在准备一场纪念性演出。导游说，他们就是学校的学生，从小到大，一路读下去，未来便是海军战士。多少年来，俄罗斯的君王，为了打造一支强大的海军殚精竭虑，原来他们为了培养合格的海军将士，还真是从娃娃抓起。看着这些一身戎装的英气少年，实在比中国舞台上的娘炮儿们俊朗可爱，怎么我们就好了阴阳不分、雌雄不辨的那一口？

我素来反对穷兵黩武，也不希望中华民族成为一个惹是生非、祸害邻邦的好战种族。然而，一个民族如果失却了阳刚之气，失却了英雄崇拜，输掉的又岂止是军事？真正输掉的，是一个民族生存的底气、一个民族再生的潜能。

克里姆林宫（The Kremlin），最早由伊凡三世（Ivan Ⅲ）建造，是他用橡木和石灰石，在这个高高隆起的山头上，筑垒了莫斯科公国的权力中心。拿破仑曾经作为征服者入驻这里，希特勒的将领，也仅隔一步之遥眺望过这里，然而，他们都没能成为这里真正的主人。俄罗斯人不仅最终把他们赶出了国门，而且将他们打趴在自己的首都巴黎和柏林。两次卫国战争，俄罗斯人打得惨烈，守得悲壮，反击得殊死，因而也胜得辉煌。就像一头沉睡的巨熊，每当进犯者已将它撕咬得遍体鳞伤、奄奄一息，才因剧痛从睡梦中惊醒，然后撕心裂肺地长啸一声，凛然立起拼死猛扑，一口咬断进犯者的咽喉……

V

当然，真正令我关注和思考的，不是俄罗斯人如何赢得了战争，而是如何赢得了战后。俄罗斯历经灾难之后，那种神奇的再生能力，一直令我由衷敬仰。俄罗斯人所经历的那些灾难，或许每个大的民族都曾经历，然而经历灾难之后那种迅捷的再生，强大的复活，却远不是每个民族都可以做到。

走进莫斯科艺术宫殿般的地铁，你便能真切地感受到俄罗斯人肉体与心灵创伤巨大的自愈能力。莫斯科的第一条地铁，启运于1931年，距"十月革命"不到15年。在一场翻天覆地的革命和遍体鳞伤的战争之后，俄罗斯人如此迅捷地组织财力和技术，修造了这条叹为观止的地铁。即使与今天世界各国修建的地铁比，这条地铁功能上的周备、建筑上的考究和艺术品位的高蹈，仍旧未有超越者。我惊讶的，不是一个革命政权在人力和财富上的调动能力，而是俄罗斯人心灵修复的能力，能将一个实用性交通项目建造成一座艺术宫殿，这种怡然的审美态度和高尚的艺术品位，绝不是一种被战争重创和扭曲未能恢复的民族所能表达的。"二战"之后的俄罗斯，又在不到十年的时间中迅速恢复战争创伤，实现经济与科技的爆发式发展，旋即成为真正的超级大国。同时在文学和艺术上，诞生了一大批新生代大师，开创了一个真正的文艺新时代。如果排除其政治立场的分歧不论，将这些文学艺术家聚为一个方阵，那也应该是20世纪中后期世界最蔚为壮观、光彩夺目的一个群落。

伊凡三世后的俄罗斯，每经历一次灾难，不仅能快速再生为一个强国，而且能推进一次发展，实现真正的凤凰涅槃。其中最根本的动力，应该还是英雄主义的精神。这种精神不仅仅支撑俄罗斯人赢得战争，而且支撑他们赢得经济发展，赢得艺术与科学的创造。俄罗斯的英雄主义，是这个民族的文化基调、生命底气和生存逻辑，是支撑这个民族顽强生存的共同信仰，甚至比宗教具有更普遍更强大的凝聚力量。看看18世纪以降的世界文学，有哪一个民族的文学创作，比俄罗斯文学更具英雄主义气质？有哪一个民族的作家，比俄罗斯作家更具英雄主义情怀？除了那些表现战争的庞大史诗，即使描写日常生活，表现灵魂痛苦的心理性作品，也彰显着一种超越苦难的高贵气质。苏联时期那些持不同政见的作家，他们可以逃离自己的故土，可以反叛自己的政权，却怎么也擦洗不去俄罗斯民族的英雄主义烙印；他们痛苦，却不放弃；他们悲恸，却不沉沦；他们迷茫，却不荒诞……

俄罗斯文学英雄主义的坚守与张扬，对俄罗斯人心灵的影响，或许仅次于东正教。19世纪的俄罗斯，被誉为"文学中心"的时代，所指的应该不只是艺术的圈子，同时还包括了哲学、宗教和传媒。想想晚年的托尔斯泰，作为一位孤独而决绝的精神斗士，其英雄主义情怀，何止影响了文学艺术界？他在宗教界掀起的惊天巨浪，在思想界炸响的晴天霹雳，在传播界引发的持久震荡，使之成为俄罗斯真正的精神领袖。

民间文化的传统积淀，罗曼诺夫王朝的权力引导，文学创作的潜在滋养，使英雄主义成为俄罗斯民族的精神原点、生存底气和再生能量。

复活，是这个多灾多难民族恒久的英雄主题。

VI

从莫斯科去圣彼得堡，我选择了夜行火车。列车在夜幕下穿越辽阔的俄罗斯原野，感觉上，如同在黑暗中穿越俄罗斯历史：从作为俄罗斯传统文化中心的莫斯科出发，向作为全盘西化后文化中心的圣彼得堡靠近。

车抵圣彼得堡，时已凌晨。灯火通明的站前广场，依旧行人如织，等待接客的各类汽车，将一条宽阔的大街堵得严严实实。这种凌晨塞车的场景，让人恍惚回到了作为娱乐之都的长沙。沙皇时代已远，而圣彼得堡作为一座不夜城的传统,看来源远流长。大巴行驶在涅瓦大街,仿佛一个模子倒出的西欧式建筑,没头没尾地排列在道旁,显得单调和呆板。这座由彼得大帝(Peter the Great)一手打造的新帝都,看上去多了些霸气,少了些灵性,多了些模仿,少了些创造。与同是水城的威尼斯相比,除了历史远近上的差异,圣彼得堡太重了权力的霸道,太轻了艺术的任性,太浓了移植的奢华,太淡了本土的风情。

像所有自铸历史的杰出君王,彼得大帝永远站在历史学家的臧否、后世子孙的爱恨之外。他将自己的意志,变为了一部无法改写的历史,让后世企图质疑和否定的人,也成为他所撰写的历史的一部分。就像圣彼得堡,这座在规划和建筑风格上全盘西欧化的城市,无论你肯定还是否定,赞美还是诅咒,都已按照他的意志,耸立在俄罗斯大地上,炫耀在俄罗斯历史中。

没有人能令人信服地解释,这位从俄罗斯昏暗历史中走来的君王,为何突然迸发出那么决绝的变革意志,那么坚定的西化思想,那么果断的开放行为。彼得大帝效仿西欧,是彻头彻尾地照搬,是真正的全盘西化。在我们改革开放已经走过了40年历程之后,回头再看彼得大帝当年的改革开放,其阔大的襟怀和决绝的胆识,仍旧让人心生敬意。为了更切身地了解西欧的进步,彼得大帝不满足于遣使考察和选派学子,而是自己隐蔽身份,作为一名普通技工赴西欧学习,由此招致其子和众多大臣激烈抱怨,觉得国王辱没了自己的帝国。考察归来,彼得大帝亲手砍杀了反对改革的贵族,亲手剪掉了大臣爱之如命的胡须。他逼迫官员换下了俄罗斯长袍,强制宫廷交际使用法语。他给从西欧引进的画师、乐师、舞师、建筑师、工匠和军事教官种种特权和优渥待遇，勒令贵族子弟拜师学习西欧艺术，企图一刀斩断世代延续的俄罗斯习俗和文化传统，直接将一个落后的农奴制国家，生拉硬拽逼进了资产阶级革命的时代。

圣彼得堡是彼得大帝全盘西欧化的城市样本。在一片连年水患的沼泽上，彼得大帝完全按照西欧城市的模板，修造了自己的梦想之城，并一改数百年定都莫斯科的传统，将帝都迁移至在地理和心理上，都更靠近西欧的新城池。

在雄踞涅瓦河（Neva River）畔的圣彼得堡要塞，有一座按1:1比例铸造的彼得大帝的坐像：这位身高超过两米的皇帝，竟长着一颗又小又圆的脑袋，两只米老鼠似的招风耳，招摇地粘在光溜溜的脑袋上，一双又大又瘦的手，手指奇长，每个骨节爆出老高，仿佛机器人的关节。我想象，如果彼得大帝从一架飞行器中走出来，孩子们应该会不约而同地惊呼：外星人！我不知道彼得大帝的这副异相，是否和他的思维与个性相关。中国传统文化所说的异人异相，究竟有几分道理，其实我也质疑。我所以关注他的这副长相，是觉得他所打造的沙俄帝国与之颇为相似：看上去奇奇怪怪，运行起来却充满了神奇的力量。一个农奴制政体的国家，却供养着一支强大的现代军队；一片文化传统稀薄的土地，却嫁接出一种具有鲜明民族风格的现代艺术；一座骄奢淫逸、宫斗狗血的宫廷，却有效把控着世界上最大的一片疆土；一种专制黑暗的政治氛围，却繁衍出一个思想竞相争鸣的时代……彼得大帝所开创的，是一个无法用伟大与渺小、辉煌与黑暗、先进与落后界定的时代，如同彼得大帝自己的长相，你无法用俊美与丑陋、端庄与滑稽来谈论。这副历史的模样只属于俄罗斯，正如同这副特异长相只属于彼得大帝。

VII

真是一次诡异而激越的民族崛起！

彼得大帝率领俄罗斯人，几乎跨越了封建社会和资本主义社会两个历史进程，在现代社会边缘崛起，成就了一个不伦不类、非驴非马的强大帝国。倘若没有彼得大帝的全盘西欧化，这一迅猛的崛起应该是无法想象的。一片文化传统浅陋稀薄的土地，确乎更容易移植先进的文化，并获得更蓬勃的生长。美国早期登陆的移民，从欧洲大陆带去了阿尔比恩的文明种子，在北美这片文化荒地上（当然也有弱小的原住民文化），自由野性地生长。俄罗斯的状况，与美国有着巨大的相似性。不同的只是美国的播种人是英国移民，俄罗斯的播种人是自己的皇帝。也许只有在这种传统文化相对贫弱的民族，才能借助全盘移植的异族文化，实现自己的迅猛崛起。在印度、中国这些古老的文化国度，这种奇迹大抵难以复制。

拿破仑的60万大军，虽然在军事上败得一塌糊涂，却在文化上彻底击碎了俄罗斯人的梦想。彼得大帝终身培植的法兰西文化崇拜，首先在情感上遭受了蹂躏。一批年轻的思想家、文学家、艺术家和军官，从屈辱的情绪出发，走向对俄罗斯命运的理性思考，陷入了文化认同与身份认同割裂的深深痛苦。这些在模仿的法兰西文化中泡大的俄罗斯人，举手投足，服饰穿戴，宫廷交际，无一不是标准的法国风范，但当拿破仑把枪炮对准俄罗斯时，他们才明白自己不仅不属于法国，甚至连盟友都算不上，依然只是法国人企图吞并和奴役的劣等民族。要将已经深入骨髓的法兰西文化清洗干净，那是一场不亚于任何惨烈战争的文化灾难与拯救。陀思妥耶夫斯基称之为"信仰的重生",其实也是那整整一代知识分子的精神受难和信仰重生。这种刮骨疗伤般的再生,是一场旷日持久的精神审判和鲜血淋漓的灵魂撕裂。世界上大抵没有哪一个民族,可以忍耐将自己的荣誉和体面像撕揭皮肉一样的刮骨之痛,可以承担将自己的信念和梦想像切腕换血一般的疗毒之险!这种自作自受的心灵痛苦,造就了一代俄罗斯知识分子整体的忧郁气息和深邃情感。他们舍弃了对法兰西文化的信任,舍弃了对沙皇政权的信任,甚至舍弃了对自己贵族血统的信任,他们几乎是在一堆瓦砾中重新建造对自己民族的信仰。这种置之死地而后生的苦难历程,就是俄罗斯知识分子精神复活的历程,就是俄罗斯民族文化复活的历程。俄罗斯民族的英雄主义精神,在这一场伟大而神圣的文化复活中,表现为一种超乎寻常的对心灵苦难的耐受力。

与俄罗斯相比,我们民族的知识分子,多了对社会的审判,少了对自我的拷问;多了精神郁闷的呐喊,少了心灵苦难的忍耐。这使得我们的社会变革,总会在置身事外的叫骂声中半途而废;我们的文化重建,总会在患得患失的呻吟中戛然而止。决绝的姿态与忍耐的精神,一直是我们社会变革和文化重建中缺失的两个关键词。

VIII

在皇村(普希金村,Potjemkin's Village),我看见普希金斜倚在靠椅上,忧虑的双眼凝视远方,一副茫然痛苦的神情,在叶卡捷琳娜宫那群僵硬而又充满脂粉气的建筑旁,显得另类而孤独。这位俄罗斯前无古人的诗歌王子，脸上找不到一丝志得意满的神情。作为厚蒙皇恩的贵胄子弟、少小成名的诗坛领袖、俄罗斯文学伟大的奠基人，普希金是有理由书生意气、指点江山的。我不知道这是哪一位雕塑家的作品，创作于哪个时代，但我相信他所表现的，就是普希金的气质和灵魂。我所见过的那些俄罗斯伟大作家的雕塑和画像，没有一个是意气风发、神采飞扬的。陀思妥耶夫斯基、托尔斯泰、契诃夫、果戈理、叶赛宁、阿赫马托娃，甚至包括高尔基和马雅可夫斯基，都有一种天生的忧郁气质。叶卡捷琳娜宫所在的城市，早已被命名为普希金市，而坐在这里的普希金，却全然不像这个城市的主人，就像一个困倦了的流浪诗人，靠在宫外小憩一会儿，然后又会走上自己无尽的流浪旅途。

和那个时代几乎所有的青年贵族一样，普希金过着奢华的日子，圣彼得堡的社交圈，也是普希金日常沉溺的地方，但是他并不快乐，在声色犬马中，他始终无法确认自己，他也终究没有成为沙皇宫廷的宠儿。文化认同与身份认同撕裂的痛苦，使他成为不了沙皇的夜莺。他最终因诗获咎，被逐出圣彼得堡，流放到了高加索和克里米亚。

在普希金的记述中，有两个重要的具有象征意义的形象：乳娘和法文教师。一个代表了俄罗斯人民喜爱的民间文化，一个代表了宫廷推崇的法国文化。两种文化都在童年时代植入心灵，冲突地奔涌在他的血管里。那个时代的贵族子弟，童年生活中都会有一位俄罗斯乳娘，还有另一位法语（或德语、英语）教师，他们将完全异质的文化种子，播撒在幼小的心田里，彼此排斥又彼此纠缠着生长。乳娘之于这些贵族后裔，就像长妈妈之于鲁迅，她们有意无意中讲述的那些乡间故事，充满了俄罗斯式的质朴审美和奇幻想象，使其滋长着无穷的艺术灵感和审美愉悦。而这些农奴们的故事，恰恰为父母们所不齿，他们的目标是将孩子们培养成法兰西或英格兰式的绅士或小姐，这种乡下人的审美，绝对为宫廷所排斥，皇帝和贵族大臣们崇尚的是西欧宫廷的美学风范。这种长期被压抑着潜滋暗长的民族文化因素，直至俄法战争爆发，才得以在一种屈辱而暴怒的民族情绪下蓬勃生长。

这种对异域文化殖民的决绝反叛，每每由民族危机或社会革命引发，其深刻的合理性，往往由仓促杂乱的非理性方式表达，自作主张和各行其是，使混乱如一锅粥的思想变革，只能找到一个共同的目标，即彻底捣毁旧有的文化秩序和精神偶像，至于你打什么旗号，使什么武器，便没有人在意了。其实屠格涅夫与普希金，陀思妥耶夫斯基与托尔斯泰，他们的思想主张大相径庭，但他们以不同的旋律和声部，合奏了一个气势恢宏的主题：俄罗斯文化的绝地复活！

普希金以自由的名义，张扬着政治上的无政府主义和文化上的民族主义，因而被沙皇政权视为异端并且流放。后来夺去他年轻生命的那场决斗，也有人认定是宫廷策划的一场政治谋杀。不管这一说法的证据是否确凿，普希金在精神上对沙皇的对抗，沙皇在政治上对普希金的不满，却是显而易见的。普希金作为思想自由的旗手和民族文化的偶像，使沙皇政权的铁幕统治，受到了前所未有的精神挑战。

与彼得大帝的横空出世一样，普希金是破空而降的一代文学巨擘。混杂的血统、骄纵的天性和冲突的人格，成就了他飞扬博大的天纵之才，并历史地肩负了为俄罗斯"建立语言和开创文学"的神圣使命。屠格涅夫说，"他创造了我们的诗歌艺术，创造了我们的文学语言，我们和我们的子孙只能沿着这位天才开创的道路前进下去"。陀思妥耶夫斯基盛赞他为俄罗斯精神"非凡的，甚至是独一无二的体现者"，其创作体现了一种"俄罗斯式的热情和进取精神"，是一种近乎神迹的完美创造和普世性的观察力。

IX

走进位于铁匠巷的陀思妥耶夫斯基故居，我们四处打探，没有一个人相信临街那扇下沉式的小木门里，曾经居住着一位如此声名显赫的小说家。午后的阳光铺满街巷，秋风拂动街面上枯黄的落叶，沙沙的声响从街头传到巷尾。我用劲推开那扇老旧发黑的木门，一声细微悠长的嘎吱声，仿佛穿越了整整一个世纪的岁月。那是一种锥心的俄罗斯式的静寂，从每一寸空间、每一件器物、每一缕空气中隐隐地透出来，无形地包裹着，浸淫着，几乎要将你淹没和消融。这套上下两层的公寓，陈设还是1881年陀思妥耶夫斯基逝世时的样子，简朴，整洁，温馨，餐厅里似乎还能听见用餐时小说家同孩子们温情的说笑。与拥有土地和庄园的同时代贵族作家相比，陀思妥耶夫斯基的寓所显得逼仄和简陋，他的写作，应该时常会被孩子们的嬉闹所侵扰。

作为一名沙皇钦定的政治犯，陀思妥耶夫斯基在经历了西伯利亚的长期流放和服役之后，回到圣彼得堡，已是贫病交加。日渐深重的肺病和间歇性的癫痫症，无情地折磨着作家。弗洛伊德认定，他的歇斯底里不是一种器质性病变，而是一种心理疾患，但仅仅将这种疾患的病因归结为童年时代父亲的一次严厉惩罚，似乎也有几分牵强。道德的遵从与违逆，虽然一直都是陀思妥耶夫斯基的精神主题，他甚至将与道德混乱甚至败坏做不懈的斗争视为自己的使命，但人生的悲剧性遭遇，以及理想实现无望的精神折磨，应该是其歇斯底里的主要原因。

屈从与反叛的灵魂纠缠和挣扎，是大多数俄罗斯作家、艺术家共同的精神疾患。不仅仅是对道德的妥协，还有对宗教，对法兰西文化，乃至对皇权的妥协，造就了情感上永无休止的纠结和理智上反反复复的自我否定。始终以自己灵魂的视角审视社会的动荡、世俗生活的嬗变，将民族历史的苦难内化为自我心灵的苦难，将世俗罪孽的指认升华为伦理道德的审判，这种置身事内的精神担当，刀刃向内的心灵内省，恰恰是中国现当代文学所缺失的。只有很少的作家，譬如鲁迅，只有很少的作品，譬如《狂人日记》《在酒楼上》，具备这种歇斯底里式的精神力量、刮骨疗伤式的心灵坚韧。文学批判的力量，来自作家自我批判的力量！社会救赎的可能，依托于作家自我救赎的可能！只有当社会的苦难内化为作家的苦难，生活的苦难升华为生命的苦难，中国的文学，才可能获得灵魂救赎的穿透力和震撼力。

因为关注俄罗斯文学传统的当代处境，我专程拜访了叶甫根尼·卡普耶夫先生，他是俄罗斯最大出版集团的CEO。苏联的解体，使俄罗斯经历了又一次巨大的社会变革，从社会主义走回到资本主义体制的俄罗斯人，如何承受这种社会制度颠覆所造成的精神错位和信仰错乱，应该是俄罗斯当代文学的重要主题。我相信这类作品在当下的中国会有普遍的读者，对中国当代文学创作的影响也将十分深远。我和叶甫根尼·卡普耶夫先生商定，彼此推荐本民族优秀的新生代作家，就当代原创版权贸易，进行优先级长期合作。

X

作为沙俄皇权的象征性建筑，坐落在涅瓦河畔的冬宫（Winter Palace），看上去像一个五大三粗的汉子，披了一件薄如蝉翼的女人睡衣，其庞大的结构与脂粉气十足的外观，构成了一种奇异的感官冲突。站在冬宫的入口，我有一种担心误闯闺帏的迟疑。三代女皇为俄罗斯历史留下的浓烈闺房气息，被挥金如土的彼得罗夫娜凝固成这座纪念碑。蓝、白、金三色的轻佻搭配，据说象征了女皇的眼睛、皮肤和头发。那几位被皇室宠幸的西欧建筑师，算是把马屁拍到了极致。为了打造这几座外观不伦不类、内里奢华及顶的宫殿，彼得罗夫娜硬是掏空了一个庞大帝国的充盈国库，等到新的沙皇继位，国库里仅剩了五个卢布。

一代天骄彼得大帝，几乎命定找不到一位合适的继承人。其一是他所创造的文治武功，既得之于个人天赋，亦得之于历史机遇，而这种历史机遇，并非每一位继承者都有幸躬逢的；其二是像他这种旷世之君，压根儿就不会直面正常的生老病死，总觉得自己可以创造生命奇迹，能够向天再借五百年，因而根本无心于继任者的遴选和培养。即使在他杀死了唯一的儿子之后，也没有物色继位人选。大限到来，彼得大帝将自己一手打造的强大帝国，断线风筝似的交给了天意。

相继执掌权杖的三代女皇，权欲与情欲同样炽烈，不论出于自信还是出于无奈，他们用身体混淆了后宫与朝堂、床榻与宝座。尤其是弑夫篡位的叶卡捷琳娜，为了夺取和守护皇位，将手握重兵的将军们，悉数拥入自己的怀抱，用一根裤腰带维系着帝国安定。这位同样被俄罗斯人称为大帝的女皇，虽然在领土贪心和权力欲望上丝毫不让彼得大帝，但其审时度势的远见、文化开放的襟怀和权力运行的公正，却难望彼得大帝项背。宫帏间的奢华享乐与床笫上的阴毒权谋，污染了风气清朗的朝堂，消解了励精图治的意志，贻误了政治变革的机遇，并由此开启了阴谋宫斗的狗血历史，使皇宫日渐沦为了官诽民怨大海中的一座孤岛。彼得大帝积累的国家财力被消耗殆尽，彼得大帝积累的官民信任亦被消耗殆尽。至此，帝国重归风雨飘扬，民族重陷黑暗政治。

彼得大帝推行的文化开放，最终未能获得政治体制变革的积极跟进，文化的先进性和体制的落后性尖锐冲突，导致在军事上战胜了法兰西的俄罗斯，却在政治上败给了法兰西。那些反败为胜打进巴黎的军官们，反而被法国大革命的精神所招引，萌生了社会变革的强烈意愿。后来被沙皇处死和流放的"十二月党人"，便是一群矢志将变革进行到底的先驱。

变革止息之日，便是革命萌动之时。

接踵而至的资产阶级革命、无产阶级革命，没有给罗曼诺夫王朝在变革上犹豫彷徨的机会。尽管后世的沙皇也被迫推行过政治改良的举措，甚至为此付出鲜血和生命，然而，革命一旦发动，变革便失去了机遇和价值。

面对正在修缮的滴血大教堂，想象亚历山大二世在此遇刺的情景，那流淌一地的黏稠鲜血，只是这位开明沙皇为自己沉溺荒淫、抱残守缺的先皇，昂贵地买了一次单。历史，留给一个旧王朝变革自新的机遇何其吝啬!

或许,这便是"十月革命"的历史必然!这便是革命后俄罗斯复活的历史必然!

行期的原因,我没能踏访俄罗斯更广大的土地。浩瀚的贝加尔湖,辽阔的西伯利亚,神奇的高加索,曾是我年少时神往的地方。如果再来俄罗斯,我一定远赴西伯利亚,那片沙皇流放"十二月党人"和陀思妥耶夫斯基、革命政权流放末代皇族的苦难之地。那片冰天雪地的冻土,天荒地老的边陲,是俄罗斯最悲情的一个政治舞台,也是俄罗斯最倔强的一片思想苗圃。正是在那片自然气候和政治气候阴郁黑暗的土地上,一辈又一辈的革命者和文学家,锤炼了自己的思想锋芒,磨砺了自己的英雄情怀。只有在那片土地上,我们才能找到俄罗斯文学精神苦难的源头、意志坚韧的样本。

我一直敬仰那群"十二月党人"的妻子。这些自幼在圣彼得堡舞会的轻歌曼舞中长大的贵族女性,毅然决然地舍弃尊贵光鲜的门庭、养尊处优的生活,陪伴丈夫踏上漫漫的流亡之路,在冰天雪地中与丈夫厮守终身。是她们以自己柔弱的生命之光,照亮了那片暗黑的土地;是她们以自己坚贞的爱情,温暖了那片寒冷的土地;是她们以自己博大的情怀,复活了那片死寂的土地!俄罗斯民族的英雄主义情怀,正是这些坚韧的女性在苦难中演绎和传续,她们是引领俄罗斯一次又一次战胜苦难的复活女神。

还有高加索,还有顿河,这些高山大川养育的草莽子民,组成了无坚不摧的高加索兵团、哥萨克兵团，是他们在每一次艰苦卓绝、生死攸关的战役中，用生命编织出一面面英雄主义的猎猎战旗……

没有一个民族不遭遇入侵，只要面对强敌时有奋起反击的男儿，这个民族便会不可战胜；没有一块土地不遭遇灾难，只要面对灾难时有坚韧忍耐的女人，这片土地便会神奇复活；没有一部历史不遭遇黑暗，只要面对黑暗时有守护灵魂之光的知识分子，这部历史便会有光明的续章！

列宾给托尔斯泰的画像

列宾（1844—1930），成名极早，26岁时便因《伏尔加河上的纤夫》蜚声画坛。年轻的大画家一直怀有一个强烈的心愿，就是为自己崇拜的作家列夫·托尔斯泰画一幅肖像。列宾通过各种渠道发出请求，均被托尔斯泰断然拒绝。托尔斯泰拒绝的原因，并非不信任列宾的艺术才华，而是他从小就认为自己长相丑陋，不愿将这副面目留给后人。1873年，大画家克拉姆斯科伊到庄园拜访，向托尔斯泰解释肖像画的意义，连拉带哄地给作家画了一张肖像。也就是这位画家，后来创作了著名的《无名女郎》，其原型据说就是托尔斯泰笔下的人物安娜·卡列尼娜。

1880年，列宾在朋友家中邂逅托尔斯泰，之后开始为作家的作品插图。交往中，托尔斯泰接受了列宾为其画像的请求。由于心情激动和紧张，第一张画像列宾很不满意，第二张则十分成功，后来被誉为托尔斯泰的标准像。1887年，列宾用三天时间创作了托尔斯泰胡须浓密的坐像，被认为是托尔斯泰肖像中最传神的代表性作品。从1880年至1910年，列宾与托尔斯泰交往30年，为作家画了70多幅画像，其中有油画、水彩和各种素描，几乎用自己的画笔，记录了作家的后半生。列宾一直将与作家相处、为其作画的时光，视为一生中最美好的时刻。在自己的《往事随想》中，列宾毫不掩饰地表达对作家的崇拜："我的上帝，这个托尔斯泰拥有多么广博的心灵！所有诞生的、活着的、呼吸的事物，整个大自然的一切，都被他准确无误、毫无造作地表现出来。"

东正教

东西罗马的教权之争，导致了基督教分裂。1054年，西罗马教廷宣称自己为公教，东罗马宣称自己为正教。两大教派在分裂之后的近千年发展中，教义、仪式和神职设置上有了差异，但究其源流，仍属于信仰基督的一神教。2016年2月12日，罗马天主教教皇方济各与俄罗斯东正教大牧首基里尔在古巴会面，标志着东西两大基督教派分裂千年之后首度言和。他们讨论的议题，是如何解救中东和非洲遭受迫害的基督教徒。新的宗教难题，似乎正在促使两大教派淡化历史积怨。

俄罗斯确立东正教为国教，是在基督教公开分裂之前。公元988年，基辅大公弗拉基米尔有感于传统多神教难以形成统一的意识形态，不利于政权的统治，希望确立一种一神教为国教。经过考察，最终从伊斯兰教、犹太教、天主教和基督教中，选择了君士坦丁为教廷的基督教，也就是后来的东正教。大公所以如此选择，据说是因为其他三种宗教的教规相对严苛，不太适合俄罗斯人的生活习性和文化传统。大公自己受洗后，将所有罗斯人强行赶入第聂伯河受洗，东正教由此成为国教。东正教的引入，的确使基辅罗斯公国更加强大，在东罗马帝国江河日下的历史背景下，罗斯公国不仅政治势力日渐强大，宗教影响也与日俱增，并逐渐成为东正教的核心教区。

在文化传统并不深厚的俄罗斯，东正教奠定了国家共同的精神信仰和思想文化根基，这对一个幅员辽阔、民族众多的国家而言，是一项"天字一号"的基础工程。待到伊凡三世崛起，干脆通过联姻将君士坦丁的教权和国号一起拿了过来，号称第三罗马帝国。伊凡三世的子孙们，名正言顺地戴上了沙皇皇冠，建立了真正政教合一的大一统帝国。在1000年的历史中，俄罗斯屡遭外族入侵，几次被人占领都城，但每次都能劫后余生，迅速恢复元气，成为一个大国，东正教是凝聚人心、殊死反抗的精神力量。东正教不仅主宰了俄罗斯人的世俗生活，而且浸淫了俄罗斯人的精神创造，在18、19世纪俄罗斯伟大作家的作品中，东正教始终是一种不可替代的思想源泉。

挥金如土的彼得罗夫娜

伊丽莎白·彼得罗夫娜（1709—1762），俄罗斯帝国皇帝，史称伊丽莎白一世，彼得大帝与叶卡捷琳娜一世的第三个女儿。

1741年，伊丽莎白发动非流血政变，取代儿皇帝伊凡六世登上皇位，宣称恢复彼得大帝传统，实施了一系列政治变革，推进国家治理逐渐走上正轨。

伊丽莎白天生丽质，自幼深蒙其父厚爱，彼得大帝晚年，只有伊丽莎白可以随时觐见。

伊丽莎白执政时期，正值欧洲混战，德、法、英列强及欧洲诸国，悉数卷入战争。作为当时的欧洲强国，俄罗斯当然无法置身事外。伊丽莎白审时度势，与奥地利女皇、法国皇帝情妇交好结盟，阻挡了普鲁士王国的扩展计划，避免了俄罗斯陷入长久的战祸，留下了"三条裙子联盟"的外交佳话。伊丽莎白创立了莫斯科大学，支持开办私人银行，并通过七年战争培养了一支强大的军队。

因为生活奢华，伊丽莎白的种种文治武功，几乎被挥金如土的坏名声所遮掩。进入冬宫，触目可见的那些珍稀贵重物件，多数为其执政时期置办。伊丽莎白热衷举办宫廷舞会，一场舞会，女皇要更换三条裙子。每值英、法、商船抵埠，所有服装、首饰，均由其首先挑选，剩余之物方可进入市场，常常一人购下整船商品。不计国力，大兴土木，宏伟的冬宫和奢华的叶卡捷琳娜宫，均由其主持扩造和兴建，几乎耗尽了国库的银子。就追求时尚、滥觞奢靡风气而言，伊丽莎白堪比法国太阳王路易十四，俄罗斯历代皇帝无有出其右者。

彼得大帝曾亲自为其安排了两次婚姻，最终均未如约成婚。及至登基之后，才与自己心仪的歌唱家拉祖莫夫斯基缔结婚约，秘密成婚。伊丽莎白对这位没有正式名分的丈夫恩宠有加，临终还嘱托身边重臣善待拉祖莫夫斯基。拉祖莫夫斯基为人谨慎低调，从不介入宫廷事务。伊丽莎白驾崩之后，立即搬出宫廷住回自己的封地，并当着朝廷使臣的面，焚烧了伊丽莎白亲笔签字的秘密婚约，安静地生活在封地直至终老。在罗曼诺夫王朝数不胜数的宫廷艳事中，伊丽莎白与拉祖莫夫斯基，算是清爽美好的一段佳话。

歌哭的河谷

In Germany

　　来去欧洲20年，往返最多的国家是德意志（Germany），起降最多的机场是法兰克福（Frankfurt）。掰着手指算，前后已是十几次。有专程前往，也有中途过境。有几回执意走条新航线，航班调来换去，到头还是上了飞法兰克福的航班。

　　除了一次是从哥本哈根（Copenhagen）乘渡海列车到汉堡（Hamburg），其余在德的行程，全都囿于莱茵河（Rhine）流域。在这条古堡林立的河谷，盘桓越久，越是陷在现实与历史的错位中无法自拔：你不知道应该相信亲睹亲历的现实，还是随处可遇的历史；甚至说不清这个民族是野蛮还是文明，是强大还是羸弱，是冷血还是感性，是倨傲还是自卑。每当我伫立在河谷的左岸或者右岸，置身于河谷的老城或者古堡，心中便会自然地涌起德国诗人席勒那句迷途孩子似的歌哭：

　　"德意志，它在哪里？我找不到那块地方！"

I

第一次与迈克尔·布什见面，是在法兰克福。因为和伦敦书展主席的会面耽误了时间，我进会议室，布什已经在那里等了半个小时。德国人社交从来守时，加上布什又是军人出身，我很担心自己的迟到影响接下来的会谈。德意志人的人种优越感尽人皆知，社交中的文化倨傲已成口碑。进门时，我心中十分忐忑，不知道该怎样开口，才能打破这实际上已经形成的僵局。

见我进门，布什从椅子上站起来，隔着会谈桌把手伸给我，握手时狠狠使了一把劲，说是见托马斯吧？那老太太只要你不撒腿跑掉，她就会扯着你聊到晚上。布什一句话，卸去了我心头的担忧，为会谈定下了轻松诙谐的基调。

布什是塔利亚集团（Talia Group）的股东，又是公司的CEO，掌管着遍及德语区的300多家书店，和市场份额最大的德语电子阅读器公司，公司年销售近10亿欧元。塔利亚的阅读器市场占比，在德国比亚马逊高10%，我见布什，就是冲着他的数字阅读生意去的。布什开诚布公，说他知道我想参与整个数字业务，但合作得先从具体业务开始。他旗下有一家名叫鹦鹉学舌的在线语言学习平台，可以转让我们20%的股权。我研究过这家公司的资料，同意推进参股进程。几个月后我去伦敦，塔利亚的董事局主席莱夫·格尔利兹又专程飞过去，就合资事宜进一步洽谈。意外的是，我回中国后，竟有好几个月没有塔利亚的音讯。我猜想是塔利亚改变了主意，也就没再追问。

237

后来收到布什的邮件,开头便是向我道歉,说前段发现鹦鹉学舌的财务数据有误,实际状况不如报表反映的好,他们不能拿一家有财务瑕疵的公司和我们合作,提出终止此前的合作意向,待他们找出更好的合作项目,再来推进合资。给我们进行尽职调查的国际公司,此前并未报告这一情况,待他们回头再去复核,确认布什说的是实情。今年再去德国,我到了塔利亚的总部,与布什签署了战略合作协议,并就具体项目拿出了新的方案。德国公司重视商业诚信,在与法兰克福书展集团的合作中已有体会,但塔利亚这个如此鲜活生动的案例,还是让我更深刻地理解了德国人的商业文化。德国公司的生命力和竞争力,原来建立在如此纯净而坚定的商业道德之上。

事后和书展集团的主席尤根·博斯讨论,他说企业也是有血统的。具体到某家公司,这种血统既来自自己的经营传统,也来自民族的商业文明。德国也并非每家公司都是这样,但整体上德国的商业文化重视诚信。这又和一个国家整体的文化素养相关。德国人有良好的读书传统,认为"一个家庭没有书籍,等于一间房子没有窗户"。2016年,德国人均购书12本,比2015年还有增长。一个热爱书的民族,文化传统必然深刻地影响其商业诚信。博斯的话虽有道理,但意识中的民族优越感,仍然隐藏不住。

15世纪中叶,古登堡(Gutenberg)在法兰克福附近发明了活版印刷,并用此项技术印制了第一本图书。16、17世纪,法兰克福因此成为德国最重要的图书贸易市场。如此巨大的图书交易,首先是由德国读者支撑的,然后逐渐辐射到周边的拉丁语国家。"二战"后,德国书业协会创办法兰克福国际书展,功能定位于图书版权的国际贸易。

然而就历史而言，成品图书的国内交易，对德国文化和民族素质有着更深邃的影响。德国家庭有一个传统，书是不准放在脚边的，那被视为对书的大不敬。一部书，在生活中被看得如此重要和神圣，这在其他民族应不多见。

II

我去海德堡（Heidelberg），首先是冲着印刷机，其次才是那座美丽而传奇的古堡。

一个做出版或印刷的人，对海德堡印刷机，一定又爱又恨。这家19世纪中叶创办的印刷厂，一直行走在全球印刷机械的最前列，它的产品迭代史，便是现代印刷业的发展史。近两百年过去，现代印刷业的重大技术，几乎没有一项不出自海德堡；印刷机的革命性机型，几乎没有一台不出自海德堡。长于制造业模仿性转化的日本，跟着海德堡跑了几十年，如今依旧掉在后面气喘吁吁。海德堡总能将材料、机电、传感乃至数字技术等各个领域的最新成果，吸收到印刷机械的革命性设计中去，以自己过人的加工工艺和恒定品质，占据了全球接近五成的市场。只要用过海德堡印刷机的工人，大抵都不愿再用别家的设备。爱不释手而且无可替代，这使海德堡维持着极高的垄断利润。海德堡的商业模式很简单，也很古老，但海德堡让它在每个时代都管用。始终以前瞻的技术和精湛的工艺领跑行业，便把自己养成了一头吸金的怪兽。简单测算，全球印刷行业接近四十亿欧元的利润流到了这里。当然，更重要的还是以优质的机械推动了全球出版传媒业，进而推动了整个人类的文明传承与知识传播。

在海德堡的厂房里，我目睹一枚普通的螺钉如何经过数十道工序，最终拧紧在一台机器上。这些螺钉钢材的选择，硬度的增强，螺纹的加工，电镀的防腐，最终必须达至一个目的：直到整台机器废弃，螺钉都不能锈蚀、磨损和松动。这便是所谓的德国制造。

德国是一个传统的农业国家，工业化的进程晚于英法。机械加工业，也是跟着英国人起的步。起初是仿制英国的刀叉剪子，然后是大件器具。由于德国人在工艺上更讲究，品质上更恒定，觉得和英国货混在一起很吃亏，便赫然打上了德国制造。今天我们习以为常的某某制造，最早是德国人在海德堡下游的鲁尔工业区（Ruhr-gebiet）打出来的。这是一个国家最坚定的商业自信，也是最有力的品质背书。在由农业大国向工业强国转型的历史进程中，这个背书具有异乎寻常的意义。鲁尔工业区随之成为全球最负盛名的制造基地，靠的是一丝不苟的工匠精神，精益求精的品质意识，以及对这份背书的尊重和珍惜。德国的商业文明，已经成为德意志民族现代文明的一部分，甚至是标志性的一部分。

III

两次未能被法国人炸塌，如今依然屹立在内卡河（Neckar）畔山头上的古堡，神圣罗马帝国时代由选帝侯建造，一度是欧洲最宏伟壮观的古堡。虽经两次摧毁，如今仍能与法国人的凡尔赛宫齐名。每年逾三百万游客来到这座城市，大抵都是为了这座古堡。

若论古老，莱茵河畔还有好些城堡垒筑于罗马时代。那时的罗马人，为了防范后来被冠上神圣罗马之名的蛮族入侵，沿莱茵河遍设防御工事，城堡便是防御体系的核心。城堡战法，是罗马军事家的创造，与之相反，蒙古帝国便因过度信任战马而吃了大亏。蒙古马队洪水一般往前冲，冲刷过后并没有留下稳固的政权。罗马人则步步为营，占一片土地筑一群城堡，安安稳稳地住在城堡中，享受占领者的美好时光。

当年罗马人的城堡，大多因年久失修，最终被神圣罗马帝国的邦主或选帝侯拆毁再建，只有很少的几座，还摇摇欲坠地撑在夕阳里，伴着莱茵河无尽的流水风烛残年。罗马人堆垒的石头虽被推倒，罗马人所选的堡址却大多没有易地。罗马将军们选择战略要地的眼光，千百年也难以超越。科隆古堡始建于公元50年，其间虽有损毁，如今依旧屹立在老地方。海德堡是否为罗马原址重建，史料未可考。但从古堡选址的据险扼要看，似乎也该是罗马将军们看得上的地方。

我登古堡，在一夜透雨后的清晨。蒸腾的水汽和山间的晨雾，迷迷蒙蒙混在一起，为褐红色的古堡蒙上了一层纱幔。拾级而上，山林中哗哗的流水与清脆的鸟鸣，随着石径的弯曲时近时远。如此清新婉约的晨曲，惯常只有眠宿在深山老林中的柴扉农舍才可听见。一座宏伟奢华冠盖全欧的王侯官邸，竟有如此清雅缥缈的清晨时光，难怪诗人们称这里为"偷心之城"。

古堡建造了四百年。房子还没建完，审美风尚和建筑理念已发生了变化，最终便混杂了三种建筑风格。欧洲这种拼盘、积木似的建筑很多，形成了一种独特的混杂之美。古堡所用的石料，是采自内卡河谷的红色砂岩，石质与颜色十分纯净。岩石中的晶体映着阳光细细碎碎地反光，增添了红色的鲜亮和饱和。风雨侵蚀，战火熏染，六百年岁月沧桑，古堡看上去依旧红艳如初，这倒是一般古建筑难有的一份幸运。朝晖里，夕阳中，一座美轮美奂的红城堡，如诗如歌地掩映在苍苍翠翠的森林中，即使其中从未发生什么故事，人们也会编撰出一首首一波三折的动人诗篇。

站在古堡眺望山下，那是海德堡最美的景致：莱茵河谷层层叠叠的葡萄园，丰茂繁盛得如同一汪汪翠绿的汁液，盈盈地闪耀在阳光下，仿佛随时都会溢出来，随谷底的河水流走。莱茵河流域，是欧洲最早的葡萄种植区之一，那里出产的雷司令，自古就是王公贵族的佐餐佳酿。古堡中建有巨大的酒窖，酒窖中有两只巨大的酒桶，据说大的那只可装20万公升酒，从古至今从未装满。尽管选帝侯权倾一国、富甲一方，若要占尽天下美酒，看来还是一件难事。

法国的浪漫在都会，英国的浪漫在村野，德国的浪漫则在小城。神圣罗马帝国时代，帝国着力发展的是小城镇。一大批规划合理、选址优美、建筑考究的小城，珍珠般撒满平原和森林。不管你偶然走进哪一座，古老的街道，宽阔的广场，各家各户窗台上盛开的鲜花，都会让人迷失忘返。海德堡，则是这千万小城中最浪漫的一座。静谧加悠闲的时光，诗文加美酒的生活，山水加建筑的审美，为小城遗存了一份古老的清雅和浪漫；小城另有的一份浪漫，则由一代又一代来到这里的文化名人添加叠染。歌德在这里找到了自己的爱情，他的爱侣玛丽安娜高声吟

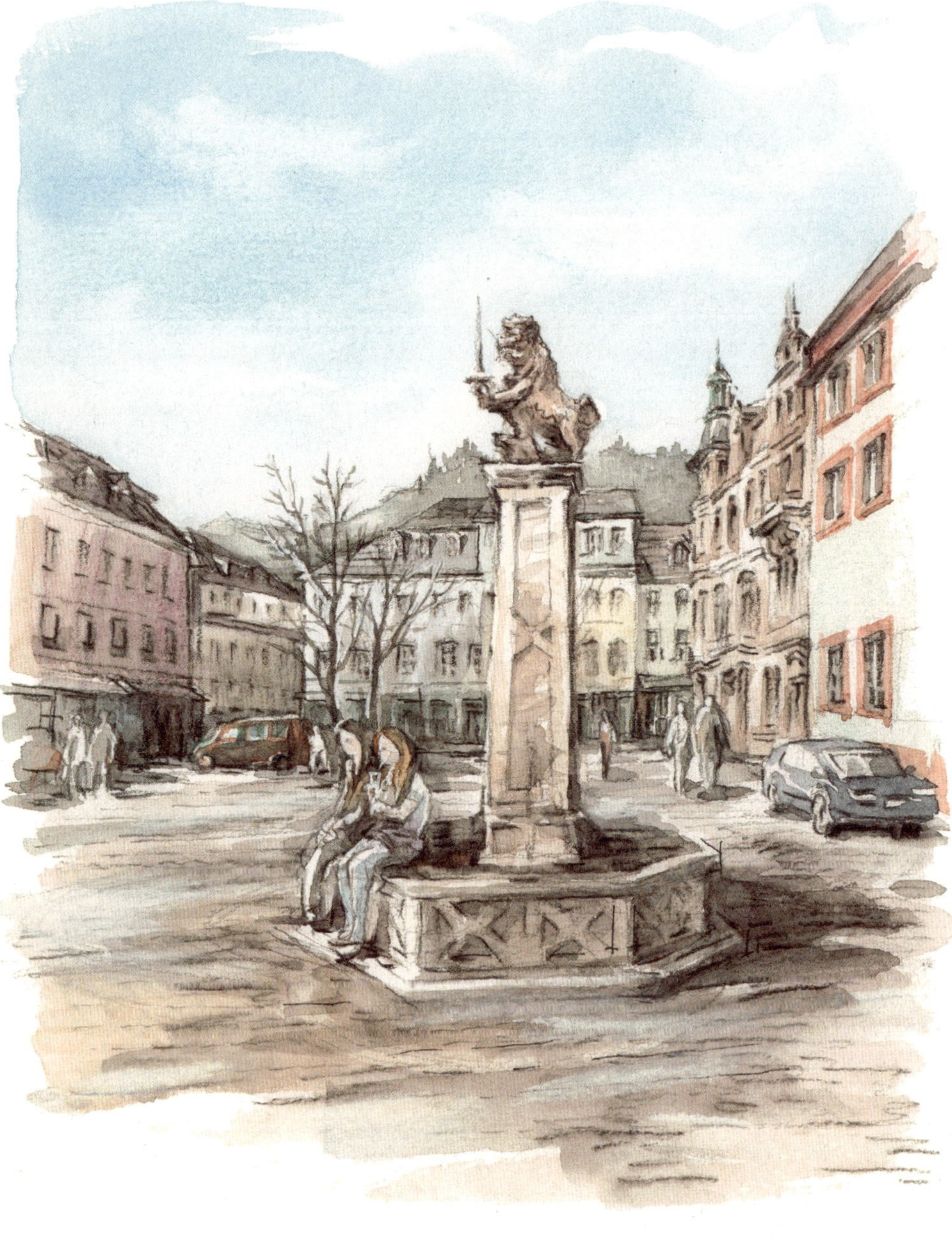

法国的浪漫在都会，英国的浪漫在村野，德国的浪漫则在小城。

大抵只有在大学校园，无论校舍多么斑驳，行道多么古旧，树木多么苍劲，藤萝多么虬曲，甚至是在残阳如血的夕照中，也不会透出一丝颓唐、衰败和悲怆。时光似乎凝固，生活却充满生机。

历史在海德堡大学的围墙外，走了一段多么漫长的回头路。

没有人说得清，哲学家给德意志带来了什么，就像没有人说得清音乐、诗歌给意大利和法兰西带来了什么。天性吧！就是一个民族承载了一个物种的某一部分超能，用一代一代的生命，把这种潜能发挥到极致。仔细想想，人类的各个种族，一直在激发各自的天赋潜能，合力打造"宇宙精华、万物灵长"这一大IP！

唱"高墙花开之处，我找到了最爱的他"；海德格尔在这里藏匿了自己的爱恋，他的情人哽咽着诉说："我爱你，一如当初！"……来到小城的文化名人，在这里找寻并孕育了一种共同的文化冲动：浪漫主义文艺运动。他们以各自才华横溢的创作，惊世骇俗的爱情，为这个含混的主题加上了独特的人生注解。

IV

盟军狂乱的轰炸中，海德堡得以幸存，据说是因为海德堡大学。

"二战"前，在海德堡大学留学的美国学生很多。他们中的一些人，爱上了当地的德国姑娘。及至战事爆发，美国学生离德返美，有人还将入伍参战。临别的那个晚上，美国小伙与德国姑娘汇聚大学广场，相泣而吻，相拥而歌，生离死别直至天明。后来盟军反攻德国，美国空军将法兰克福等城市炸成了一片瓦砾，只有海德堡得以幸免。究其原因，一说美国空军高层有人曾就读于海德堡大学，不忍炸掉自己美丽的母校；一说飞行队中的飞行员，就是"二战"爆发时离去的美国学生，不忍将自己初恋的记忆埋葬于一片火海，更不忍误伤自己心中忘不掉的恋人。我更愿意相信后者，因为大学广场上的那一夜爱情诀别，足以让他们超越任何战争仇恨。

大抵只有在大学校园，无论校舍多么斑驳，行道多么古旧，树木多么苍劲，藤萝多么虬曲，甚至是在残阳如血的夕照中，也不会透出一丝颓唐、衰败和悲怆。时光似乎凝固，生活却充满生机。下课的教授夹着磨光的公文包低头行走，学生则踩着滑板呼啸而过；五彩缤纷的自行车满校园穿行，相拥相抱的情侣，无所顾忌地摆弄成黄昏中最美的风景……即使伫立在黑格尔授课的讲坛边、行走在施洛塞尔散步的小道上，你也很难沉浸在对往昔的怀想中，形影相吊地发思古之幽情。六百年岁月悠悠，这里就是一股澎湃的青春活水，激情不息，青春永续。

向晚时分，轻松闲适的校园灯火渐起，薄雾般的夜色，被挤到了空阔的大学广场。狮子喷泉的水柱，喷射在暮霭中影影绰绰，只有哗哗的水声，还有细雨似的飞沫，被吹来拂去的晚风飘洒在广场上。就在这座广场，1518年4月，写出了《九十五条论纲》、公开向罗马教廷挑战的马丁·路德（Martin Luther），与教廷派来的教士公开论辩。那时的海德堡大学，还厚蒙教廷荫庇，宗教的立场仍在天主教一边。路德只身跑来论战，很有点单刀赴会的豪壮。

我始终不能理解，一向对异教徒心狠手辣的教皇，怎么对这个公开叫板的教权挑衅者，不仅没有大动杀机，而且派人与之公开论辩，选了一个设坛比武的解决方案。兜售"赎罪券"的死穴已被路德点了，任你内功多么高强，出剑便是一败涂地。"鸿门宴"也好，"野猪林"也罢，哪个方案教廷都能弄得干净利落。更何况，教廷还有帝国皇帝帮忙。教皇捏着帝国皇帝七分之三的选票，占着帝国百分之十五的土地。哥俩儿套在一条裤子里，想不联手都不行。等到路德在大学广场侃侃而谈，舌灿莲花地将教廷派出的教士批得体无完肤、把教廷的颜面扫了个一干二净，才终于明白论辩不是解决问题的方法，最后由皇帝宣布路德有罪，发令追捕。此时路德的教义已有了拥趸，萨克森选帝侯（The Elector of Saxony）将他藏在瓦特堡，他潜心翻译《旧约》，打造了新教《圣经》的德语标准版。这不仅让新教徒有了自己的经书，而且让帝国有了德文国民读本，开启了德意志人阅读德语书的时代。路德种瓜只想得瓜，却意外瓜豆兼得了。

同样是在这片广场，第三帝国时期，为了抗议纳粹对教授的残害，学生们燃起一场熊熊大火，义愤填膺地将自己视为瑰宝的图书投入火海，把古城的天空燃成一片彤红。

从挑战教廷的广场论辩，到抗议杀戮的广场大火，历史在海德堡大学的围墙外，走了一段多么漫长的回头路。神圣罗马皇帝想逮捕一位倡导宗教改革的教授，还需要帝国议会讨论；第三帝国元首要灭绝一个民族，却只在自己的意念之间。历史演进的所谓螺旋，为何有时会跌回原点？这一切从头来过的历程，也能算是一种社会的进化和文明的延续？无论对历史的回旋怀有怎样理性的宽容，站在这座古老的大学广场，我对强人竞出的21世纪，依然怀有一份惴惴不安的忧虑。

V

我去哲学家小径，已是月至中天。满满的一轮皓月跟在头顶，灯笼似的照着面前一步一阶的岩石小路。斜过石径的树枝拨月弄影，将碎银似的月光洒在叠满青苔的石阶上，似有叮当的脆响。山风清爽，时急时缓地穿行在山林中，仿佛与月光捉着迷藏。树林深处的鸟鸣，时长时短，孤寂中等候着回应。山下的内卡河清波荡漾，如一条闪烁的光带绕着夜色中的老城，哗哗的水声比白昼更加欢畅。我不确定黑格尔、歌德、雅斯贝尔斯这些哲学家和诗人,是否曾在月夜里攀爬小径,在这月白风轻的午夜,寻寻觅觅地等待灵光一闪的瞬间。我不确定在这纯粹思辨的理性世界与乱花迷眼的感官世界之间,小径是否真是一条通幽达微的生命便道。

折转回头,小径依旧明月清风。仰望空中早已西斜的圆月,我忽然想起崔颢题写黄鹤楼的那几句诗。"白云千载空悠悠",诗人是状景,还是抒情?是感叹人生的无常,还是玄想存在的虚无?黑格尔若临此景,又会发怎样的喟叹,做怎样的思辨呢?德意志是一个偏好纯粹思辨的民族,这条走过一代又一代哲学家的小径,算得上德国哲学史的一个美丽象征。

与海德堡同时期创立的那些老派大学,当年主修的课程只有七门,俗称"七艺",其中便有逻辑,说明思维的训练已是重要的必修课程。当时的大学,一般只有神学、法学、医学和哲学四个学院,前三个学院,往往被人认为受制于教廷或政府,只有哲学院绝对独立,理性的批判,享有一种绝对的自由。前三个学院是一种职业训练,只有哲学院,是一种精神修养,是德意志民族薪火相传的思辨训练营。不论校外如何烽火连天,校园里总有一个宁静自由的角落,供哲学家们撑着下巴杞人忧天。拿破仑的炮弹在耶拿城外轰隆炸响,黑格尔还在图书馆里为他的《精神现象学》结尾。

德意志不会缺少哲学家,就像意大利不会缺少歌唱家,法兰西不会缺少诗人。没有人说得清,哲学家给德意志带来了什么,就像没有人说得清音乐、诗歌给意大利和法兰西带来了什么。天性吧!就是一个民族承载了一个物种的某一部分超能，用一代一代的生命，把这种潜能发挥到极致。仔细想想，人类的各个种族，一直在激发各自的天赋潜能，合力打造"宇宙精华、万物灵长"这一大IP！德意志民族在神学、哲学、历史与音乐领域的天赋与创造，定格了人类文明的多项标高。

VI

从海德堡到杜塞尔多夫（Dusseldorf），那一段长长的莱茵河谷，我曾多次流连忘返。作为欧洲的母亲河，莱茵河最美的一段河谷在这里。就像长江三峡，不论沿岸驾车，还是顺流行船，每一回都像走了一条新的河道。真正天地造化的杰作，就像一部伟大的诗集，每读一遍，都是全新的审美和生命体验。

有一次从海德堡去科隆（Cologne），沿左岸乘车，一路风雨交加。翻卷的乌云填满整个河谷，汽车仿佛飞行在云层中。两岸的山峰，只有在闪电撕裂乌云的瞬间一现即逝，如同传说中的天兵天将，威武雄壮地赶赴一场战事。河谷中隐匿的城堡，如同童话中被巫婆控制的宫殿，看上去鬼气森林……

另一次在科布伦茨（Koblenz）登船，溯流而上去美因茨（Mainz）。正好早晨九点的光景，太阳刚刚爬上东岸的山顶，鲜红的云霞映衬着青葱的山脊线，牵扯着思绪远远地向前延伸。清澈的河水倒映霞光，如一匹顺滑的红锦向后铺卷。晨雾尚未退尽，若有若无地飘荡在河谷的树丛和葡萄园里，宁静得仿佛没有从宿睡中醒来。迎面扑来的老城和古堡，如同从来就生长在那里，自然而然地融在每一幅画面中。应该很难找到另一条河谷，将自然地貌和人类建筑配搭得如此天衣无缝，仿佛在亘古洪荒中一同造化。莱茵河谷的人类文明，正在被岁月侵蚀为自然遗存的一部分，至少在审美上是如此。

登岸踏进每一个古堡、每一座老城，你都会被一打陈年旧事纠缠。这条物华天宝的美丽河谷，一直都在被文明与野蛮的力量争来夺去。公元初年的罗马人，把莱茵河边界以外的哥特人、勃艮第人、汪达尔人、撒克逊人、伦巴第人、盎格鲁人等部族视为野蛮人，统称日耳曼人。高傲的罗马人为防范蛮族侵扰，沿莱茵河与多瑙河筑造了近百座堡垒、近千座瞭望塔，构建了一条坚固的城堡防线。如同万里长城未能阻断西戎、北狄的侵犯，古堡防线也最终被日耳曼人突破，大片文明领地沦为蛮族属邦。野蛮人建立起的神圣罗马帝国，推行宗教教化，兴办大学教育，发展科学研究，渐次成为开化之地，却被恃武逞强的拿破仑抢夺，最终又被德意志帝国以野蛮的战争收复……

这期间，战争造成的文明与野蛮的交错，移民造成的高贵与低贱的混杂，演绎了日耳曼人与异族，以及日耳曼人各部族间颠倒往复的衍进史。神圣罗马皇帝为了讨好罗马教廷，兴兵组建条顿军团东征，主观上为了光复基督教圣地，客观上却以野蛮的屠城方式，延续了千年不断的信仰冲突；路德的宗教改革削弱了神权的统治，却引发了血腥的"30年战争"，将当时德意志的人口牺牲了三分之一。这种文明动机与野蛮结果的背反、野蛮手段与文明目标的错位，悉数凝结成了莱茵河谷鳞次栉比的老城和古堡。

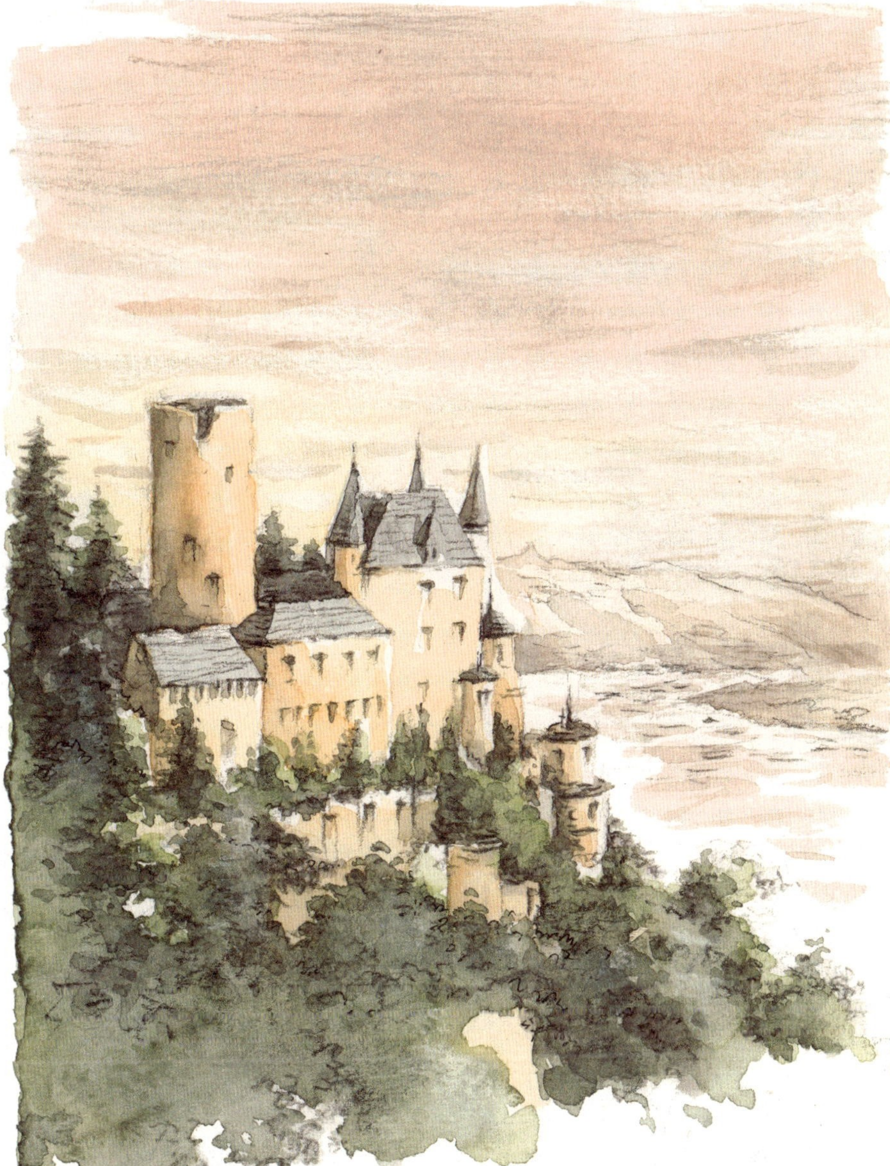

这种文明动机与野蛮结果的背反、野蛮手段与文明目标的错位，悉数凝结成了莱茵河谷鳞次栉比的老城和古堡。

从古至今，没有哪个民族如德意志那般自我矛盾，也没有哪个民族如德意志那般决绝地企图消解这种矛盾。传播文明而又捣毁文明，催生变革而又剿灭变革，创造思想而又禁锢思想，联盟欧洲而又撕裂欧洲……一体多面以至于最终面目全非，连自己都无法辨认自己。

这番21世纪的德意志式的歌哭，是一则恐怖的预言，还是一句严正的警告？

VII

去年到科隆，我又去了罗马古堡。当年立在西北城角、威震一方的古堡，如今已陷在周边高高的建筑群里。然而隔着两道街口，我便远远地看到了敦敦实实的古堡，和古堡上张扬而神秘的太阳纹。古堡墙体上嵌贴着的石块，拼镶成各种图纹，其中最粗粝遒劲的是太阳纹，看上去像一道道符咒，有一种神秘的力量让你情不自禁地靠近，再靠近，直到张开双臂，将胸脯贴上光芒四射的太阳。你觉得生命被一股魔力吸附而去，身体变成了古堡上的一块石头，慢慢风化，慢慢剥落。公元50年，罗马将士修建古堡时，就将这些图纹贴在古堡的墙体上，他们是希望这些符号能护佑古堡坚不可摧、护佑自己刀枪不入，还是护佑河谷物丰地宁？

从古堡所在的街头，仰望高耸的科隆大教堂，仿佛要穿越一段漫长的历史。这座花了六百年时间建成的美轮美奂的大教堂，"二战"中差点毁于一旦。英国人为了摧毁德军的工业补给，调集了一千多架飞机轰炸科隆，就在机长将炮口对准教堂穹顶的一瞬，他看见教堂外墙上吊着一个个衣衫褴褛的人，神情专注地拆卸教堂镶嵌的彩绘玻璃。这是一群栖身在教堂地下室的流浪汉。他们自发地拆卸玻璃，是为了这些珍贵的宗教彩绘不在轰炸中损坏。机长被眼前的情景深深震撼，立马调转了炮口，其他飞行员也跟着绕过了教堂。从美国空军不轰炸海德堡大学，到英国飞行员不炮轰科隆大教堂，似乎让我们看到了在文明与野蛮的历史交错中，文明正日渐走强。虽然是以血还血的残酷战争，文明也不再以最野蛮的方式博取胜利。

那是一个朗月的夏夜,我独自从古堡走向莱茵河岸。明亮的月光暗淡了街上的路灯,还有街道旁的万家灯火。街上行人不多,间或一两个跑步者,气喘吁吁地挥手和你打个招呼;道上车也不多,间或一两台跑车疾驰而过,留下一串轰轰轰的声响震耳欲聋。这座"二战"中几乎被炸成废墟的老城,看上去已创伤痊愈。过去一个世纪,德国人所经历的疯狂和忏悔,似乎正在造就一个新的德意志。德意志是欧洲主义与民族主义如此对立、野蛮和文明如此纠缠的一个民族,很长一段历史中,他们自己都弄不清地理和心理上的德意志在哪里。诗人歌德和席勒关于德意志在哪里的惊世之问,道出了所有德意志人纠缠于心的惶惑与伤痛。

二次世界大战后,德意志人的情感更加矛盾和纠结,说不清自己对这个民族该爱还是该恨。这些身负罪孽的战败者,努力在忏悔中做回世界的文明公民,骨子里却又隐忍着屈辱和痛苦。历史光荣的记忆,种族高贵的幻想,以及代际相传的征服欲望,依旧在血管中奔涌。从古至今,没有哪个民族如德意志那般自我矛盾,也没有哪个民族如德意志那般决绝地企图消解这种矛盾。传播文明而又捣毁文明,催生变革而又剿灭变革,创造思想而又禁锢思想,联盟欧洲而又撕裂欧洲……一体多面以至于最终面目全非,连自己都无法辨认自己,这便是真实的德意志。一个崇尚绝对理性的民族,却最终被一个狂热的演说家所鼓动,原因就在于他告诉迷茫中的德意志人:德意志在哪里,什么是德意志人。很少人深究他说得对不对,因为德意志人需要那么一个说法。

站在莱茵河左岸,看着浩浩荡荡的河水翻卷着闪闪烁烁的月光奔涌而去,好一派浪淘千古、历史不再的决绝气势。面对这条野蛮与文明交战了两千年、罪孽与荣光歌哭了两千年的河谷,我真诚希望德意志的历史、欧洲的历史，乃至人类的历史，就像这浩荡汹涌的莱茵河水，艰难冲决了上游野蛮山岭的重重阻挡，一日千里地奔腾在文明的河谷里……

就在文章收笔的一刻，我读到了默克尔的告别演讲。面对满目疮痍的柏林墙，铁娘子说得泪流满面：

"这一切，正是我看到了德国'民粹主义'背后掩藏的'真相'——就是那一道柏林墙，分割一切的柏林墙，如今已不再局限于德国，而是整个欧洲，乃至整个世界！"

这番21世纪的德意志式的歌哭，是一则恐怖的预言，还是一句严正的警告？

鲁尔工业区

鲁尔工业区地处莱茵河中下游,在鲁尔河与科珀河之间,是德国最大的煤炭储量区。19世纪因采煤和焦化而兴盛,进而就能源之便,带动电力、化工、机械加工及轻纺等产业发展,形成完备高效的工业协同体系,成为德国乃至世界最重要的工业区。两次世界大战中,鲁尔工业区是德军的重要支撑,"二战"中英国曾调集上千架飞机轰炸这一地区。战后德国重建,鲁尔工业区带动国家工业快速复苏,并成功实现工业制造升级。在德国建设工业强国的历程中,功勋无有出其右者。

鲁尔成功的秘诀,是资源优势就地转化为制造优势,地理优势就地转化为品质优势,极大地延伸了资源和地理的商业价值,从而形成资源与交通、资源与产业、产业与产业之间的良好协同。其次是产业的主动优化和转型。焦炭虽然过剩,煤化工依然需求旺盛;普通钢铁虽然过剩,特种钢铁依然需求旺盛;传统加工虽然面临淘汰,工业4.0方兴未艾……鲁尔工业园也曾经烟尘蔽日,如今已治理得蓝天白云、空气清爽。我去科隆和杜塞尔多夫,看到的传统工业区,已成功转型为研究所集聚区、博物馆集聚区、教育集聚区,形成了完善的第三产业体系。触目所及的是花园式的城区和小镇。

鲁尔,世界工业进化的一具活体标本。

汉娜·阿伦特

汉娜·阿伦特(1906年10月14日—1975年12月4日),德国犹太人,后移民美国。20世纪最具原创意义的伟大政治思想家。1924年,汉娜·阿伦特就读马堡大学哲学系,拜师马丁·海德格尔,由此结下一生的不了情缘。1926年,海德格尔将自己的情人推荐到西奥多·雅斯贝尔斯门下攻读博士学位。阿伦特在海德堡大学完成了博士论文《论奥古斯丁"爱"的概念》。海德格尔和阿伦特均深受奥古斯丁影响,他们一生的彼此深爱,可以视为奥古斯丁"爱是——做你想做的事"这一原则的生命践行。

一位是纳粹主义追随者,一位是被纳粹迫害的犹太人,在一个政治迷狂的时代里,他们的爱情之舟历经了灭顶之灾。阿伦特被迫流亡法国,1941年辗转到美国。这段爱情与政治尖锐冲突的人生,深刻地影响了阿伦特的学术研究,随后撰写的《极权主义的起源》《人的状况》《论革命》等著作,以极具亲历性的视野和原创性的思想,深刻地揭示了极权主义的人性基础和历史渊源。阿伦特决绝地从哲学的书斋中走出来,直面极权主义这一人类的灾难性命题,体现了她作为一位伟大思想家的学术良心和社会担当。1959年,阿伦特被普林斯顿大学任命为第一位女性教授。

世上大概很少有一种痛苦,比将两位哲学家之间的爱用政治的力量活生生撕开更难以言说、更难以摆脱。面对非婚之爱的世俗压力时,阿伦特还可以深情倾诉:"我爱你,一如当初!"然而,面对极权主义的迫害时,阿伦特只能带着心中的爱亡命天涯。奥古斯丁关于"爱"的思想,究竟是祸害了阿伦特,还是成全了阿伦特,人们一直为此争吵不休。

神圣罗马帝国

公元十世纪,东法兰克王国国王奥托一世东征西伐,势力急速扩展。奥托 世为了获得皇帝之位,以保护教皇为名出兵罗马,兵戎相逼教廷。公元962年,教皇为其涂抹圣油,戴上皇冠,沿用罗马帝国称号。300多年后,为强调帝国与基督教会的紧密关系,腓特烈一世更名为德意志神圣罗马帝国。该帝国直至1806年被拿破仑勒令放弃神圣罗马皇帝尊号,前后存续了800年。

帝国大部分时间,是一个邦国分立的联合体,并非一个政治上的民族国家。在文艺复兴之后的民族独立运动中,这种状态使帝国在政治上变得地位尴尬。英、法、意等国已变成强大的民族国家,而德意志仍戴着一顶欧洲皇帝的帽子,放下丢了昔日荣光,不放下无法发展德意志民族国家,由此造成了皇帝与邦国、执政者与知识分子在民族立场上的深刻矛盾,导致了普鲁士邦国的快速壮大，并在神圣罗马帝国衰败之后，建立了新的德意志帝国。

神圣罗马帝国得以延续八百年，与其选帝侯制度有关。14世纪，随着邦国势力的兴起，教廷干预的加强，帝国皇帝的承续制度越来越受到挑战。为将这种宗教与世俗力量对皇权的干预控制在可控范围内，查理四世颁布《金玺诏书》，明确皇帝由七大选帝侯选举产生。被赋予选举权的七大选帝侯是：特里尔大主教、科隆大主教、美因茨大主教、波希米亚国王、普法尔茨伯爵、萨克森公爵、勃兰登堡边戎区的伯爵。这些选帝侯独特的政治地位，在稳定皇权和发展邦国中发挥了重要历史作用。

一个狂热的演说家

阿道夫·希特勒（1889年4月20日—1945年4月30日），从阶下囚到国家元首，只用了10年。其间希特勒百试不爽的撒手锏，就是集会演讲。希特勒大约做过80次大型演讲，每一次都能刮起希特勒旋风。我查翻过竞选期间希特勒一周的演讲行程，大约每天都有两到三次不同城市的演讲，集会听众达10万以上的差不多有一半。每次演讲都赢来山呼海啸的呐喊和支持。

希特勒拥有娴熟高超的演讲技巧：坦率，赤诚，适时的停顿，非逻辑性长句，辅以坚定动作的短语，随时与听众情绪互动和高潮时的戛然而止等。然而这一切并非来自天赋，而是来自后天的苦练。再高超的演讲技巧，也不可能让一个以理性著称的民族变得疯狂，故希特勒取胜不在技巧，而在他知道听众需要听到什么。"一战"之后，德国的欧洲主义者想复兴神圣罗马帝国，民族主义者想建立德意志政治强国，两派各执一端却无路可走的人，被希特勒复兴德意志民族的含混理念捆绑在一起，并许下了一个光辉强国的愿景。说听众心中想说未说之思想，燃听众心底欲燃未燃之情绪，这或许是希特勒让一个民族狂热的真正诀窍。

海角天涯

In Portugal

商定旅程时，好几位同行人睁大眼睛问我：为什么是葡萄牙？意思是，我们抵达英国后，周边可以选择的旅游热地很多，怎么偏偏选了清冷偏僻的葡萄牙（Portugal）？我心里装着的理由，一两句话说不清，说了他们也不一定认同，于是，简简单单地回了一句：

那地儿天涯海角，难得一去！

I

波尔图（Porto）是座老城，多少年来，就是葡萄牙的北方重镇。

所谓重镇，一是商贸中心，二是战略要地。因为依着贯穿伊比利亚半岛的杜罗河（Rio Douro），上通西班牙，下达大西洋，货物周转，商品集散，因商而兴城。令人意外的是，浓重的商业氛围，并未使城里城外的居民变得唯利是图、贪生怕死。北方人耿直磊落、侠义血勇的秉性，丝毫没有受到侵害。波尔图所以成为军事要地，除了位居北方要冲的区位意义，更重要的还是兵源充足。此地所募兵勇，做官的不怕死，当兵的不惜命，这种壮怀激烈的血性，让我想到曾国藩从湘地带出去的湘军。葡萄牙和西班牙，是一对生死冤家，历史上拼死拼活打过多少仗，大抵只有历史学家数得清，其中绝大多数以把葡萄牙人打得趴下告终。据说有一次，葡萄牙人以少胜多，打得西班牙人丢盔弃甲。那一仗，就是波尔图人打的。陪同我们的导游，家住里斯本，看到街面上的波尔图人，一副上海人看到外省人的不屑。讲到这场战争，他却语调庄肃，心怀敬意，仿佛换了一个人。

早晨从旅馆出来，满街灿烂的阳光，如同尚未凝结的琥珀，从街的那头流淌过来，慢慢地浸上古老的石头楼房。街道上没有其他行人，似乎整座古城仍在酣睡。我第一次看到，一座在阳光下沉睡的城市，那种温馨沉静和奇异空旷，让我怀疑打从那场激战之后，这座城市已经有很多很多年不曾醒来……战争的目的无非是和平与安宁，如果那场浴血奋战，换来了这座城市一场经年不醒的安眠与酣梦，那还真是一个令人向往的结局。

II

抵达莱罗书店（Livraria Lello）的时候，门前已排了两列长队。每人手中都拿着一张价值4欧元的门票，静静地等在林荫道上。导游担心太长时间的等候，会耽误后面的行程，便去和把门的店员沟通。店员听说我们是来自中国的同行，竟热忱地打开了另一扇小门，让我们先进。

莱罗书店已开了150年，也有人说还可能更早，无疑是这个海角之国最古老的书店，店员甚至说是欧洲大陆存世的最老书店。书店开间并不大，估计二三百平方米的样子。上下两层，中部有一座楼梯，除开临街的大门和二楼的窗户，周边皆为开放书架。楼梯上有古旧的雕饰，手工与成色显示着书店的年龄。架上大多是葡语书，我只能看看装帧和内页的插画。我挑了一本异形八开的手绘书买下来，书中画满帆船，讲的是小王子的生平。只要你进入葡萄牙，总会有人向你说起小王子，因为是他，开启了葡萄牙人航海的伟大征程。

站在书店的二楼环视，拥挤的人群几乎都是参观者。像过去一百多年里，躲在书店一角静静翻书的购书人，大抵早就被挤出了这家书店。因为来参观的多不买书，书店只好干脆卖起门票，供来自全球的游人参观。书店如此火爆的原因，一说是《哈利·波特》的作者罗琳曾在这里教书，假日时常到店里购书；一说是小说中一个重要的场景，是以莱罗书店为原型的。这位中年妇女，制造了全球巨大的哈粉群，他们蝗虫似的追寻罗琳的踪迹。在爱丁堡，那家罗琳常去的大象咖啡馆门前，每天都排着长队。我隔着玻璃望了一眼，店里人声鼎沸，哪里还摆得下一张安静的咖啡桌。

一家存活了150年的书店，至今每天开门迎客，这无疑是一个文化奇迹。没有当年那场勠力殊死的保卫战，哪有书店里的那一份清雅幽静？没有战后一代又一代的市民来这里挑书购书，又哪有书店的百年兴盛？一部红极全球的小说，瞬间征服了不同语种的读者，不断刷新IP经济的榜单,这无疑也是一个文化奇迹。当这两个奇迹叠加在一起,波尔图迎来了更多的游客,却失去了一家真正的书店,一家能唤起每一个市民家族历史感的书店。这一代价,是否过分沉重?我一直在想,假如我走进的这家书店,是我父亲、祖父,甚至曾祖父都曾来过的,在和我一样的年纪,站在同样的角落,翻阅着各自时代的图书,然后挑出几本买下来,夹在腋下走回家,那会是一份怎样温煦的感觉,那会有多少温情的联想?如今国内的书店,动不动便拆建、翻修,唯恐留下一丁点历史的陈迹,宁可再花多少钱来做旧。殊不知,历史感是可以做出来的,但历史情感却是做不出来的。

III

绕城而过的杜罗河,冲刷出了一条深深的河谷。耸立在岸上的老城,有一条幽深而陡峭的码头通到河边。码头两侧的房子,依陡坡而建,积木似的由河边垒上城头,感觉上只要倒掉其中一栋,整条街道都会像多米诺骨牌一样垮下来。房子的墙面上,贴满古香古色的瓷砖,尤以白质青花的瓷砖为多,乍一看,仿佛到了中国南方的某个窗口。导游介绍,凡贴瓷砖的建筑,当年不是征税局便是大商行,在葡萄牙,墙上的瓷片便是财富的象征。站在杜罗河边,回望攀援而上的陡峭码头,想象当年赤裸着上身、扛着沉重的货包、一步一颤的码头工,似乎还能听见他们喘息般的号子,看见他们汗水浸湿的码头……

坐在码头一家船坞咖啡馆,仰望头顶上两座高高的铁桥(唐路易斯一世大铁桥),在蓝天白云金色阳光的背景下,铁桥显得结实而宏伟。

要在这深深的河谷上建造铁桥，没有先进的技术和充足的财富，在当年是不可以想象的。杜罗河的右岸，依山而建着褚红柠黄的各种建筑，阳光照射下驳杂而绚烂，倒映在粼粼波光里，似千万块遗落在河水中的调色板。杜罗河曾经是波尔图的财路，如今是波尔图的灵性，也正因为如此，葡西两国为了这条水路纷争不断。前不久，上游的西班牙要在杜罗河上筑堤灌溉，下游的葡萄牙把官司打到了欧盟。

我所到过的欧洲老城，波尔图不算是历史辉煌而久远的，或许就因为这条清澈荡漾的杜罗河，倒映出了波尔图的沧桑感，似乎那时光是凝固在老城里的。就在船坞上的咖啡馆，我写了一首《致波尔图》，其中一段表达的就是这种凝结的时光感：

　　时光锈在城里
　　锈出风情
　　成色
　　和腔调
　　如同野花乱在石上
　　乱出惊艳
　　任性
　　和寂寞
　　……

IV

沿着杜罗河右岸，从码头往上游走，不远处有一条汀石铺就的老街。老街靠近河边一幢老房子，是亨利小王子（Prince Henry）的诞生地。在波尔图三四层结构的老楼中，这幢临河的楼房并不起眼，但房子所在位置，正好鸟瞰杜罗河谷。站在临河的窗户前，小王子清晨看一轮巨大的红日从地平线上升起，蜿蜒的杜罗河激情澎湃地奔向朝霞燃烧的远方，夜晚看到河谷里来来往往的船家灯火，听吱呀吱呀的桨声由远及近、由近及远……

在杜罗河边出生的小王子，如何萌生出了航海以征服世界的伟大理想，多少有点令人费解。世代生息在大西洋边的葡萄牙人，一代一代都站在海角上望洋兴叹，只有小王子希望跨越大海，去看看海那边的世界。从海角出发，去找寻天之际涯。这是一个生存在海角上的民族应有的理想，也是一个濒海小国难得的志向。亨利没有像欧洲皇室惯常经历的那样，亲王觊觎皇位，躲在皇宫里打皇冠的主意。他的志向不是海角之国葡萄牙，而是浩瀚无际的大海，以及大海那边广袤的土地。亨利在圣维森特角创办航海学校，为葡萄牙培养一批最早的航海家。14世纪20年代，亨利派出一艘横帆船，载着第一支探险队成功抵达西非海岸，将人类亘古不变的好奇心，变成了征服大海的伟大航程。

作为宿敌的西班牙，敏锐地意识到了航海的巨大利益，以更大的胆识和气魄，吸引了葡萄牙的航海家，一场风起云涌的抢夺新大陆的航海战，由此拉开序幕。由贸易而战争，西班牙人的无敌舰队，最终被英国人打沉在冰冷的海水里。

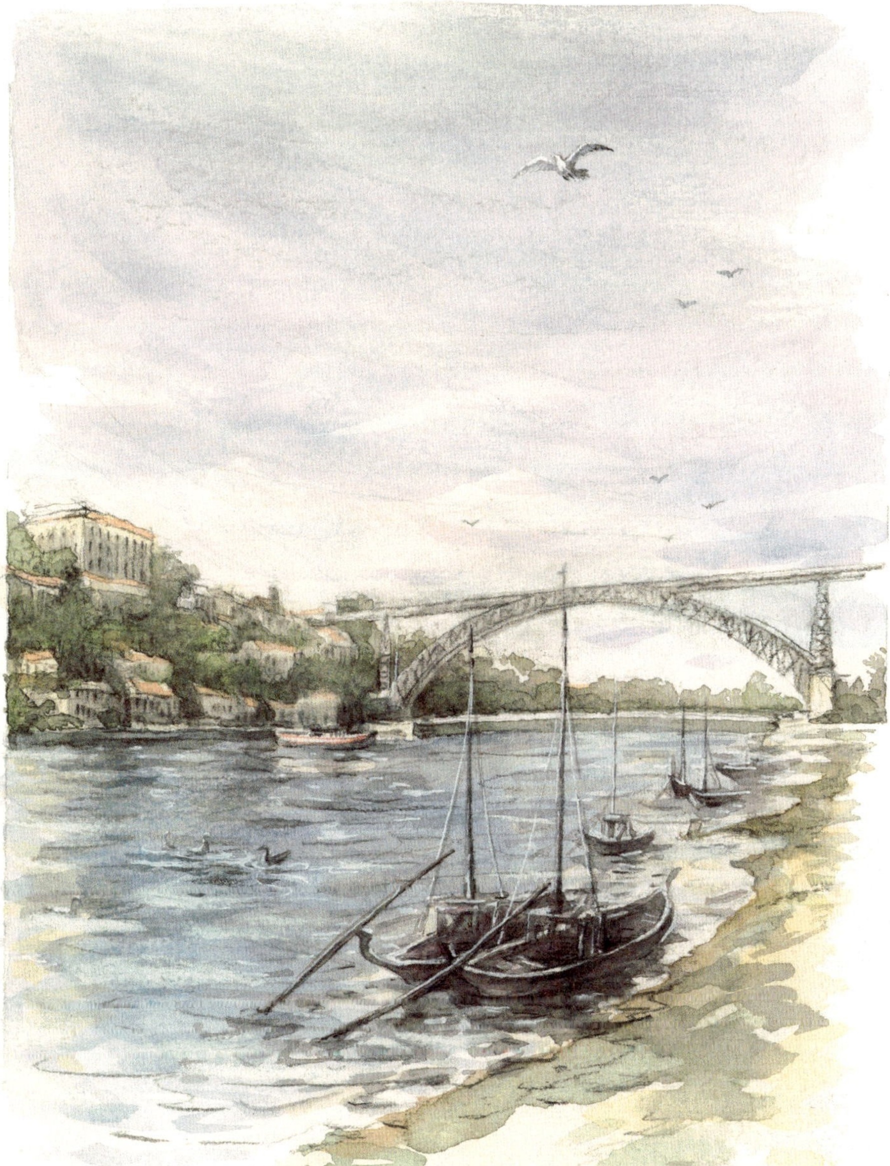

我第一次看到,一座在阳光下沉睡的城市,那种温馨沉静和奇异空旷,让我怀疑打从那场激战之后,这座城市已经有很多很多年不曾醒来……战争的目的无非是和平与安宁,如果那场浴血奋战,换来了这座城市一场经年不醒的安眠与酣梦,那还真是一个令人向往的结局。

我一直在想,假如我走进的这家书店,是我父亲、祖父,甚至曾祖父都曾来过的,在和我一样的年纪,站在同样的角落,翻阅着各自时代的图书,然后挑出几本买下来,夹在腋下走回家,那会是一份怎样温煦的感觉,那会有多少温情的联想?

殊不知,历史感是可以做出来的,但历史情感却是做不出来的。

我这一辈的中国人，大多是因为澳门关注葡萄牙的，如果不是因为百年租借的小渔村，没人会关注这个大西洋边上的海角小国。亨利的意义，首先是让自己的祖国大大地刷了一次存在感，虽然好景不长，但毕竟是一次让全世界神晕目眩的曝光。更重要的是，由此开启的大航海时代，彻底改变了世界格局。当然，这一点亨利和他的航海伙伴们，亦始所未料。

V

由波尔图去里斯本途中，大巴司机停车休息，停靠点是一座古老的修道院。修道院外，有一个空荡巨大的广场，除了忽起忽落的灰色鸽子，便是满地的阳光。坐在广场边露天的咖啡馆里，打量这座灰黑色的建筑，竟有一半是没有完工的，修建了一半的穹顶和钟楼，裸露在炽烈的阳光下，看上去已饱经风雨沧桑。

欧洲的教堂，大多建造要跨世纪，有的长达五六个世纪。就是在建筑技术高度发达的近现代，其建造工期亦十分漫长。西班牙的神圣家族大教堂，建造历史已逾百年，至今仍未竣工。但那些教堂都是边建边用，耗时再长也会建完竣工，而眼前的修道院却完全没有建完的意思。1388年，葡萄牙国王若昂一世下令建造巴塔利亚修道院（Monastery of Batalha），以纪念1385年葡萄牙人战胜卡斯蒂亚人。屡战屡败的葡萄牙人难得一胜，便修造了一座教堂来感谢圣母，因而教堂也被称为圣母玛利亚修道院。或许是因为葡萄牙人专注航海，抑或是不久之后的战争又吃了败仗，反正修道院建了大半就停在那里了，再也没人挑头续建。

永不竣工的修道院，确乎也是一道独特景观，但在一个宗教信仰至上的社会，这多少有些令人不解。

经历了航海时代的大起大落，葡萄牙人似乎对一切都看淡了很多，或许是幻灭，或许是参悟，与毗邻的西班牙相比，葡萄牙人少了一份狂热，多了一份沉稳，少了一份浪漫，多了一份实在。巴塞罗那人用20世纪一百年的信仰和财富建造圣家大教堂，葡萄牙人却将14世纪的一个烂尾工程拖到了今天。

VI

埃斯托利尔（Estoril），里斯本濒海的一个安闲小镇。大西洋深蓝色的潮汐，哗哗地撞击着赭红与黝黑杂混的礁石，轻柔地冲刷着金黄的沙滩。清朗的夜空，似乎被深蓝的海水映照，或是被浸染，呈现着由下至上、深蓝向淡蓝的缓缓过度。海面上没有一点灯火，小镇像是窝在一个蓝色的蛋壳里，蛋壳之外没有其他的世界。

地中海以及亚太地区的濒海小镇，大多奢华酒店林立，豪华别墅密集，与之相比，埃斯托利尔则显得朴素与宁静。晚上，我们到海边广场的啤酒屋，只有疏疏落落的三四桌客人。枝叶婆娑的棕榈树下，客人自己喝着自己的酒，彼此并无交谈，间或示意碰碰酒杯，算是一种交流。导游说，这里是里斯本的富人区，除了游客，广场上喝酒的每个人都身价不菲。

大西洋上的晚风，渐渐地由清爽而沁凉，大海的涛声，也一阵劲似一阵。广场上仅剩的我们，感觉上只是这茫茫大海边自然生长的一种植物。同行的龙博，想到一种识别植物的软件，拿着手机对着同伴乱照，结果每个人都照出了自己对应的植物。长得周正一点的是牡丹花、月季花、茉莉花，长得不怎么对得住观众的是南瓜、榴梿、狗骨刺。尽管有人很不服气，但大家还是十分开心。找到了各自在植物世界的属相，如同意外地遭遇了自己的前世。

清晨走到海滩，遇到了更早到来的同行人。太阳刚刚跃出海面，大海金波万顷。海上浩荡的蓝色波浪，将金色的光焰顶上来，然后狠狠地跌下去，一浪一浪地把金色推上沙滩，凝结成一颗颗细碎的金沙，铺就一线沿着海岸蜿蜒的金沙滩。除了我和同行，海滩上只有一个晨泳的妇女。她从海水里钻出来走上沙滩，冲着我们友善地招呼，或许我们是她晨泳生涯中，碰到的第一拨观海人。

太阳缓缓升高，大海的蓝色瞬息万变：由幽而黛，由黛而紫，然后又变幻回去。那种细微的光影变化，只有心静神凝才能感受其丰富和生动。埃斯托利尔，是我到过的海滨度假地中，一片可以安宁细致体察的自然风景，一块可以将自己作为一种植物，或者一块岩石妥帖安放的山水。

VII

古老的里斯本，已于1755年的一场大地震彻底毁灭，现在看到的，是在大地震废墟上一砖一瓦重建的新城。主持重建的庞巴尔侯爵（Marques de Pombal），他面对灾难绝不低头的坚韧精神、重建家园的宏大气魄、关心民瘼的民本情怀，赢得了当时和后世葡萄牙人的爱戴。在一堆瓦砾之上，庞巴尔按照巴黎香榭丽舍大道，建造了新城市的主干道。且不说这一构想得花费多少金银和劳力，就是法国作为西班牙的世代盟友，其仇恨与葡萄牙不可戴天，要仿照巴黎建造新城，得在宫廷和民间力排众议。今天里斯本人，自豪地把这条街称为小香榭丽舍大道，也在一定程度上表达了葡萄牙人对庞巴尔气魄的敬仰。都是葡萄牙历史上彪炳古今的人物，亨利亲王开启了一个扩张与征服的时代，庞巴尔侯爵则开启了一个变革与复兴的时代。

里斯本出城，沿海岸行车不久，便是欧洲大陆的最西端，挺身探入大西洋的罗卡角（Cape Roca）。其上屹立着一座古老灯塔，世世代代的航海人，看见了灯塔上闪闪烁烁的灯光，就知道回到了魂牵梦萦的大陆。站在灯塔的座基上，眺望一望无际的大西洋，翻滚的深蓝色海水牵引着视线和思绪无限延伸，让你觉得除了脚下的这块岩石，世界就是大海，就是那蓝得比碧玉还纯净、比水晶还透明的大海。一眨眼间，远处的海面上升腾起白雾。白雾舒卷着从远处滚来，越滚越浓，越滚越高，越滚越近，最终变成一堵高高的雾墙，从海面升上天空，将宽阔的大西洋，变成了一条狭窄的海沟……

白雾仿佛凝在海面上，始终没有跨过海沟飘上海角。海角上阳光明媚，高高的卡蒙斯（Camoens）纪念碑耸立在开满野花的草地上，石碑上的刻文在阳光下清晰可辨："陆止于此，海始于斯"。卡蒙斯是杰出的葡萄牙诗人，因崇高的文学地位，甚至被称为国父。卡蒙斯的诗歌，

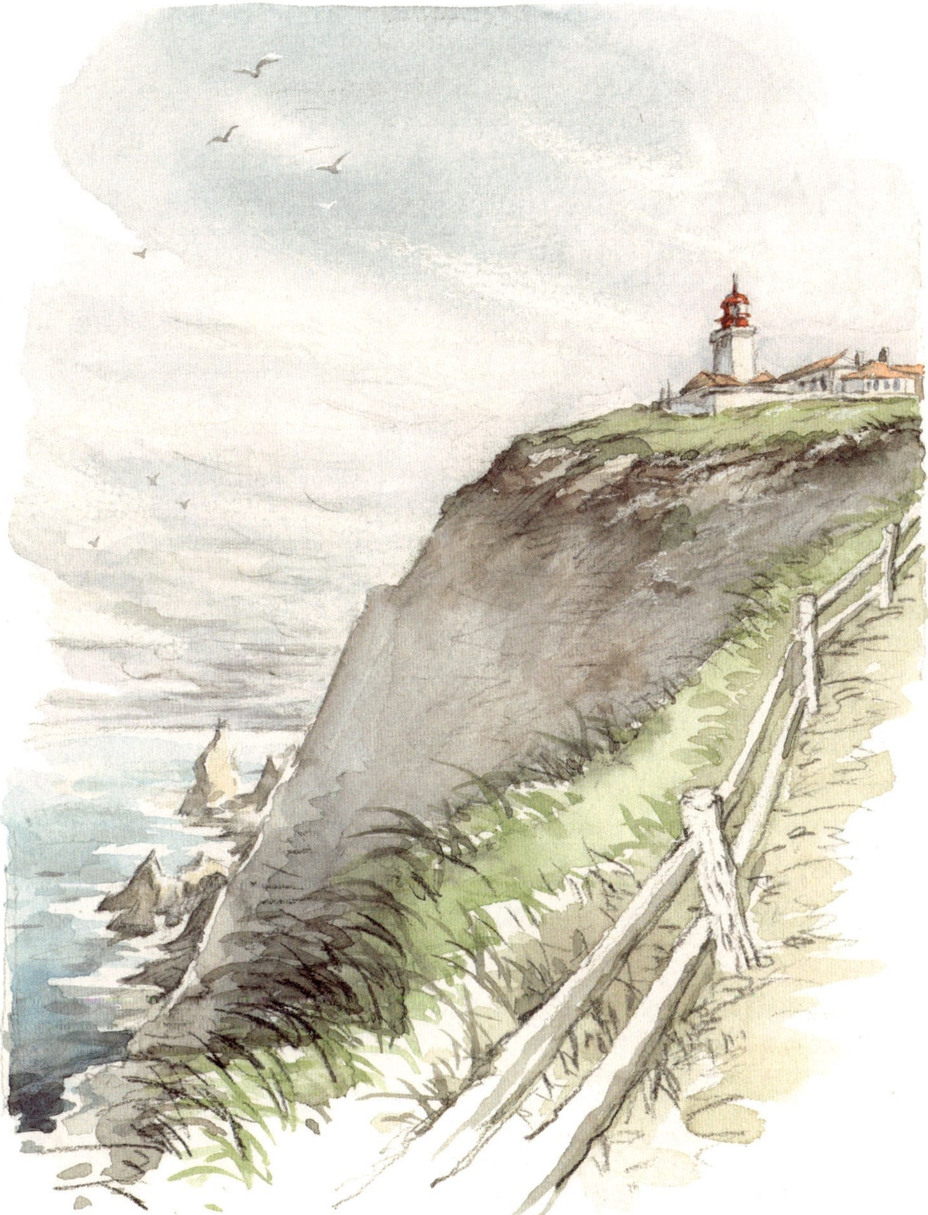

这是一个生存在海角上的民族应有的理想,也是一个濒海小国难得的志向。

经历了航海时代的大起大落,葡萄牙人似乎对一切都看淡了很多,或许是幻灭,或许是参悟,与毗邻的西班牙相比,葡萄牙人少了一份狂热,多了一份沉稳,少了一份浪漫,多了一份实在。

站在灯塔的座基上,眺望一望无际的大西洋,翻滚的深蓝色海水牵引着视线和思绪无限延伸,让你觉得除了脚下的这块岩石,世界就是大海,就是那蓝得比碧玉还纯净、比水晶还透明的大海。

当地理上的新大陆被抢夺一空后,世界上或许还存在的新大陆,只可能在人们的心里。

不仅体现了葡萄牙语的丰富性，而且坚守了葡萄牙语的纯洁性。卡蒙斯曾在澳门生活两年，是他那个时代唯一到过中国的欧洲伟大诗人。代表作《卢济塔尼亚人之歌》，其中一部分就是在澳门创作的。据说这一部分诗歌创作的过程，贯穿了他与一位澳门姑娘美好而短暂的爱情。14世纪20年代，亨利派出第一支探险队；16世纪20年代，卡蒙斯出生，他的海外游历，正好见证和记录了葡萄牙人大航海时代的辉煌。

VIII

当年满世界侵占土地的葡萄牙人，如今连罗卡角也没有守住。罗卡角所在的这块土地，现今属于一个日本人。他在那里开了一家商店，生意看上去清淡。曾经有人告诉我，每年到达罗卡角的游客上千万，我想，如果将日本人的商店改为爱情主题的书店，应该会更有生意也更有意思。我曾派人去伦敦，想把查令十字街84号租下或买过来，办一家爱情主题书店。无奈此前物业已租给一家著名的快餐公司，一次性签了30年。我们愿意加钱转租，人家死活不愿出手。

自打电商冲击书店，我便思考书店的突围之路。近年，大量城市书店开业，企图以咖啡餐食带动图书销售，人多业绩平平，最多是赚了个吆喝。我以为，主题书店才是突围之路，而其中尤以爱情主题书店为佳。如今的青年，除了结婚时的婚礼，其恋爱过程中，没有任何具有仪式感和纪念意义的场所，而爱情主题书店，是可以成为爱情殿堂的。我首先想到了查令十字街84号，这是一个无与伦比的爱情IP，可惜这个IP已无法拿到。之后，我想到的是Alexandra Book cafe，布达佩斯最具名头的咖啡书店。这家19世纪的豪华赌场,四壁与天花板上的壁画,悉数出自匈牙利著名画家Karoly Lotz之手,因而也被称为洛兹广场。朋友告诉我,这家书店可能歇业,或许有机会接手。

我所看好的第三幢物业,就是罗卡角的商店。每年逾千万的游客,加上"天涯海角,海枯石烂"的爱情信念,自然是爱情书店的上佳选址。当然,我并不确定那位日本人最终是否愿意出让土地,我甚至不知道政府是否同意外汇出境……或许也像查令十字街84号,我的创意,最终只是又一个美丽梦想。

站在罗卡角最西端的悬崖上,眺望波涛汹涌的大西洋。当年的小王子,不也是站在这块悬崖上,想象着大海对面的世界,萌生了航海探险的美丽想法?

书店与帆船,也有某种关系吗?当地理上的新大陆被抢夺一空后,世界上或许还存在的新大陆,只可能在人们的心里。能够抵达那片大陆的航船,大抵就是图书了。当年,和葡萄牙人前后驾船出洋的郑和,终究没能找到地理上的新大陆;如今,我们借书店出海,或许能在心灵的新大陆上,圆了郑和的旧梦。在拥有古老莱罗书店的海角之国,在"陆止于此,海始于斯"的罗卡角,开一家爱情书店,大抵也算得上一个美丽而又雄心勃勃的想法。

就为这个想法,我选择了来葡萄牙。

小王子恩里克

亨利王子（1394—1460），全名唐·阿方索·亨利，维塞乌公爵，葡萄牙国王若奥一世的三儿子。

有一个传说：亨利出生的星相显示，这位新生的王子将进行伟大而高贵的征讨，并将发现人们无法看到的神秘之地。亨利的童年与少年，几乎完全吻合了神启对他的要求：聪慧、勇毅，而且对基督教十分虔诚，自幼便有将其一生献祭于上帝的坚定信仰。1415年，年轻的亨利率兵偷袭休达，将异教徒摩尔人打得落荒而逃。1417年，摩尔人卷土重来，亨利再战休达，并在那里听说了"穿过撒哈拉沙漠，有一个绿色之国"的传说，王子自此下定决心，要去寻找这个基督之国的国王约翰，还有那里的黄金和香料。

获胜归来的亨利告别宫廷，前往葡萄牙最南端的阿加维省任总督，在靠近圣维森特角的一个叫萨格里什的村子定居下来，一住数十年。亨利在那里开办航海学校，设立观象台，建造航海图书馆，招募天文学家、数学家、制图家、造船工匠和水手，为大规模海上探险做好一切准备。他搜集被改进的各种航海仪器，研制适合地中海和大西洋航行的不同船只，发明了适宜在大西洋上航行的多桅三角帆船。

1419年（又说1420年），亨利派出了第一艘横帆帆船探险队，发现了马德拉群岛，随即便派出了殖民船队，将群岛打造成新的航海基地。1427年，亨利的船队发现了亚速尔群岛；1441年，到达布朗角，并带回了10个穆斯林俘虏，由此开启了欧洲人的奴隶贸易。1444年，亨利迫于航海的经济压力，组织了以掠夺奴隶为目的的航行，一次带回了235名奴隶，航海探险逐渐向航海贸易演变，并为葡萄牙带来与日俱增的财富。

1460年，亨利王子在萨格里什病逝，人类历史上第一个伟大的海上探险时代随之落幕，葡萄牙作为欧洲航海中心的历史，也就此画上了句号。亨利王子一生只有四次海上航行，且都不是远航探险，但这不影响他作为一位伟大航海家的历史功绩，正是他坚定的海航理想，使人类将海角与天涯连在一起，并为后来的航海家们远航发现新大陆，开启了宏伟壮丽的序篇。亨利虽然没能找到传说中的基督国王，但他发现了新的大陆和同类，因为他，世界变得可以无限想象和探寻。

庞巴尔侯爵

原名塞巴斯蒂安·若泽·德·卡尔瓦略·伊·麦罗，因治国功勋卓著，先授奥埃拉斯伯爵，后授庞巴尔侯爵爵位。

庞巴尔侯爵早年是一名外交官，出任过葡萄牙驻法国等国大使。尤其是驻法期间，受到启蒙主义思想影响，认为法国资产阶级兴起符合历史趋势，形成了以高度集权推进社会变革的治国思想。庞巴尔侯爵的政治才干，受到国王若泽一世赏识，将其任命为总理大臣，支持他进行一系列政治改革，实现了抑制贵族权力、催生资本主义萌芽的变革目标。若泽一世虽然沉溺于享乐，但因为重用并支持了庞巴尔侯爵的改革，仍被历史学家们称为"改革者"。

1755年11月1日，里斯本发生大地震，海水翻卷、大地陷裂、市区大火，致万人死亡或失踪，整个城市变作一片废墟，连宏伟壮丽的王宫也未能幸免。面对灾难，庞巴尔以铁腕手段推出了灾时严酷法律，并对灾后重建进行全面规划。庞巴尔侯爵规定，在政府城市重建规划出台之前，任何人均不得修建任何建筑，使整个里斯本的重建，完全在政府的规划和掌控之中。在一个民族面对如此重大灾难时，政府能如此有序地赈灾和重建，充分显示了庞巴尔侯爵的政治胆识和铁血手段。同样发生过大地震的东京，相比里斯本则相形见绌。

对于庞巴尔侯爵而言，里斯本地震是一个重大的政治机遇，他不仅借鉴巴黎等城市建造了一个全新的现代都市，而且通过削弱贵族、镇压平民、改革教会，建设了一个全新的资本主义社会。

在历史上，庞巴尔侯爵与铁血宰相俾斯麦、红衣主教黎塞留（Richelieu），以高度集权、铁腕治国而著名。

半岛上的孤岛

In South Korea

每临长假,总有朋友邀约,一起去韩国走走。我摇摇头,一直没提起兴趣。

毗邻大小诸国,论意愿,我想着要去走走的,只有俄国和日本,再加上不丹(Bhutan)那个连弹丸都说不上的高原小国。一段时间,国人疯跑芭堤雅(Pattaya),后来是首尔(Seoul)、吴哥窟(Angkor Wat)和巴厘岛(Bali),我念头都没有动一下。

倒不是什么大国倨傲。再说,论国土、人口、经济和文化,韩国怎么也算不上小国。好像也不全因为历史造成的文化趋同。心灵上的相吸与相斥,真的是件说不清的事。就像你怎么看,都该成为挚友或情侣的两个人,就是阴差阳错搞不到一块儿。大抵,旅行挑国家,如同生活中交朋友,我也会认气场的。

若说日常生活,韩国人的入侵,实在已经不浅。手机电器、服饰料理、游戏歌星,加上美容和电影电视,方方面面几乎无所不在。韩俄两国相比，俄国还真是逊色不少。我所交往的外国人，也有韩国的。交情说不上，交往的时日却不短。或许这就是韩国人的特性，交人不交心，天长日久，也缔结不下一份交情。

二十多年前，韩国一家大企业在长沙开了很大一片工厂。厂子很赚钱，一年好多亿人民币。一大帮韩国人，白天农民似的窝在厂里苦做苦干，到了夜晚，蝗虫般飞进夜总会，嚎歌斗酒，不醉不归。

那时，我在长沙一家最豪华的酒店当老总，因此认识了那帮韩国人的头儿。五十开外的样子，个子高挑，西装革履，加上一副金丝眼镜，怎么看怎么文质彬彬。然而，与他相识，却是因为他在夜总会里因不结小费而大打出手。小费多少，行内的规矩大家心知肚明，一进包厢，经理也交代过。临走结账，韩国人只肯付一半，嚷着首尔也没这个价。仿佛全球的夜总会，都得比着首尔收小费。陪侍不依不饶，有人甩手打了一巴掌。这便惊动了保安，弄得剑拔弩张。起初，我以为是他的手下喝多了胡闹，进门一看，却是他自己。事后他们照例每晚都来，依旧常常为酒水和小费付账扯皮。弄到后来，他们一进夜总会，陪侍便作鸟兽散，谁都不愿再坐他们的台。

这事儿，当然不怎么摆得上台面。也不能说，他们就代表了韩国人。只是在我心里，一直抹不去。

航机降落首尔，导游晚了时间，等待聊天中，我又想起了这桩旧事。话到嘴边，还是咽了回去。不想给大家意兴斐然的旅程，先做一个阴郁灰颓的铺垫。

I

首尔城市不小，有趣赏心的去处还真是不多。

车过主城区，仿佛东京的样子，一样的拥挤混杂，一样的繁华有序。高楼倒也不少，入得了眼的却没有几幢。同为创意之都，不知怎么，首尔人全然没在建筑形态上花心思。或许他们也认为，房子是用来住的，不是用来看的。舍本求末，钱花得不值。再说，韩国在建筑上，并无多少底蕴和传承，创新没有根脉，难免画虎类犬。花钱不讨好，素来现实精明的韩国人是不会干的。后来细心观察，韩国人是把创意的心思，花在了日常实用的小地方。

虽说不像东京，经历过翻天覆地的大地震，古老的建筑与街区，全都埋在了瓦砾中，然而首尔入得了眼的老街老房子，实在也找不出几处。小小的皇城，矮矮的青瓦台（The Blue House），都有些年份和故事，但就建筑论建筑，说不出多少道道来。倒是皇宫里的几棵银杏树，树干粗壮，冠盖阔大，枝叶繁盛得遮天蔽日。没有好几百年的阳光雨露，断然养不出那番蓬勃壮阔的生命气象。站在高处看，那些巨塔似的银杏，才是皇城的主体和灵魂，而矮矮塌塌的宫宇，只是些玲珑的配饰。想象深秋时节，秋风扫落黄叶，那满宫满城的金黄，倒是动人心魂。

没有宏阔的建构，便在习俗传承上做文章。韩国人的这番心思，倒是用得专注决绝。几片酸泡菜，几个旧节庆，霸蛮在联合国申了遗，乌鸦摇身变凤凰，成了人类的非物质文化遗产。前些年，吵吵嚷嚷的端午节之争，到底还是韩国申到了手。既然韩国的端午，与中国的是两码事，也没见中国再去申报。与人家比，我们有点"不把绿豆当粮食"，往重一点说，还真是暴殄天物。

或许，这也算是一种大国气度。

II

我们下榻的酒店，在乐天（Lotte）建的一座大商城里。

韩国就这样，但凡惹眼入格一点的建筑，都属屈指可数的那几家大公司。所谓富可敌国，在韩国不是童话。寡头经济决定了韩国的经济结构，也决定了韩国的政治生态。三星（Samsung）咳嗽一声，韩国就得抽风打摆子。大树之下，寸草不生。除了几家大公司，韩国就剩下一地鸡毛的小公司，不仅算不了小树，连小草都算不上，一地苔藓而已。

大有大的活法，小有小的生路，这使得韩国的商业原则和经营手法很分裂。

若和韩国人做生意，大公司用了小公司的手法，小公司用了大公司的原则，不是谈不拢，便是亏得内裤都剩不下。

所有的商业原则，都是自己的商业处境和政治格局逼出来的。比

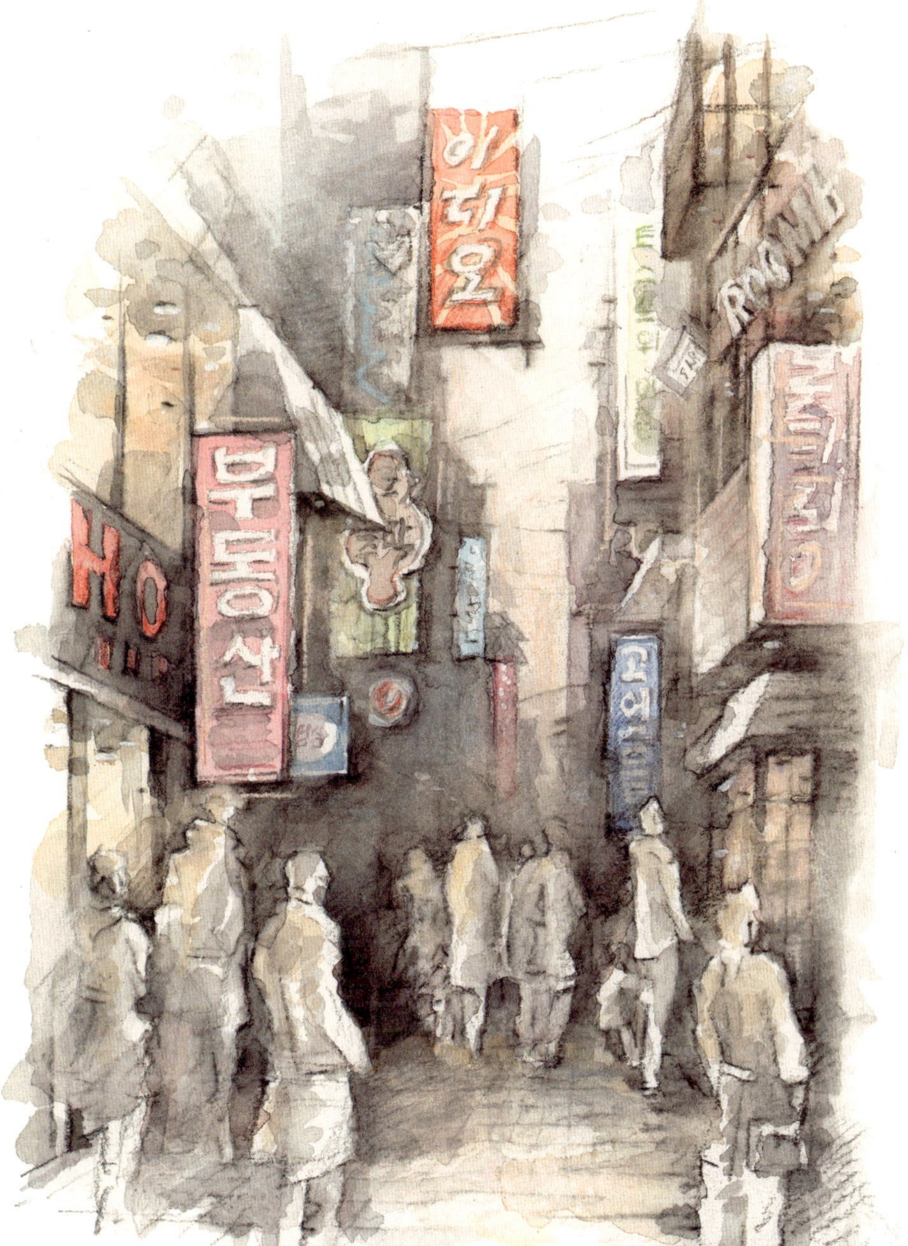

부동산
HO

皇宫里的几棵银杏树,树干粗壮,冠盖阔大,枝叶繁盛得遮天蔽日。没有好几百年的阳光雨露,断然养不出那番蓬勃壮阔的生命气象。站在高处看,那些巨塔似的银杏,才是皇城的主体和灵魂。

所有的商业原则,都是自己的商业处境和政治格局逼出来的。比如三星,得一国之富,必担一国之险,遭一国之嫉。

与好些西方民族相比,东方人似乎更愿意展示血性。

文化当然是需要展示的,但展示而不赓续、不激活、不创造,慢慢就会被岁月风干。中华文化博大精深,却正在被博物馆化。韩国文化单薄简陋,但依旧在柴门寒舍生长。

如三星，得一国之富，必担一国之险，遭一国之嫉。不与政府勾兑，不干预内阁决策，立马死翘翘。尽管这种勾结，屡遭在野党追杀，但只要自己上台在朝，照旧依葫芦画瓢。三星家族内部，因为争权夺利，也有公子站出来举报家族的。清理门户之后，依旧故伎重演。

大多数的小公司，做的只是营生，蝼蚁一般活得艰辛。马云说的理想和野心，与他们没什么关系。本国市场就那么大，还被大公司霸着，周边又没地儿去，只得往死里捂着饭碗。精于算计，挖一瓢是一瓢，纵然有悖约定，过后无事人一般。比如这几年，整容老出事故，不是正鼻梁整成了歪鼻梁，就是小乳房整成了没乳房。你若前去索赔，连门牌号码都找不着。

我去谈合作的，正是一家类似的小公司。这家公司的童书不错，只是规模小，看上去像个小作坊。我们的想法，是并购这家公司之后，整合其他小公司资源和人才，在韩国构建一个出版基地。公司的老板，对未来如何不感兴趣，关心的是当下能卖多少钱。老板的女儿很年轻，长得也漂亮，言谈之中，似乎对未来有些憧憬。这让同去的几个男孩子很兴奋，一个个竞相表现，好像他们不是去谈生意，而是去相亲，恨不得立马把自己嫁过去，当了倒插门。合作的意向是谈定了，但是后来没法推进。对方的老板要求，得把郊外的一块土地搭进来。果然节外生了枝。

III

导游把同行带走了。自然是去商场，选购面膜等美容产品。在机场一上大巴，导游就开宗明义：韩国旅游资源匮乏，却是购物天堂。我戏谑地添了一句：还是整容天堂。导游指着车窗外，说你能看见一个长得不美的吗？我说换个词，是整的吧！

韩国这些年，大做美容、美德的生意，倒也风生水起。整容美容只是一业，歌星与明星，一律是美艳到让人恨不得生吞活剥。就是电视剧，剧情也是往人性美的路上走。尽管美到不可信，妇女们还是没日没夜地守着电视机。人心毕竟向善。文化产业离不开艺术，却也不是艺术，至少不是纯粹艺术。

艺术一纯粹，便高处不胜寒，哪来洛阳纸贵、万人空巷？法国的电影，比好莱坞高雅去了，却就是不卖座。法国人为了捍护自己民族的艺术趣味，只得高举文化例外的盾牌。韩国走的是好莱坞路数，自然是不希望文化例外，携着韩国文化产品，拼死拼活往岛外冲。若是堵在家门里，能挣几个钱？尽管如此，我仍觉得韩国的文化产业后劲不足。毕竟，文化底蕴太浅，文化格局太小，文化市场太贫。好莱坞的电影，如果没有北美票房撑着，照样亏得吐血。

窗外似有骚动。推窗一看，原来是浩浩荡荡的游行队伍。抬着横幅，扎着头巾，一副视死如归的样子。好像是要政府保护本国农产品。农产品没有"例外"政策保护，碰到产品卖不出去，农民只能上街抗议。美国的农业外贸，的确手段凶悍，先将你的哪一类产品搞垮，然后奇货可居。

游行是向青瓦台去的，估计那里又有一番壮烈。印象中好几次韩国人示威，都有砍手、浇汽油的。誓死抗议的决心，一定要付诸以命相逼的行动，终究还是政府的罪过。固然，自己的生命自己做主，政府的态度，应该还是尊重和爱惜。当然也有国民性格的问题，与好些西方民族相比，东方人似乎更愿意展示血性。

但愿这次不流血！

同行者商场归来，拎着大包小包。

IV

物流而言，釜山（Busan）是韩国的门户。

因为同室操戈，朝鲜断了韩国通往大陆的后路。地理上的半岛之国，交通上却和日本一样，就是几座孤岛。这种孤绝的地理处境，不仅改变了韩国的交通，而且影响了韩国的心态。孤岛心理，一方面导致文化上的极度敏感与自尊，一方面导致经济上的极力自守与扩张。

或许因为临海，釜山看上去比首尔悦目赏心。虽是现代港口，沿海一带的建筑，依旧颇具人文气质。有山则名，有水则灵，世上的城市大抵如此。当然这是说站在高处鸟瞰。真要进了市区、入了街巷、慢慢悠悠地在街头闲逛，到底又觉得缺了点味道。大模样看，釜山颇似青岛。小处去品，还是少些底蕴。导游口中，故事总也没断，真的编的，絮絮叨叨说了一路，只是你听着，难得上心动心。青岛的那些掌故，年代也不久远，比方总督府、康有为旧居，还有老山东大学沈从文、梁实秋等教授们住过的宅子，总能牵扯到近代政治、文化的许多大事件。小民族比大民族，在文化影响力上，真是要吃一点亏。或许，正因为历史的影响相对局限于地域，文化的积淀相对单薄，才使得韩国人在文化心理上如此敏感自尊，才使得韩国人在当代文化上如此奋发作为。前者未必可取，后者却其心可嘉。任何伟大的历史，都是一辈一辈人的当代创造。长此以往，代代接力，过上几百年，韩国人可以说道的故事，未必就比我们少。传统不赓续，文化不激活，再辉煌的文明，也会如楼兰古城一般，被岁月的流沙掩埋。文化当然是需要展示的，但展示而不赓续、不激活、不创造，慢慢就会被岁月风干。中华文化博大精深，却正在被博物馆化。韩国文化单薄简陋，但依旧在柴门寒舍生长。心念及此，站在釜山的街头，我心里一酸，倒抽了一口冷气。

离开釜山的途中，停靠了一个小镇。说不上多么古雅，大抵是一个近代手工业繁盛的村落。在一家卖瓷器的小店，我看中了一对花瓶。白质细润，黑花枯瘦，一派宋词意境、山人手法。倒也不是从画册上拓下来的，看得出手绘的笔法，线条颇流畅老道。心中若无孤高之意，笔下断然出不了这般枯瘦之气。一问价格，老板说是非卖品。央求再三，才肯打电话问询工艺师。结果还是卖给了我，这便是日本与韩国的区别。我在京都清水寺那边，看中了一尊清水烧的花瓶，也说是非卖品，前后去了几次，人家到底没卖。陶瓷是中华传统的看家手艺，眼下也炉火难续，大师倒是不少，精品却真是不多。

V

庆州的佛国寺（Bulguksa Temple），是此行确有分量的文化景点。规制与历史，在韩国当属国宝级。

那是2008年5月13日清晨，我们抵达寺庙，门前见不到僧人和香客。院门很小，青瓦的门头，嵌在低矮斑驳的围墙间，似乡下的寻常人家。院门两侧的树木倒是葱茏，两棵遒劲的老树，约莫三四丈高，枝叶撑在空中，如两朵漂浮的绿云。我在南岳僻远的山沟里，踏访过几座小庙，大体也就这般小院式的门头。其间三五个僧人，大多年已老迈。院内石板缝里，青苔长得鼓凸出来，为石头镶了一道绿边。香火自然是清冷。我走进去，仿佛来了远客，僧人浑浊的老眼，分明添了些许亮光。我颇纳闷，韩国大名鼎鼎的佛国寺，难道就是一座南岳山里的小庙？

院门左侧的树下，杂乱堆了些旧青瓦，看得出是老屋上揭下来的。瓦堆旁，立有一块木板告示，告知庙内正在整修，香客若有不便，祈望见谅。另说庙堂上揭下来的青瓦，香客可买一片回去，既是纪念，也是福报。所聚钱财，悉作寺庙整修之用。木板告示的旁边，另有一则红纸的告示，看上去墨迹未干。只有一行大字：请为中国汶川地震捐款！

我们一行，雷击一般惊呆在院门外！

或许因为旅途劳顿，夜里早早关机睡觉，没有一人知悉汶川发生了大地震。我立即打电话到《潇湘晨报》，总编辑告诉我，震后一小时，正好在成都采访的记者主动赶往灾区，昨晚已随首批救援官兵抵达震中,是全国第一批抵达灾区的记者。我嘱咐报社立即组成30人的报道和后援队前往汶川,摄影记者悉数赶赴一线。拨付两千万元专款,用于救灾报道。接着打电话给集团总经理,做好一切钱物准备,听候政府调遣。

我将身上的韩元,全部放在了捐款箱里。然后拿起一块瓦片,写了"天佑中华"四个大字,交给门内一位上了年纪的僧人。同行人问老僧,我们一行是不是这里第一批捐款的客人?老僧摇摇头,说是寺里的住持和僧人。他们捐完款,天一亮便出去为汶川化缘了。

不用再看庙堂的规制,不用再究经卷的由来,也不用再问僧人的道行!即使这座寺庙,真的狭小寻常如南岳的小庙,也是一国之宝!

VI

远垂海上的济州岛(Chejudo),高宗年间成为大唐的小藩属国。宋辽国力日衰,朝廷自顾不暇,遂被高丽统归。统归虽统归,毕竟孤悬海外,加上原本就是一座石乱草荒的孤岛,高丽人拿在手上,也派不上什么大用场。不知是哪位近臣,出了个绝妙的主意:济州岛远离大陆,四面海域宽阔,是个谪贬朝臣、流放人犯的天然囚牢。人往岛上一扔,官府将船开走,连看管防范都不用。这种缺德阴损的招数,只要有人敢开头,后面必然效法成为传统。一片天高海阔、草密木茂的清朗之地,慢慢就变成了一个人犯谪官的流徙之所。

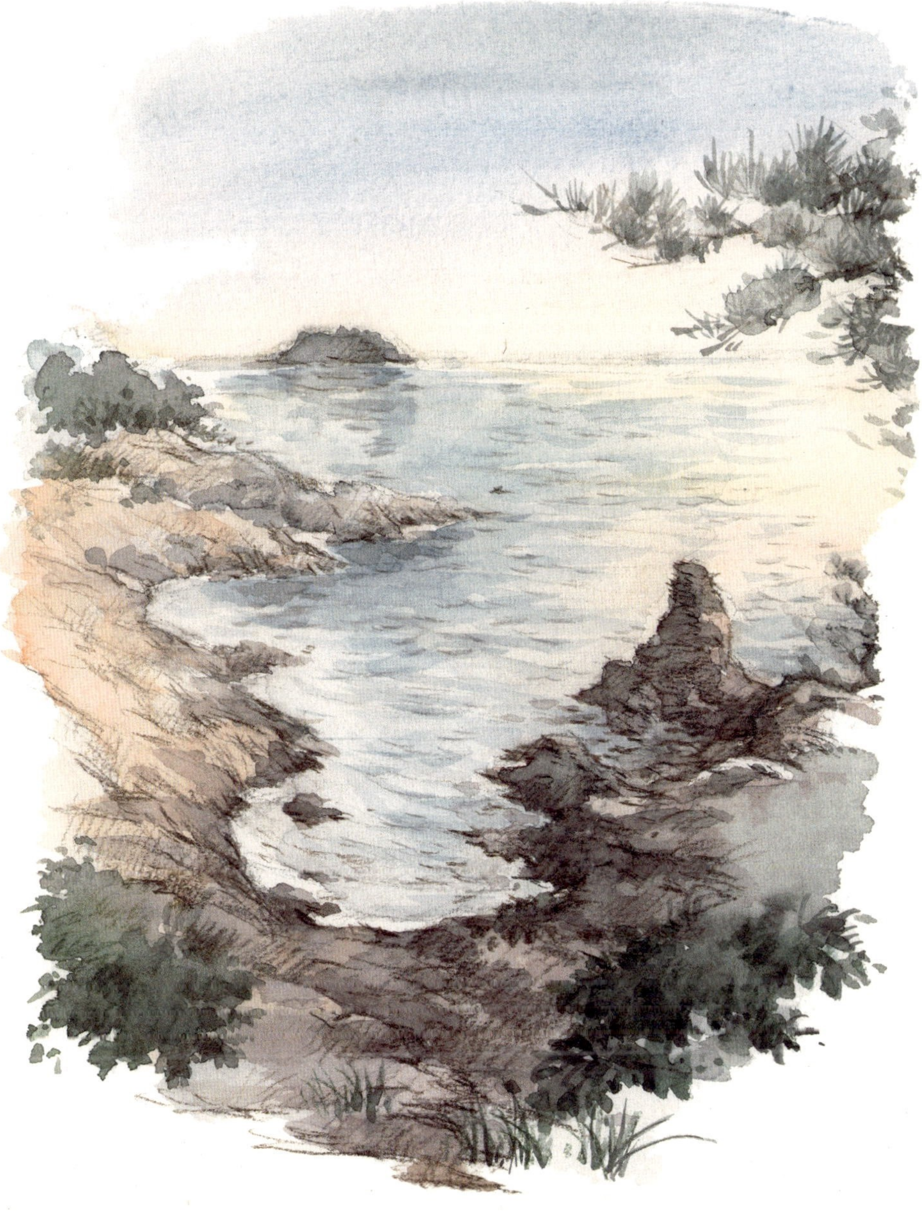

这种缺德阴损的招数,只要有人敢开头,后面必然效法成为传统。

平常说忍辱负重,人不当局,如何掂得出这四个字的生命分量!

那是至真至切的生命守望,是成年累月的牵肠挂肚!哪一天,归来的帆船少了一艘,摇晃的斗笠少了一顶,那便是一家老小承受不起的灾难,未亡人一辈子割舍不断的相思!

没有人的功德长得过历史,没有人的忧乐深得过大海。一个民族,只要还在生息,还在繁衍,还在为生息繁衍而挣扎苦斗,那便是延续的历史,便是起伏的大海……

大约就是济州岛被高丽人并走前后年月，苏东坡被贬琼州。他在那里待了两年，写下近三百首诗词。站在济州岛的礁石上，朝南眺望深蓝的大海，我想，假若那时皇上让苏东坡去的不是海南岛，而是济州岛，那他所写的诗词，又该是怎样的主题和风格呢？苏东坡两贬杭州，在那里修堤造房子，留下一个"淡妆浓抹总相宜"的西湖，他若到了济州岛，又会留下些什么彪炳史册的大工程？当然，历史上出使藩国大有人在，谪贬藩国却未见过。我这所谓思接千载的想象，的确有几分狗血。

　　流放济州岛的200多人中，有一个与中国有些瓜葛。不过他流放上岛的时间，比苏东坡谪贬琼州，晚了七百多年。这人，就是韩国文史屡屡提到的秋史金正喜。秋史通金石，工丹青，擅诗词，自创秋史体。和苏东坡一样，几乎是个全才。在岛上创作的《岁寒图》，笔墨极简，构图奇绝，意境孤高，是其"字即为诗，诗即为画，书诗画三位一体"的代表，被誉冠代惊世之作。若仅以孤高清绝论，其字其诗其画，属清代板桥、山人一路，与坡翁的豪放恣肆、洒脱圆通，形成隔世之比。秋史1819年科举及第，同年前往北京，与当世学者翁方纲、阮元交谊。谪贬济州后，秋史为遣孤寂与忧愤，发奋写诗作画，据说磨穿了十个砚台。秋史是韩国人的文化标高，每每言及，肃然起敬。前些年热播的电视剧《大长今》，其间便有秋史获咎遭贬的这段史事。秋史谪岛九年，其旧址，如今仍是上岛游客要去的景点。

　　也有人说，《岁寒图》境虽孤高，意中却有悦君之隐。画中题诗，确有"今君之于我，由前而无加焉，由后而无损焉"一句。一个孤囚海岛九年的人，叫天不应，呼地不灵，祈愿新君能施恩改变命运，这点生命的绝望之求，应该说不上媚骨与谋求幸进。铁骨铮铮的鲁迅先生也说，人必须活着，爱才有所附丽。当世之时，有人讥讽太史公获宫刑而不自决，太史公泣血自辩："是以肠一日而九回，居则忽忽若有所亡，出则不知所往。每念斯耻，汗未尝不发背沾衣也。"平常说忍辱负重，人不当局，如何掂得出这四个字的生命分量！

原以为，济州岛上还能见到老旧的渔港和码头，能看到木制渔船远捕归来，在夕照如金的浩瀚大海上，白帆点点。渔妇们涌上码头，久久守望远归的渔船，拼命地摇晃手中的斗笠……那情景，我在希腊的小岛、中国台湾的垦丁的渔码头见过，每回都感动得热泪盈眶。因为，那是至真至切的生命守望，是成年累月的牵肠挂肚！哪一天，归来的帆船少了一艘，摇晃的斗笠少了一顶，那便是一家老小承受不起的灾难，未亡人一辈子割舍不断的相思！

VII

靠海一家清净的烤肉摊上，我听到一串熟悉的乡音，扭头一看，还真是旧时的一位朋友。他似乎也听出我们一行的口音，转过头来往这边打量。看见我，立马起身跑过来，在我肩上重重拍了一掌。他招招手，让同行的两女一男走过来，招呼老板给我们拼桌。看样子和老板很熟，不像刚来岛上。朋友看出了我的疑惑，说他已经来了快半年，想在岛上弄个大项目。朋友原来在长沙做房地产，后来去了北京，听说修了几栋高楼。是做发了，还是做砸了？怎么跑到了这么个孤岛上？韩国那些大企业，难道会留一块肥得流油的生意给中国人？

朋友说，韩国人只了解韩国人，中国人他们不懂，我的项目是卖给中国人的。韩国人在意这地方是流放地，中国人不在乎！海南岛不也是鸟不拉屎的流放地，如今不都疯了似的往那儿挤？海南岛是热带气候，北方有钱人喜欢。这里夏天凉爽，南方的有钱人喜欢。再说，中国来这儿多方便呵！要么把老婆往这里一安，要么将小三小四往这里一扔，想住哪里住哪里。要是能在日本的北海道拿块地，试试看，保证小三小四排着队抢……

朋友到底熟了岛上，在老板那里要来的肉和酒，都比我们在别处吃得好。朋友往我的杯子里斟满酒，笑一笑说，韩国人贼精，看人拿货，只要你是游客，价高货次，别想吃到好东西。不过他们再精，也是精在小处。小账怎么算，你都算不过韩国人。大账他们不会算，他们都不知道世界有多大……朋友说得滔滔不绝，酒兴中已有几分得意。我说三星呢？朴相呢？他说也就那几家，国有企业似的，什么事政府都罩着，赚的钱却不给国家，拼命朝外扑腾，以为能杀出孤岛，玩个水蛇吞象……

告别朋友，夜已很深。仍旧没有睡意。海边断了行人，两三个夜钓的，缩着脖子蹲在黝黑的礁石上。风很大，吹得身上的衣服往后飘。虽然酒意未去，身上仍有几分凉意。我不知道该如何评判朋友的生意，如何评判朋友对韩国的看法。似乎句句在埋，又觉得哪里不对。

我想到，囚在岛上的秋史，他该是时常来海边的吧？其时，秋史年岁尚轻，每日发奋写诗作画。夜深人静，他独自站在海边的礁石上，望着眼前蓝得幽暗的大海，会想些什么呢？还有那位谪贬海南岛的苏东坡，也该是酒后常去海边的吧？那时坡翁年近六旬，上岛便置棺材、寻墓地，满怀客死异乡的悲情。夜半站在天涯海角，头顶一弯新月，面朝一片大海，又会想些什么呢？

没有人的功德长得过历史，没有人的忧乐深得过大海。一个民族，只要还在生息，还在繁衍，还在为生息繁衍而挣扎苦斗，那便是延续的历史，便是起伏的大海……

韩国人在长沙的那片工厂，好像还在开工。似乎转了产，又似乎易了手，不太确定。可以确定的是，生意大不如前。当年大闹夜总会的韩国人，早已离开长沙，或许回了韩国，或许去了岛外别的国家。

济州岛邂逅的那位朋友，后来再未碰见。去年还是前年，媒体报道中国人在济州岛开了一个大盘，清一色低调奢华的别墅，每栋都价格不菲。身边有钱的几位朋友，似乎都有点动心，据说买了可获韩国的绿卡。我让他们问问，开发商是谁，是不是我在济州岛邂逅的朋友？

一直没人回复。或许是忘了，或许他们也只是嘴上说说，压根儿就没有动过去那座孤岛的心思。

三星家族

三星集团作为韩国最大的企业集团，旗下有85家下属公司和多家法人机构，其中有3家进入世界500强。在全球近70个国家和地区设立近300个销售公司或办事处，雇用员工逾20万人。2018年销售收入达2119亿美金，核心业务为电子、金融、机械、化工等领域，有近20款产品在全球市场占有率第一。具有全球领先的企业科研能力，在电子等领域核心专利技术拥有量，与苹果公司并列世界第一。对韩国人而言，一生有三件事情绕不过：生死，缴税，使用三星产品。

1938年3月1日，李秉喆以3万韩元在大邱创立三星商社，主要经营鱼干、蔬菜、水果出口。主要出口地是北京和满洲里。所以有人说，三星早年发家靠的是中国市场。稍后开办糖厂和面粉厂，陆续进入化工、机械、电子、金融等行业，并在多个领域一跃成为韩国第一。李秉喆的经商之道很简单：谋政府之所想，投政府之所需，从傍着政府到绑着政府，三星家族真是步了罗斯柴尔德家族的后尘。三星与历届政府的关系，可谓说不清道不明，屡遭在野党诟病和检署调查。最近的朴槿惠闺蜜案，三星又有3000多万美金被指不法。

三星集团在其发展的每个历史阶段，始终都借鉴并创造了现代企业管理制度，始终保持企业理念与技术的现代性，但在家族内部却维持了一种封建式的家族关系，故韩国人习惯于将其视为一个朝廷，围绕着财产与权利的分配，三星家族上演的宫斗剧，比任何一部韩国电视连续剧都触目惊心。李秉喆有三个儿子，李昌熙、李健熙、李孟熙，先是李昌熙因李秉喆重用李健熙而公开举报父亲偷税，使其面临牢狱之灾。李秉喆一怒之下，将李昌熙逐出了家门。李健熙主动为父亲顶罪坐牢，待到出狱，李孟熙已被父亲委以重任，李健熙又怒之下实名将父亲告上法庭，李秉喆直接将其送进精神病院，使其最终死于院中。李孟熙接管公司，成为第二代掌门，继续上演豪门恩仇记，先是将大侄儿李在贤送进大牢，使其病死狱中；后又对小侄儿李在灿见死不救，令其破产自杀。李健熙有一子三女，因为财产，兄妹又斗成了乌眼鸡，2005年，李尹馨神秘自杀，一说因财，一说因情，应是二者兼而有之……

如何终结家族内部的喋血争斗，三星还得向罗斯柴尔德家族取点真经。

庆州佛国寺

佛国寺位于庆尚北道东南的吐含山腰，始建于公元528年，即新罗王朝第23代王法兴王15年，时称华严佛国寺或法流寺。公元751年，景德王年间的宰相金大城主持寺庙翻建，耗时17年，更称佛国寺。传说金大城狩猎射杀一熊，熊晚间托梦嘱建石窟庵，以侍其双亲。

公元10世纪至14世纪，佛国寺多次改建。17世纪初，毁于战火的佛国寺重建，之后又屡遭偷盗损毁，1973年对大雄宝殿等进行修缮，同时复原了被毁的无说殿、观音殿等，形成了现在12万平方米的寺庙规模，但与当年的佛国寺相比，仅为十分之一。佛国寺被誉为韩国规模最大、建筑最精美的寺庙，其平面对称的建筑结构，既有中土寺庙当年的影响，也有新罗时代韩国建筑的风格，尤其是保存相对完好的花岗岩建筑，结构独特，雕工精美，令人叹为观止，被韩国视为国宝。在韩国的文化遗产保护编序中，佛国寺被编为001号。

公元六世纪，是佛教传播的重要时期，朝鲜、日本、越南等国，都是在这一时期受到佛教影响，佛国寺便是其时所建寺庙的代表之一。

悲怆的山谷与玫瑰

In Bulgaria

应该没有多少人的旅行计划里，会有保加利亚（Bulgaria）。这次我去，自然也在计划之外。意外之旅，或有意外之得。人生每每如此。

I

索菲亚（Sofia）的机场，建在距市区很近的一个小山包上。大巴驰下山包，拐入一条狭长的山谷。山麓树叶正红，每个山头都像一团火焰，将山谷中的空气燃烧成一层半透明的红雾。一栋栋红瓦石墙的民居，疏疏落落地撒布在山谷的红叶林中，半隐半显地掩映在山麓的红雾里，安闲地拢聚成一个个宁谧的街区。导游若不提示，没有人会意识到，这条山上山下一片彤红的山谷，竟是一座百万人口的现代都市。

我下榻的巴尔干酒店，坐落在索菲亚市中心，背后是国会大厦，左右是各款各式的教堂：东正教的，天主教的，伊斯兰教的，犹太教的。欧洲千百年血雨腥风的宗教纷争，在这里似乎已经尘埃落定，人们自由地进出各自的教堂祈祷,没人关心别人信仰哪位神祇。我知道,奥斯曼帝国统治初期,土耳其人曾将代表伊斯兰教的帽子撒满一地,让保加利亚人捡起来,换掉自己头上的帽子。不换者,则被手起刀落砍下头颅。神情木讷的保加利亚人,直挺挺地站在血流成河的土地上,宁被砍头,也不愿弯腰去捡拾地上的土耳其帽子。眼前这一座座庄严肃穆的东正教堂,想来还真是前赴后继的保加利亚人,用鲜血浸染过一次又一次……

酒店正门口,被围栏圈了一片工地。工地已经停工,开挖了一半的土坑里,裸露着一段段古老的砖墙,一堆堆破碎的陶罐,看上去年代十分遥远。我顿然意识到,脚下这座城市的历史有多悠久。公元前五六千年,邻近的马其顿已点燃烧制陶器的缕缕炊烟,稍后的古希腊,又在爱琴海边筑建起一座座壮丽华贵的大理石神庙。保加利亚,正好处在"东风西渐"的必经路口。相比西欧诸国,保加利亚得近水楼台之便,更早受到东方文明的熏染。土坑中那一段段宽厚敦实的墙体,表明当年城市的规模已十分宏伟;那一只只造型优美的陶器,表明工匠的手艺已十分精良。没有想到,这个巴尔干半岛上的小国,竟以如此直接简单的方式,一下子将我带入了欧洲久远而壮阔的历史图景。

接下来的几天,我在酒店周边的街头草地上,看到一根根风雨侵蚀的大理石柱,粗大的直径和拜占庭式的风格,让人自然联想到雅典和君士坦丁堡那些庞大华丽的神庙和殿堂。可以想见,当年这些巍然屹立的建筑有多么宏伟壮丽,即使在今天的索菲亚街头,也未必能找出一座可以与之媲美。

文明,是一件多么精美易碎的器物!

守护这件器物，每每比创造更难。古老的中华文明，至今生生不息，究竟是一个例外，还是一个意外？站在作为城市标志的索菲亚女神雕像前，我暗自在心中发问：在几千年风风雨雨的岁月里，保加利亚人是在哪一个月夜风高的夜晚，失手打碎了自己手中这件精美绝伦的器物？

II

历史记载了彼得沙皇，人心却记住了沙皇的弟弟圣约翰·里拉。

据说，兄长彼得一世（Peter I）继位后，圣约翰·里拉（约翰·里奥斯基）便告别父母，只身走进了一条幽深的山谷。那是公元930年前后，那条山谷，其时应该还没有自己的名字。里拉沿着山谷中的溪水溯流而上，向着幽寂而又遥远的山顶攀爬。我想象，那是在深秋或者初冬的季节，满山满谷的山毛榉树、橡树，还有各种各样叫不出名字的树木，挂满一树树深红的树叶。那树叶不是因经霜衰败变红发紫的，而是鲜花一样，灿烂地在枝头绽开，开得精神抖擞，开得流光溢彩。那是攒积了一春一夏的生命，选在秋冬之交所做的一次完美绽放。里拉沿着纯净的溪流，日复一日地攀行在遮天蔽日的红色华盖下，孤独地找寻自己的生命栖所。终于，里拉爬上了一座一览众山小的山头，那是巴尔干半岛（The Balkans）最高的山峰。里拉在山上找到了一个可以栖身的石洞，坐下来隐居修行。

斗转星移，春秋代序。不知过了多少个日夜，一位牧羊人意外地发现了山洞，还有洞中隐居的里拉。里拉谢绝了牧羊人进村居住的邀请，同样谢绝了山民送来的食物，依旧过着居山洞、食果蔬、饮清泉的隐修生活。人类文明的开悟，似乎总在蛮荒僻野之中；人类精神的灵光，似乎总要燃烧肉体的膏脂。山民病了，里拉为他们采药治病；山民闲了，里拉给他们布道讲经。慢慢地，里拉成了远近山民心中的神灵，成了茫茫大山乃至整个保加利亚的第一位圣修士。沙皇兄长听闻，跋山涉水来到里拉修行的山头，希望里拉出洞相见。里拉端坐洞中诵经，到底没有走出山洞一步。悻悻而归的沙皇，明白自己靠什么拥有了江山，却弄不明白弟弟靠什么拥有了人心。

后来在山洞所在的山头上，里拉修造了一座修道院。山民慕名而来，接受这位圣者弘道。里拉逝世后，遗体被送回皇城所在的皇家修道院。匈牙利人入侵保加利亚时，将里拉的遗体抢回了匈牙利。传说一位大臣见人们络绎不绝前往朝拜，说了一句大不敬的浑话，立马哑口失语。或许因了这件事的震慑，或者还有其他不为人知的原因，匈牙利人又将里拉的遗体送回了保加利亚，安葬在他修行的山洞边。于时，里拉进山时溯流而上的那条溪水有了名字，叫里拉河；里拉居洞隐修的那座山头有了名字，叫里拉山；里拉讲经弘道的修道院有了名字，叫里拉修道院（Rila Monastery）。

当年里拉进山的河谷，如今修筑了一条蜿蜒的公路。沿途如火如荼的满山红叶，让我这个长年生活在"万山红遍，层林尽染"的岳麓山中人，依然心灵震撼。杜牧感慨的"霜叶红于二月花"，远不及保加利亚千山万壑的遍地红叶，红得那么纯粹，红得那么亢奋，红得那么决绝！那是一个被欺凌民族最悲情的生命底色。

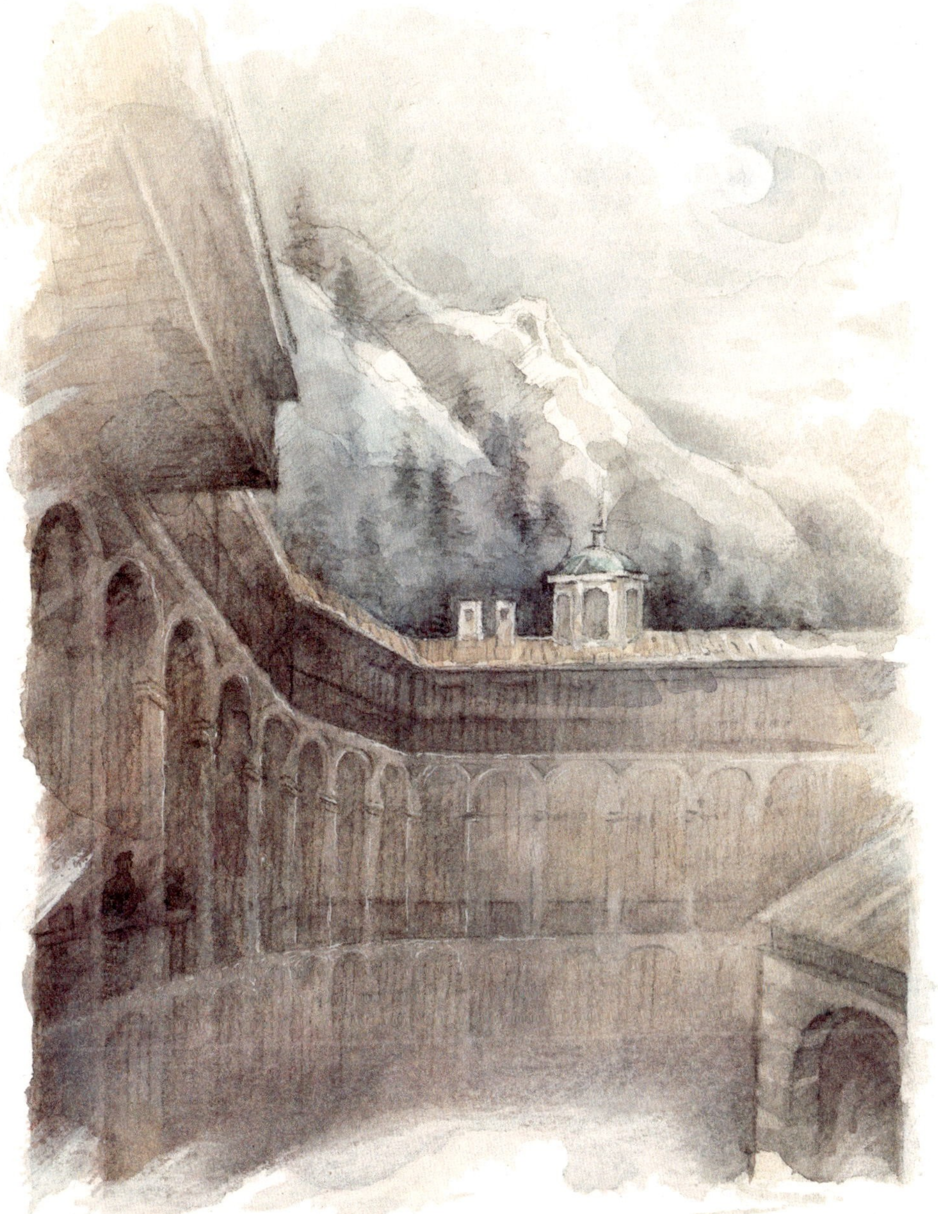

文明，是一件多么精美易碎的器物！

古老的中华文明，至今生生不息，究竟是一个例外，还是一个意外？

树叶不是因经霜衰败变红发紫的，而是鲜花一样，灿烂地在枝头绽开，开得精神抖擞，开得流光溢彩。那是攒积了一春一夏的生命，选在秋冬之交所做的一次完美绽放。

人类文明的开悟，似乎总在蛮荒僻野之中；人类精神的灵光，似乎总要燃烧肉体的膏脂。

我所抵达的里拉修道院，已不在里拉修道的原址。后世的人们，将修道院由山头迁至了山谷，规模也扩大了许多。土耳其人统治的500年里，一代一代的东正教士，为了躲避伊斯兰教徒的迫害，聚集在里拉修道院。最多的时期，这里生活着上千名教士。里拉隐修的事迹，甚至感动了奥斯曼帝国的苏丹。苏丹不仅为修道院馈赠了礼品，甚至颁旨保护修道院的土地和物产。但是，毕竟天高皇帝远，土耳其的强人们，还是一次又一次洗劫修道院，将修道院纵火烧成一堆瓦砾。每焚烧一次，教徒们便将修道院扩建一次；每焚烧一次，里拉的影响便扩大一次。圣约翰·里拉的修道精神，似乎最能在灾难和烈火中彰显本质与力量。

从不购买宗教信物的我，在里拉修道院里买了一幅刻有圣母圣子的木雕。我并不信奉东正教教义，但我信奉信仰的力量，那种里拉式的超越世俗、超越苦难、超越生命的自我救赎的力量。在我的心中，山洞中的圣约翰·里拉，还有菩提树下的乔达摩·悉达多，才称得上世间真正的王子。

III

原定的行程中，并没有桑叶小镇，我听一位本地人偶然说起，便觉得那是一个必须去的地方。于是放弃了去普罗夫迪夫（Provdiv）古城的安排，改去了保加利亚人称为科普里夫什蒂察（Koprivshtitsa）的小镇。这是个在15、16世纪因货物交易兴盛、一度有"货栈"之称的山中小镇，后来因商业中心转移而逐渐衰落，如今走进去，只能靠想象去还原当年的繁华。

眼前只是聚集着一堆老旧民居的另一条山谷。石垒木构的墙体，绛红瓦片的屋顶，乱石铺就的坑坑洼洼的道路，低矮毛糙的院墙，狭小清爽的庭院，红黄相间的杂树……每一座房屋都不宽绰，每一家陈设都不华丽：几张当地人手工编织的粗糙毛毯，一架木制的土布织机，三五件发黑的铜制炊具。一位朴实得如同院中石头的主人，憨厚而友善地微笑着，笨笨拙拙地将你让进庭院。好些房子都挂了博物馆的小木牌，其实都是平平常常的民居，只因这里曾经居住过某位人物，有些简单的生平介绍。好些院子里如今仍旧住着居民，感觉他们依然生活在18、19世纪里。

小镇的再度复兴，缘起于一位名叫耐登·盖洛夫的教书先生。先生早年外出游学，后来只身神秘归来，在镇里办起了一所新式学校。先生不仅传授各种新学新知，而且传播民族独立的激进思想。为了躲避土耳其人的监视，师生们只能在夜晚凑在一起激论民族解放的话题。窝在山谷里的小镇，总有一盏昏暗的灯光隐隐约约地亮到凌晨。先生的声名，在保加利亚人中秘密流传，远近的青年络绎不绝地搬进这条山谷。山谷现存的民居，大多是18、19世纪建造的，由此可见当年求学的青年之众。先生将自己教授的学生，推荐到国外深造。学生们在国外组建抵抗组织，招募军事力量，里应外合发动了著名的"四月革命"。革命流产后，逾三万参与者都被土耳其人杀害，其中好些是先生的学生。村中的那些博物馆所纪念的，多数是这场革命的牺牲者。"大国多暴君，小国多义士"，桑叶镇的历史，还真应了这句民间谚语。"四月革命"虽被镇压，抵抗运动却野火一般蔓延。后来抗土运动成功，保加利亚新政府里，据说一半以上的领导人，都来自桑叶小镇。

盖洛夫还培养了一批作家和艺术家，好些革命义士，同时又是伟大的艺术创作者，他们的生命虽然短暂，作品却在保加利亚彪炳古今。因此，那个时代被定义为保加利亚的文艺复兴时代，那个小镇被定义为保加利亚的文艺复兴小镇。前往小镇的路上，导游给我们唱了一首歌，据说被誉为保加利亚的第二国歌，身在海外的保加利亚人，只要唱起这首歌，都会热泪盈眶。这首歌的词作者，就是盖洛夫的学生，桑叶镇的青年诗人柳宾·卡拉维洛夫（Lyuben Kalavilov）。歌曲的旋律听上去激越而悲怆，歌词则更让人心痛如锥：

你很漂亮，我的林，散发着青春的气息。但我们发现，在我们心里，只有悲痛和叹息："任谁看你一眼，他会一直悲痛。因不能在你的树下纳凉。那个被迫离开你的人，他不能快活地将你忘掉。"

你很漂亮，我的林，散发着青春的气息。但我们发现，在我们心里，只有悲痛和叹息："你的山毛榉和橡树，还有流水、鲜花、草地和羊群，还有你习习的凉风，所有的一切，我想说，会有一天，将箭镞般地逝去。在心中，时刻只有哭泣！当我再次看到你的风光，春天已经逝去。在寒风中，在冰雪下，生活仍要继续。"

歌词是导游翻译的。在国内，他只读过初中，要把一曲歌词翻译准确，的确勉为其难。但仅从大意中，我已能读出词中作者对保加利亚山谷丛林的深深眷恋，那是一种欲罢不能的故国之思、欲忍难耐的爱国之痛！一种保加利亚式的悲怆！

小镇弯弯曲曲的石径上，我意外地碰到了汪涵，他们正在为《天天向上》节目拍摄外景。将这条依旧弥漫着历史悲情的山谷，如何嵌进一档说说笑笑的综艺节目,大抵只有汪涵有这种本事。

汪涵说他更喜欢克罗姆洛夫小镇,说那里的建筑都有来历,有一种高贵的艺术气质。我当然也很喜欢那个充满文艺复兴气息的捷克小镇,但我更敬重这个活在悲怆历史中的保加利亚小镇。同为中东欧国家,捷克像一场做不醒的梦,未去时梦着,去过了依然梦着;保加利亚则像一部续不完的历史,未去时以为已经翻页,去过了才发现依旧活在历史里。

IV

很有几分意外,柳宾·卡拉维洛夫在歌词中写到了牡丹,却没有写到玫瑰。玫瑰是保加利亚的国花,无论到没到过那里,只要提及这个国家,人们都会自然想到玫瑰。

如今的保加利亚城乡,但凡游人能及的地方,触目便是各种玫瑰产品:精油、香水、肥皂、手霜、脚膏等,还有各种玫瑰食品和饮品。其中有一种玫瑰水,是玫瑰提炼精油过程中冷凝的蒸馏水,除了有一股天然的玫瑰香味,还富含玫瑰精油等各种有机物,据说具有良好的美颜紧肤、提神醒脑的功用。买来一试,还真是香味优雅绵长,口感清洌爽净,仿佛在开满玫瑰的山谷里,掬饮一捧甘泉。这种饮品国内没有,我买了些托运回来。到了首都机场一看,瓶子全摔碎了,一股玫瑰的香味,弥漫了整个行李领取大厅。

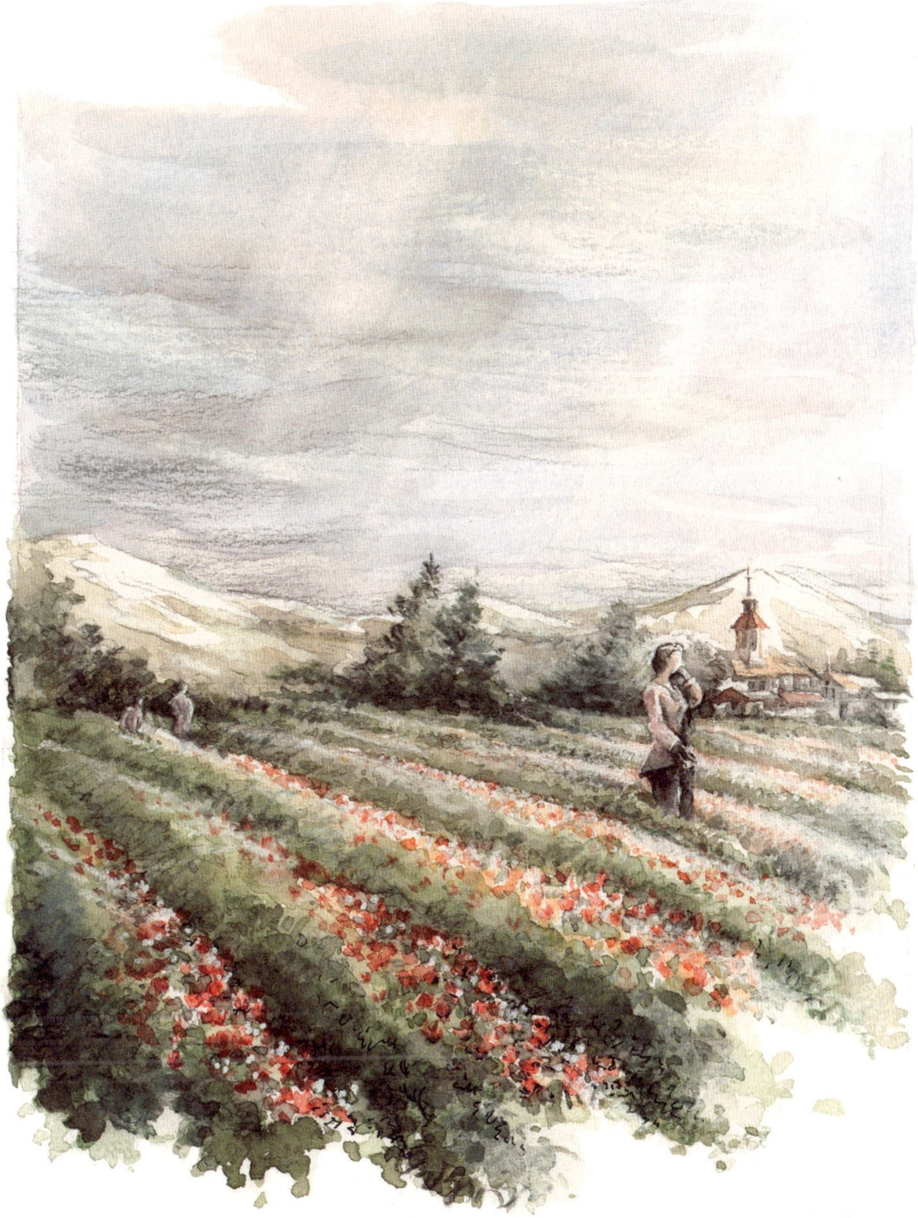

保加利亚千山万壑的遍地红叶，红得那么纯粹，红得那么亢奋，红得那么决绝！那是一个被欺凌民族最悲情的生命底色。

大国多暴君，小国多义士。

同为中东欧国家，捷克像一场做不醒的梦，未去时梦着，去过了依然梦着；保加利亚则像一部续不完的历史，未去时以为已经翻页，去过了才发现依旧活在历史里。

玫瑰节是保加利亚的盛事。该国旅游部长是位美女，说到玫瑰，她兴奋得一脸绯红，如同一朵盛开的粉色大马士革玫瑰（Damask Rose）。一年到保加利亚的游客三百万，大多是冲着玫瑰节来的。每年初夏，秾丽的大马士革玫瑰开满一道道山谷，花农们早起采摘带露的花朵，一篮一篓地摆在进山谷的路口上，供女宾们插上自己的鬓角。馥郁的芳香，随着晨风飘散，连金色的阳光也浸满醉人的芬芳……

那是保加利亚独有的一份艳丽与浪漫。

大马士革玫瑰，最早生长在伊朗，因而也叫突厥玫瑰。公元前两千年左右，传入叙利亚，14世纪传入保加利亚。传说也是因为某位皇后或公主的特别宠爱，便在保加利亚漫山遍野栽种。如今保加利亚玫瑰的功用，观赏已在其次，主要是提炼精油。全球玫瑰精油的产量，保加利亚占了50%左右。

这个看上去浪漫光鲜的产业，背后却隐藏着深重的苦难。一是此类品种高贵的玫瑰生性娇贵，花农的培植费时费心；二是玫瑰的加工已被垄断，花农的收入难以糊口。不少花农毁花改种其他作物，甚至弃田进城，远走他乡另谋生计。前些年，日本人斥巨资投入保加利亚玫瑰产业，加剧了资方与花农的利益冲突，用导游的话说：保加利亚的玫瑰山谷正在沦陷！

冬天本不是玫瑰的观赏季，我只能以期待和忧心，祝愿来年的玫瑰开得更艳更美。

战争频仍的巴尔干半岛，保加利亚一直在为这片山谷拼争和流血：东罗马人、土耳其人、匈牙利人、塞尔维亚人、罗马尼亚人等，都曾在这里与之鏖战。然而这些走马灯似的侵略者，却从未使保加利亚人真正屈服。就像这栽满山谷的玫瑰，任由刀砍火烧，根须却深深扎进了大地，只要来年春风化雨，依然开满艳丽芬芳的花朵。

去过保加利亚，真正让你感奋震撼的只有山谷，那些纵横交错、溪流潺潺的山谷，那些层峦叠嶂、红叶如火的山谷，那些埋葬着昔日荣光，却又在现实苦难里寻求解脱的山谷；真正让你魂牵梦萦的只有玫瑰，那些临风绽放、千姿百态的玫瑰，那些满谷满坡、生生不灭的玫瑰，那些凝结着心中美好情愫，却又无法使生活美丽绽放的玫瑰……只有山谷与玫瑰，才是保加利亚自然与人文的本质象征：惊艳而悲怆！

保加利亚人

匈奴时期，由于中央王朝的西征和天灾，突厥人的一支被迫西迁，在里海和黑海之间的南俄罗斯大草原流徙，史称保加人（亦译保加尔人）。后匈人崛起，保加人加入匈人西征大军，一直攻到罗马帝国。阿堤拉之后，匈人帝国溃败，保加人随之南迁至巴尔干地区。按照匈奴属于夏王朝西迁遗民的史论，在源流上，古代保加人的先祖，当属华夏一脉。

公元六世纪，斯拉夫人进入巴尔干半岛，保加人与其融合，形成了古保加利亚人。公元七世纪，保加利亚人南渡多瑙河，击败拜占庭军队，建立保加利亚第一帝国，定都普利斯卡。拜占庭帝国迫于军事压力，被迫承认这一新起的国家。及至公元九世纪克鲁姆大公执政时期，第一帝国拥有东至黑海、南至爱琴海和亚得里亚海的辽阔疆域。保加利亚人后来念念不忘的"大保加利亚主义"，其历史依据在此。公元十世纪，保加利亚人内部分裂，穷兵黩武的拜占庭帝国乘虚而入，一举灭了第一帝国。面对东罗马帝国的血腥统治，保加利亚人不屈不挠地反抗，终于在12世纪建立起保加利亚第二帝国。不久蒙古人西征，保加利亚加入金帐国。后金帐国内乱，保加利亚人趁乱摆脱蒙古人，成为独立国家。14世纪，保加利亚人四面出击，陷入战争泥潭无力自拔，土耳其人伺机发兵巴尔干，统治保加利亚达五百年之久。19世纪第十次俄土战争后，保加利亚在俄罗斯支持下获得独立。

保加利亚人一直怀着复兴"大保加利亚"的梦想，使其深度卷入了两次世界大战。由于地理位置的特殊和历史恩仇的原因，保加利亚在大战中扮演了特殊角色。尤其是在"二战"中，保加利亚先与德国结盟，后又倒戈追随苏联，客观上帮助了南欧解放，使其作为同盟国成员，不仅未受审判，还被归还了之前被割让的土地。

保加利亚人勇毅好战，使其所在的巴尔干半岛成为欧洲的"火药桶"。

四月革命

1874年，保加利亚夏季干旱，冬季严寒，遭遇了罕见的农牧业双重天灾。1875年，邻国波斯尼亚和黑塞哥维那爆发起义，反抗奥斯曼帝国的统治。民不聊生加上革命浪潮推动，引爆了1876年保加利亚反抗土耳其统治的革命。

1875年9月，保加利亚革命委员会在旧扎戈拉州发动起义，很快被土耳其军队镇压。年底，幸存的革命者在罗马里亚久尔久城聚会，决定于1876年5月12日再度起义。组织者将保加利亚划分为四个革命区，分别组织武装同时起义，企图一举推翻土耳其统治。四个革命区中，以普罗夫迪夫为中心的第四区准备最为顺利。后因叛徒出卖，第四区被迫提前于5月2日起义。依保加利亚旧历，那天是4月20日，故称"四月起义"或"四月革命"。起义虽迅速波及全国，但由于其他革命区来不及武装响应，让土耳其人得以集中兵力围剿第四区。经过惨烈对抗，起义军被土军围歼。为彻底扑灭革命火种，土耳其人对科普里夫什蒂察村镇血腥清剿，被屠军民逾三万之众，史称"四月惨案"。此役震惊巴尔干乃至全欧，成为"东方危机"的代表性事件。1877年，俄国以"解放巴尔干斯拉夫"之名，发动对土战争，并出于国际政治格局考量，支持保加利亚民族独立。原本摇摇欲坠的奥斯曼帝国，终于在四面夹击中分崩离析，保加利亚得以摆脱长达五百年之久的土耳其统治，于1878年获得民族独立。

致 歉 与 致 谢

散漫，是记游类文字的宿命。尽管一下笔，我便奋力逃避这种命定，到头来，还是如同俄狄浦斯王（King Oedipus），每一种逃避的努力，都阴差阳错地导向了命定的结果。写作于我，每每就是为了一个达不到的目标而自我折腾。不过也好，看一个作者如何逃避散漫而又最终走向散漫，应该比看始终的严整或认命的散漫，更具有一种观看命运悲剧式的阅读旨趣。

因为东走西顾，便只能在大空间上整合结构；因为东拉西扯，便只能在大广角中凝结思想。其结果，便是让有限的文字涉及了太多的民族与国家，太多的历史与文化，太多的学科与专业。以我粗陋的学养、短浅的见识、蹩脚的外语，必定会在写作中留下史事、知识、判断和翻译上的种种讹误。对此，我秉以庄敬诚恳之心，向各位读者致歉，并肫挚欢迎批评指教！他日再版，定另作考据，再行纠错勘误。

当此成书之际，亦秉庄敬诚恳之心，向伴我多次海外旅行的同事陈昕、颜华、周原等致谢！向最早阅读手稿并提出修改建议的夫人周丽洁,同事彭兆平、张子云等致谢!向助我处理编辑出版事务的同事佘璐、黄隽青、田毗等致谢!

向创意本书装帧的同事肖睿子致谢!向创作本书插画的好友李锤致谢!

向慨然应允并拨冗撰写序言的同窗韩少功致谢!

向以87岁高龄抱病手书感题的前辈锺叔河致谢!

向热忱推荐本书以示激励之意的好友张炜、李修文和汪涵致谢!

向欣然接纳本书并提供出版服务的同行臧永清、孔令燕、杨新岚致谢!

向所有参阅著作、文章的作者致谢!

向所有耗费生命阅读这些文字的读者致谢……

龚曙光
己亥年正月十六日于抱朴庐